Martin H.

Voor mijn ouders, Janny en Frank

VICO OLLING

Martin H.

Van politieman tot moordenaar van Klaas Bruinsma

Nieuw Amsterdam

Eerste druk juni 2021
Tweede druk juni 2021
Derde druk juli 2021

Tekstredactie Louise Koopman
Correctie Jeroen Teitler
Ontwerp omslag Paul Pollmann
Ontwerp binnenwerk Yulia Knol
Lithografie Michiel Hofmans
Omslagfoto privécollectie Nico Nijp
Foto's beeldkatern privécollectie Jeoffrey Hoogland,
behalve p. 2-3 (Nico Nijp), p. 14 (*De Telegraaf*),
p. 15 boven (ANP Foto)
Auteursfoto Paul Tolenaar
NUR 339
ISBN 978 90 468 2892 2
www.nieuwamsterdam.nl

MIX
Papier van verantwoorde herkomst
FSC® C004472

Inhoud

'U was niet bang om zaken aan te pakken en u wachtte niet af wat uw collega ging doen. (...) U voelde zich op uw gemak in de groep en men mocht u graag. (...) Ook het contact met het publiek schuwde u niet, of het nu ouderen of jongeren betrof, u ging erop af.'

Uit het beoordelingsrapport van de politie over de 19-jarige Martin, 9 december 1975

'Ik zat in die wereld een beetje op mijzelf.'

Martin Hoogland in de rechtszaal, 4 juni 1993

PROLOOG

'Huurmoordenaar!'

Woensdagavond, 26 juni 1991. Normaal gesproken gaan er altijd wel jongens met hem mee, maar vanavond gaat Klaas Bruinsma, oftewel Lange Frans of De Dominee, zonder bodyguards op stap. Zelfs zijn vaste bewaker Geurt Roos, zo ongeveer de schaduw van Bruinsma, is er niet bij. Het doel is een ontmoeting met Johan Verhoek, De Hakkelaar, een drugscrimineel uit Hilversum. Een eerdere ontmoeting bij Yab Yum liep in de soep, maar na wat communicatie heen en weer maken ze een nieuwe afspraak. Beiden zitten groot in de drugshandel, maar ze kennen elkaar eigenlijk niet echt goed.

Het is iets na twaalven, dus feitelijk donderdag 27 juni 1991, als Klaas Bruinsma Club Juliana's aan de zijkant van het Hilton Hotel binnenkomt. Johan Verhoek komt rond 24.00 uur aanrijden in een Porsche, samen met zijn compagnon Koos Reuvers, ook een grote speler in de onderwereld. Gedrieën gaan ze een beetje achteraf zitten, in een hoek van de zaak, vlak bij de toiletten.

In de loop van de avond raakt Lange Frans in gesprek met het oudere echtpaar Broerse, Amsterdamse horecamensen met veel kroegen op en rond het Leidseplein. Pieter Broerse viert die avond zijn 74e verjaardag. Klaas Bruinsma heeft wat met deze Broerse, uit 'nostalgie' vanwege zijn eigen vader, zo zegt hij. Anton Bruinsma is groot geworden in de frisdrank. Hij leverde ook aan de bedrijven van Broerse, weet Bruinsma zeker. Hij praat luid, met een weemoedige snik in zijn stem. Van de alcohol, die versterkt zijn emoties. Hij vertelt dat zijn pa hem nog had opgezocht toen Bruinsma halverwege de jaren tachtig in de gevangenis zat. 'Een paar maanden later was hij dood,' zegt hij, zonder dat iemand nog luistert.

Rond half vier vindt Broerse het tijd om te gaan. Lange Frans staat er vervolgens op om de jarige persoonlijk uitgeleide te doen. Die vindt dat helemaal niet nodig, maar Klaas is vastbesloten. Broerse zal later tegen de politie zeggen: 'Ik vond die Klaas een onbelangrijke, slungelachtige man. Ik wist niet wat ik ermee aan moest.'

Om naar buiten te gaan, moet je vanuit Club Juliana's een trap op om op straatniveau te komen. Het oudere echtpaar Broerse en een bevriend echtpaar lopen langs de portier, het trappetje op naar boven. Klaas Bruinsma komt als laatste.

Onderweg naar boven loopt hij Martin Hoogland tegen het lijf, die net aankomt bij Juliana's. Als Hoogland Bruinsma omhoog ziet komen, besluit hij met Klaas en het kleine gezelschap mee te lopen. Later verklaart hij tegenover de politie: 'Klaas zei tegen me dat dat belangrijke mensen waren die hij even naar hun auto moest brengen. Ik liep met Klaas met die oude mensen mee naar het parkeerterrein voor het Hilton Hotel waar hun auto geparkeerd stond.'

Aangekomen bij de slagboom roept Bruinsma: 'Open die poort!' Dan draait hij zich om en schreeuwt in de richting van de portier in het wachthokje: 'Huurmoordenaar!' Onmiddellijk gevolgd door: 'O, sorry kerel, ben jij het.'

De portier in het wachthokje zegt later tegen de politie: 'Bruinsma gaf mij 25 gulden. In de buurt van Bruinsma, ongeveer drie tot vier meter van hem af, stond de andere man die met Bruinsma was komen aanlopen.'

Martin Hoogland verklaart later bij de politie dat hij vlak voor deze ontmoeting 'een klusje' heeft gedaan voor Bruinsma. Als Hoogland voor de rechter staat als verdachte van de moord op Bruinsma, wil de rechter weten wat dit voor klus was. 'Daar weid ik liever niet over uit,' antwoordt Hoogland. 'Ik heb al genoeg problemen.'

De portier in het wachthokje verklaart: 'Bruinsma kende mij van gezicht en ik kende hem van gezicht en van naam. Bruinsma zei tegen mij dat ik die mensen eruit moest laten. Ik was volledig gefixeerd op Bruinsma omdat hij gevaarlijk uit de hoek kon komen en hij net "huurmoordenaar" tegen mij had gezegd. Enfin, nadat de auto van de Broerses weg was gereden, liep Bruinsma met die andere man terug naar Club Juliana's. Ook toen heb ik niet op die man naast Bruinsma gelet omdat er inmiddels weer een andere auto het parkeerterrein op kwam rijden.'

Martin Hoogland verklaart zelf later tegenover de politie dat hij om 03.50 uur is gearriveerd bij Juliana's. Hij heeft zijn wagen naar eigen zeggen richting Lairessestraat geparkeerd, buiten het zicht van de beveiligingscamera's.

Rond 22 uur die avond vertrok Hoogland uit zijn woning aan de Valeriusstraat, een tijdstip dat later wordt bevestigd door zijn vriendin Mandy Heeremans. Hij rijdt naar het Amsterdamse bordeel Club Princess aan het Westeinde en brengt er een paar uurtjes door. Vermoedelijk ontmoet hij daar een man die 'Kleine Kareltje' wordt genoemd. Het idee om nog even naar Juliana's te gaan komt van deze Kareltje, maar die is daar nooit komen opdagen. Misschien is het ook helemaal niet waar dat Kareltje mee zou komen en probeerde Martin de reden van zijn aanwezigheid daarmee in handen van een ander te leggen. De vraag is zelfs of 'Kleine Kareltje' wel bestaat. Verschillende onderwereldgrootheden is gevraagd of ze hem kennen, maar niemand slaat aan. Ook politiecontacten kennen hem niet.

Hoogland verklaart later in de rechtszaal lang getwijfeld te hebben of hij wel naar Juliana's zou gaan. Ter hoogte van de kruising Lairessestraat-Breitnerstraat staat hij letterlijk voor de keuze. Rechtsaf betekent naar huis, naar de Valeriusstraat, naar zijn vriendin Mandy en zoontje Nick. Linksaf wil zeggen: naar Juliana's. In een slinger stuurt hij de wagen toch maar richting het nachtleven. Juliana's is een van die *last waterholes* van Amsterdam. Een zaak waar met hoofdletters op de muur staat geschreven: *What happens here, stays here.*

Eenmaal in de club was het Martin meteen opgevallen dat Bruinsma geen bodyguards bij zich had. 'Klaas zei me dat het juist slim was om soms onvoorzichtig te zijn,' zegt Hoogland later tegen de politie. 'Klaas filosofeerde vaak. Ik begreep niet precies wat hij daarmee bedoelde, maar zo was Klaas nou eenmaal. Ik denk dat we ongeveer vijf minuten met elkaar hebben staan praten.' Volgens zijn verklaring zou Bruinsma hem bij de garderobe hebben toegebeten: 'Dat je vroeger politieman bent geweest, wil nog niet zeggen dat ik bang voor je ben.'

Martin zegt verder dat hij in Juliana's geen bekenden zag, behalve één man: een agent van de zedenpolitie. 'Ik heb nog heel even met hem gepraat in de garderobe. Dat was op het moment dat ik uit de club wilde vertrekken. Klaas was bij dit gesprekje aanwezig.' De naam van die agent luidt Jan de Boer. Hij is degene die op de bekende foto van de vermoorde Klaas Bruinsma over hem heen gebogen staat. Hij is in 2018 overleden. Dat Hoogland zegt geen bekenden te hebben gezien is een opvallende uitspraak, omdat op dat moment bijvoorbeeld Johan Verhoek in de bar aanwezig is, en Johan en Martin kennen elkaar.

Tegen sluitingstijd zitten er nog zeven bezoekers in de club, aangevuld met het vaste personeel dat nuchter de laatste minuten van de nacht uitzit. Als het licht aangaat blijken de mannelijke bezoekers Klaas Bruinsma, Martin Hoogland, Johan Verhoek, Koos Reuvers en nachtbraker Ton Winninghof te zijn. Daarnaast zijn er nog twee vrouwen aanwezig: Astrid Bouwens, op andere avonden barvrouw in Juliana's, en Karin Dagevos, een vriendin van Astrid.

Het is even na vier uur als het zevental in processie naar buiten loopt. De vrouwen verlaten als eersten het pand, ze lopen de trap op naar straatniveau. Vaste bezoeker Ton Winninghof loopt naar de portier en begint tegen hem over het Russisch Staatscircus. Hij is die avond naar de première geweest. Prachtig! Die paarden, die acrobaten. Een spektakel. 'Dat zie je niet bij gewone Europese circussen hoor. Dat is niets vergeleken met die Russen.' Winninghof heeft een paar baco'tjes op. Hij kent Bruinsma van de Hilton-bar in het hotel (Barretje Hilton), waar Lange Frans ook vaak komt.

Bruinsma gaat voor de tweede keer die avond het trappetje op. Hij loopt met de groep mannen mee. Als hij een taxi ziet, gaat hij met veel misbaar voorin zitten, met één been buiten de auto. Er ontstaat een discussie met de taxichauffeur, die Bruinsma aanspreekt op zijn botte gedrag. Johan Verhoek staat erbij en biedt Bruinsma een lift aan: 'Rij maar met ons mee.'

Terwijl Bruinsma uit de taxi stapt, zegt hij volgens een getuige tegen de chauffeur: 'Heb respect voor mij! Wie denk je wel dat ik ben?' Johan Verhoek geeft de taxichauffeur bij wijze van goedmakertje een briefje van 25 gulden. Hij loopt daarna achter Bruinsma richting de Porsche 911 van Koos Reuvers. Vrijwel direct stapt Ton Winninghof van het Russisch Staatscircus in de vrijgekomen taxi. Hij hoort Bruinsma nog zeggen: 'Je moet niet denken dat ik bang voor je ben omdat je een ex-rechercheur bent.'

De parkeerwacht van het Hilton Hotel die eerder door Bruinsma per ongeluk voor huurmoordenaar is uitgemaakt, ziet van een afstandje Lange Frans uit de taxi klauteren. 'Bruinsma was wel opgewonden,' zegt hij later. 'Hij liep met zijn handen te zwaaien. Ik zag dat ze, Bruinsma en de twee mannen van de Porsche en de derde man die bij hem had gestaan, van de taxi wegliepen in de richting van de parkeerplaats.'

Een andere medewerker van het Hilton zit in het hotel in een soort cabine de entree van het hotel te bewaken. Op zijn monitor kan hij ook beelden van buiten zien. Hij verklaart later bij de politie dat hij deze camera in de loop van de nacht richting de ingang van Club Juliana's heeft gedraaid, omdat er opvallend bezoek was met veel rumoer. Met die camera kan enkel de stoep voor de club gefilmd worden, maar dat is precies het gedeelte waar Bruinsma en consorten zich bevinden, vlak bij de taxi.

Rechercheurs hebben de beelden bekeken en niet geschikt bevonden voor hun onderzoek. De video is daarna door de rechtmatige eigenaar gewist. Unieke beelden van deze avond zijn daarmee verloren gegaan. De rechter zal hier later een zeer kritische opmerking over maken, maar stelt ook dat een goede rechtsgang door het wissen van de beelden niet is geschaad.

Vaste bezoeker Ton Winninghof zit in de taxi waar Bruinsma zojuist uit is gestapt en vraagt de chauffeur naar de Febo op de Amsteldijk te rijden. Hij wil daar een krant kopen. De taxi rijdt weg, in de richting van de stoplichten op de Apollolaan.

Bruinsma loopt richting Reuvers, die al bijna bij de Porsche 911 is. Verhoek loopt achter Bruinsma, maar die beent ineens geïrriteerd naar iemand toe en verheft zijn stem.

Taxichauffeur Jacob Schoelink verklaart tegenover de politie: 'Ik had ongeveer vijftig meter gereden, toen ik drie tot vier schoten hoorde.'

De parkeerwacht: 'Opeens zag ik een flits en hoorde een knal. Dit gebeurde hooguit drie tot vijf minuten nadat ik Bruinsma met de drie mannen bij de taxi had zien staan. Ik zag Bruinsma op de grond liggen op ongeveer vijftien meter afstand van mij. Ik zag bij Bruinsma een man staan. Hij stond voorovergebogen over Bruinsma. Prompt hierna zag ik drie keer een lichtflits in de richting van het hoofd van Bruinsma. Ik hoorde drie tot vier knallen bijna tegelijkertijd. Terwijl die andere schoten klonken, renden de twee mannen van de Porsche naar hun wagen. Zij stonden bij mij toen de drie schoten vielen.'

Volgens de roemruchte Steve Brown, de Amsterdammer die in de jaren negentig drugsbaron werd genoemd, is de dood van Klaas Bruinsma het gevolg van een woordenwisseling tussen Bruinsma en Hoogland die al begon bij de taxistandplaats. Brown legde hier in 1992 voor de rechter een cruciale getuigenis over af. Lange Frans zou tegen Martin hebben gezegd: 'Als jij nu naar huis gaat, liggen je vrouw en kinderen met doorgesneden keel in hun bed.' Hoogland trekt meteen een vuurwapen met groot kaliber en richt dat op Bruinsma. Hij schiet een kogel door zijn hart. Bruinsma deinst door de vuurkracht zo ver naar achteren dat hij drie tot vier meter verderop neergaat. Hij ligt op zijn rug als Hoogland boven hem komt staan. Met de benen aan beide zijden van het lichaam geplaatst, schiet hij nog drie keer op Bruinsma. Eén kogel doorboort zijn hoofd vanaf iets onder de rechtermondhoek, een tweede kogel gaat vlak voor het rechteroor Bruinsma's hoofd binnen en de derde gaat rechts van het midden ter hoogte van de haargrens door het voorhoofd. Aldus het autopsierapport.

Martin Hoogland zou later tegen Brown hebben gezegd: 'Ik ging met mijn beide benen over hem heen staan en ik schoot hem door het hoofd.' Op de vraag van Brown of dat niet een beetje overdreven was omdat hij toch al dood was, antwoordde Hoogland: 'Ja, je hebt gelijk.' Martin zou ook nog iets tegen de parkeerwacht hebben gezegd: 'Tot morgen.'

1

Een leuke kerel met wie je kon lachen

Het ligt op de grond en het stinkt

Er zijn nogal wat mensen die twijfelen of Martin Hoogland echt Klaas Bruinsma heeft vermoord. Hij is ervoor veroordeeld, maar hij heeft het altijd ontkend. Martin is ook veroordeeld voor de moord op zijn vriend Tonny Hijzelendoorn. Ook die moord heeft Martin ontkend. Sommige mensen zeggen dat Martin Hoogland erin is geluisd, door ex-collega's of door criminelen die er zelf beter van wilden worden.

Iedereen zegt dat Martin zo'n leuke kerel was, dat je zo met hem kon lachen en dat hij voor niemand bang was. Zijn bijnaam was 'De Rechercheur'. Ten onrechte, zeggen zijn collega's: 'Martin is nooit rechercheur geweest. Hij was uniformdiender.' Dat betekent dat Martin als agent alleen in uniform door de stad liep, niet zoals een rechercheur vooral in burgerkleding.

Zij die denken dat Martin wél verantwoordelijk is voor de moord op Klaas Bruinsma, geloven weer niet dat er een plan aan ten grondslag lag. Zij zijn ervan overtuigd dat hij Bruinsma in een opwelling vermoordde; het gevolg van een dronkemansruzie. Eén ding is een feit: Martin Hoogland is ervoor veroordeeld; voor de doodslag op Bruinsma én de moord op Hijzelendoorn.

Dit boek gaat vooral over het leven van Martin Hoogland, de man die is geboren als Martin Klijn. Over de rol die hij speelde in de criminele wereld en hoe hij uiteindelijk betrokken raakte bij de meest besproken moord van Nederland. Want de aandacht voor die dodelijke schietpartij op 27 juni 1991 bij het Hilton Hotel is altijd groot geweest. Bruinsma was de eerste professionele gangster van Nederland. Hij omringde zich met mensen uit de onder- en bovenwereld die echt iets toevoegden aan zijn organisatie, op een bijna bedrijfsmatige manier. Bruinsma had zware jongens om zich heen als er geweld aan te pas moest komen, criminele breinen om geld te verdienen en financiële rekenwonders om zijn geld wit te wassen. En dat was en is uniek.

Klaas Bruinsma is nog altijd een gewild onderwerp voor boeken, films en documentaires. Zelfs op Netflix is er een documentaire over hem te vinden. Wel opvallend voor iemand die al dertig jaar dood is. Maar wie is zijn veroordeelde moordenaar Martin Hoogland?

Er is best wel iets over deze 'Balthasar Gerards van de Nederlandse misdaad' geschreven. Hij begon als agent, kwam terecht in de criminele wereld, werd ontslagen bij de politie... Maar daar gaat het al mis: Martin Hoogland werd niet ontslagen, hij nám ontslag. Dat is een belangrijk verschil, voor hem, zo zal in dit boek duidelijk worden, maar ook voor zijn naasten, zoals zijn weduwe Ingrid.

Nadat hij ontslag had genomen, wist hij zich in recordtijd bij de Joegoslavische maffia naar binnen te werken. Als enige Nederlander ooit is het hem gelukt om het vertrouwen te winnen van de Joegoslavische maffia, met name van Ljubinko 'Duja' Becirovic. Hoe kreeg de Amsterdammer Martin Hoogland, een ex-agent, het voor elkaar om door te dringen in dat gesloten bastion van de Joegoslavische maffia?

Nogal wat bronnen zeggen dat Martin Hoogland veranderde als hij onder invloed van het een of ander was. Vooral in de laatste fase van zijn leven was dat het geval. Dan kon hij zeer onberekenbaar zijn; 'gek' noemen veel mensen het ook. Toen hij in hoger beroep voor moest komen voor de moord op Klaas Bruinsma en Tonny Hijzelendoorn, stond er op 14 december 1992 een groot verhaal in NRC *Handelsblad*. De kop was een citaat van Tonny Hijzelendoorn: 'Martin is de weg kwijt tussen zijn oren.' Hijzelendoorn introduceerde hem in de wereld van de coke, het criminele geld en het gokken met gigantische bedragen. Hoogland was er niet tegen bestand en raakte verslingerd aan gokken, aan coke, maar ook aan vrouwen.

Amsterdammer Jules van der Linden, ex-agent en ex-mentor op wat we nu de Politieacademie noemen, zag Martin daar als 17-jarige jongen binnenkomen. Hij zegt dat hij Martin een interessante figuur vindt, juist omdat het zo fout is gegaan met hem. 'Het gekke is, ik heb bijna alle foto's uit die tijd weggegooid, maar op een of andere manier heb ik van hém wel iets bewaard. Ik weet niet wat dat is. Ik ben altijd nieuwsgierig geweest naar die jongen, wat de beslissende duwtjes waren die zo'n aardige kerel deden besluiten om toch zo rigoureus voor de andere kant te kiezen.'

Martin Hoogland begon als een goede agent, maar werd gaandeweg corrupt. Dat gebeurde zo'n veertig jaar geleden. Anno nu heeft de Nederlandse politie nog steeds te maken met agenten die over de schreef gaan. Je hebt agenten die voor een vriend iets opzoeken in de systemen, agenten die een dossier laten verdwijnen en agenten die meewerken aan een criminele actie door alleen even weg te kijken. Corruptie lijkt een gezwel dat maar niet weg te snijden is. Martin Hoogland is voor sommige mensen een symbool van corruptie geworden. Dat is maar ten dele terecht, omdat Martin, als jonge en ambitieuze agent, halverwege de jaren zeventig terechtkwam in een reeds corrupte omgeving: het beruchte Bureau Warmoesstraat. En ook weer opvallend: hij was daar maar tien maanden gestationeerd.

December 1992. Martin zit midden in de behandeling van zijn zaak rond de dodelijke schietpartij op Tonny Hijzelendoorn, waarvan hij de hoofdverdachte is. Alle media schrijven erover, het is geen dag uit het nieuws. Martin is twee maanden eerder al veroordeeld tot acht jaar cel voor de moord op Klaas Bruinsma. Die strafzaak is de eerste echt grote strafzaak in de media die gaat over een Nederlander die betrokken is bij een moord van dit kaliber in de onderwereld.

Advocaat Jan Boone staat Martin Hoogland gedurende het hele proces bij. Terugkijkend zegt hij: 'Die zaak rond Bruinsma was de eerste sexy strafzaak in Nederland. Voor het eerst werd er over een strafzaak geschreven in *NRC Handelsblad*, door Marcel Haenen. Vóór deze zaak deed een zichzelf respecterend medium als de *NRC* niet aan strafrecht.' Volgens Boone maakte Hoogland deel uit van een organisatie waar echt geld werd verdiend. 'Martin was in die zin de eerste Hollander van zo'n organisatie die terechtstond.'

Ondanks de vele aanwezigen op het moment van de moord kreeg het Openbaar Ministerie (OM) het bewijs in deze zaak aanvankelijk niet rond. Steve Brown kon met zijn getuigenis het OM over dit punt heen helpen, maar dat plaatste justitie voor een dilemma dat we de laatste jaren zo goed hebben leren kennen: de betrouwbaarheid van getuigen uit het criminele milieu. Het rondmaken van het bewijs met de verklaring van iemand die destijds niet onomstreden was, maakte veel tongen los. 'Om Martin te kunnen veroordelen, moesten ze Brown geloofwaardig vinden,' zegt Jan Boone. Maar Brown geloven – een man die verkeerde in dezelfde kringen als Hoogland en bovendien medeverdachte was van de moord op Tonny Hijzelendoorn – was nog niet zo makkelijk.

Er hangt Martin Hoogland in die donkere decembermaand van 1992 een jarenlange celstraf boven het hoofd, maar dat lijkt tijdens het proces heel weinig invloed op hem te hebben. Hij zit ontspannen op zijn stoel terwijl iedereen binnenkomt, maakt een praatje met zijn advocaat en kijkt even over zijn schouder de zaal in. Hij ziet een journalist die hij kent. Hun blikken kruisen elkaar en Martin wenkt hem naar voren. De journalist loopt een paar passen naar Martin toe en buigt zich voorover. 'Hé, een raadsel,' zegt Martin. 'Het ligt op de grond en het stinkt...' De journalist voelt zich ongemakkelijk. Hij kijkt Martin aan en haalt zijn schouders op. Hoogland gaat achterover zitten en roept ineens, voor iedereen duidelijk hoorbaar: 'Klaas Bruinsma natuurlijk!'

Een afschuwelijk tafereel

Er is helemaal niets mis met de jonge Martin Klijn. Hij is een doodnormaal en vrolijk mannetje, geboren in Amsterdam op 8 september 1956. 'Hij is netjes opgevoed en praatte met twee woorden, in niets een rebel. Eigenlijk een heel gewone jongen,' aldus zijn jeugdvriend Sjaak Kist. Ja, Martin stottert een beetje, maar dat hindert niemand, en Martin zelf al helemaal niet.

Martin en Sjaak zitten beide op de Coppelstockschool, een lagere school in de wijk De Krommerdt. De jongens zijn onafscheidelijk. Ze zitten naast elkaar in de klas, spelen samen op het schoolplein en eten bij Sjaak thuis een broodje tijdens de middagpauze. Dat is handig omdat het huis van Sjaak dichter bij school is dan dat van Martin. Maar het heeft ook iets met Martins thuissituatie te maken. Martins moeder en stiefvader hebben het heel druk in de slagerij. Het komt ze beter uit als Martin tussen de middag bij Sjaak eet.

Het verhaal gaat dat Martins vader is overleden, maar daar wordt door de jongens niet over gepraat. Piet Klijn heet hij. De relatie tussen Hanny, Martins moeder, en Piet was verre van ideaal. Hanny was 16 of 17 jaar en Piet iets ouder toen ze een relatie kregen. De twee Amsterdammers woonden samen in de De Wittenstraat. Piet Klijn was een handige man, maar hij was stik jaloers en dronk veel; het huis was al snel te klein.

Hanny raakt zwanger. Ze bevalt van Martin in het ziekenhuis op het WG-terrein in de Kinkerbuurt. Als blijkt dat Piet gewoon op dezelfde voet doorgaat als vóór Martins geboorte, en soms zelfs een nacht wegblijft, trekt Hanny de stoute schoenen aan. Ze vertrekt met de kleine Martin uit de De Wittenstraat en klopt bij haar moeder aan, die daar ook in de buurt woont.

Vol berouw komt Piet Klijn langs: hij zal zijn gedrag veranderen, als ze maar zo snel mogelijk terugkomt met de jongen. Hanny keert terug, maar heeft algauw door dat er helemaal niets verandert. Na verloop van tijd vertrekt ze voor de tweede keer met Martin in de armen bij haar man. Ze zal nooit meer bij hem terugkomen.

Als Hanny weer bij haar moeder intrekt, duurt het niet lang voordat ze slager Henk Hoogland ontmoet. Hij is een succesvolle ondernemer, met meerdere slagerijen verspreid door Amsterdam. Zodra Hanny officieel is gescheiden van Piet Klijn, verlaat ze met de kleine Martin het huis van haar moeder en gaat ze samenwonen met Henk Hoogland. Piet Klijn krijgt een omgangsregeling: hij mag zijn zoon op zondagen ophalen om wat te ondernemen.

Martin vindt het wel leuk om zijn vader te zien, maar klaagt ook af en toe dat hij stinkt, soms om elf uur in de ochtend al... Hanny weet dat het van de drank is. Via de 3-jarige Martin hoort Hanny dat Piet een andere vrouw heeft: als de jongen thuiskomt zegt hij dat 'Rietje' krulspelden in haar haar heeft. Rietje Burger is in Piets leven gekomen samen met haar dochter Truus uit een andere relatie.

Ongeveer een jaar na de scheiding gebeurt er iets tragisch. Piet Klijn haalt Martin op bij zijn oma, Hanny's moeder. Er wordt hem een kop koffie en een stukje taart aangeboden. Hij slaat af, want hij wil de jongen eigenlijk snel meenemen. Maar Martin heeft natuurlijk wél zin in taart en krijgt meteen een stuk voorgeschoteld. Piet kan niet veel anders dan toch maar even blijven voor een kop koffie en een stuk taart. Als ze weggaan wordt er tot ziens gekust en worden ze uitgezwaaid. Op het moment dat de deur achter hen dichtgaat, begint Piet met Martin aan zijn hand te rennen. Hij wil zo snel mogelijk de hoek om met de jongen. De straat uit, uit het zicht van Hanny. Net om de hoek kotst Piet, met zijn linkerarm steunend tegen een gevel, de koffie en de taart op straat. De kleine Martin kijkt met afgrijzen naar het tafereel. Hij vindt het zo'n afschuwelijke vertoning dat hij niet meer naar zijn vader wil. De omgangsregeling wordt in overleg stopgezet. Er is daardoor steeds minder contact tussen vader en zoon. Op een gegeven moment hoort Martin van zijn moeder dat zijn vader is overleden.

Ondertussen bouwt Hanny samen met Henk aan een beter leven. Ze werken hard in de slagerij in de Jan Evertsenstraat. Het is zwaar werk, maar het legt hun geen windeieren. Ze willen op termijn de stad uit, naar een mooi huis met een tuin.

De wijk De Krommerdt, waar het gezin Hoogland woont, is tegenwoordig onderdeel van De Baarsjes. Yuppen, studenten en andere mensen van diverse rangen en standen wonen in deze buurt vol belshops, Marokkaanse supermarkten, Turkse slagers en andersoortige winkeltjes. In de tijd dat Martin en

Sjaak hier als kleine jongens wonen, is het een Nederlandse, puur Amsterdamse volkswijk met een bakker, een groenteman en een slager.

Vlak bij Martin en zijn basisschoolvriendje Sjaak woont Etiënne Urka. Hij is Surinaams en twee jaar ouder dan hen. Urka staat in de wijk bekend als de stoere gast. Rond oud en nieuw is hij altijd bezig met vuurwerk. Van het betere knalspul tot serieuze bommen. Sommige mensen zeggen dat hij erin handelt. Martin en Sjaak zijn wel geïnteresseerd in vuurwerk, maar handelen er absoluut niet in. Ze houden het bij afsteken. De jongens zijn gezegend met een goed stel hersens, maar huiswerk is niet aan ze besteed; liever gaan ze voetballen in de buurt. School kost hun verder geen moeite, ze halen het op hun sloffen.

Nadat Martin de basisschool doorlopen heeft, vertrekken Hanny, Henk en Martin uit Amsterdam. Ze gaan met z'n drieën in een mooi huis wonen aan Het Prinsenhofstraat 11 in Westzaan, een nette buurt waar veel geslaagde mensen wonen, zoals Simon de Wit. Hij is de grote baas van de Simon de Wit-supermarktketen, die later wordt overgenomen door Albert Heijn.

Martin komt nog af en toe naar zijn oude buurtje. Hij ziet zich daar iets ontwikkelen wat hem wel fascineert. Eind jaren zestig, begin jaren zeventig is Amsterdam het toneel van spanningen tussen bendes; een fenomeen dat is overgewaaid uit de Verenigde Staten. Jongens, maar ook meiden, uit een bepaalde wijk klitten samen op een centraal punt. Dat kan van alles zijn: een speeltuin, een buurtcentrum, een parkje of een snackbar. Daar hangen ze wat rond en houden hun territorium in de gaten om vijandige insluipers uit andere wijken buiten te houden.

De wijk De Krommerdt is in dit verhaal een soort niemandsland. Het ligt precies tussen twee vuren in. Aan de ene kant heb je de Mercatorbuurt, aan de andere kant de Kinkerbuurt. De Mercatorbuurt behoort toe aan de M.B.-bende – de letters zijn een afkorting van de wijk. De M.B. heeft een min of meer los-vaste bendestructuur, met een paar leidende figuren en wat jongens die eromheen hangen. Die jongens hebben namen die later berucht zullen worden: Sam of Simon Klepper en John of Johnny Mieremet bijvoorbeeld. Samen met de andere bendeleden zijn zij verantwoordelijk voor veel brommerdiefstallen, vooral Kreidlers en Zündapps. Die brommers noemen ze 'moffen', naar het land waar ze vandaan komen. De fietsenstalling in de buurt en de beroemde brommerhandel Van Veen, waar veel Kreidlers staan, is een favoriet doelwit. De gestolen brommers worden voor vijfhonderd gulden doorverkocht. Als het winter wordt, storten al die jongens zich op de vuurwerkhandel. Zo verdienen ze het hele jaar door een aardig zakcentje.

Aan de andere kant van De Krommerdt ligt de Kinkerbuurt. Daar is ook een bende actief: de K.B.-bende. Deze Kinkerbuurt-bende vecht hele veldslagen uit met de M.B.-bende, soms ook in De Krommerdt. Ze vernielen elkaars buurthuizen, leden worden over en weer in elkaar geslagen en hun brommers en fietsen worden afgepakt of gejat. Als ze vermoeden dat een snackbar als hangplek gebruikt wordt, kunnen ze zomaar langskomen met knuppels en kettingen om de boel kort en klein te slaan. Die snackbareigenaar heeft dan gewoon pech. Om hun territorium af te bakenen, laten ze hun 'tag' met een viltstift achter. Op muren en vuilnisbakken staat geschreven: 'K.B. is de machtigste' of 'M.B. is de beste'. Andere bendes in die tijd zijn de K.P.G., oftewel Knokploeg Geuzenveld, of de A.B. de Amstelveenbuurt Bende.

Op straat is Martin bekend met iedereen en maakt een praatje met zowel de jongens van de Mercatorbuurt als die van de Kinkerbuurt. Hij lacht een beetje om hun grappen en deelt zijn 'frietje mayo' met de jongens.

De dreiging die van de groep uitgaat, ontgaat Martin niet. Bewoners steken de straat over als ze die jongens op hun route zien staan. Martin doet dat niet. Hij is niet bang en gaat juist heel ontspannen met ze om. Terwijl Martin naar de mavo gaat in Koog aan de Zaan, blijft Sjaak in Amsterdam. 'Martin ging zijn kant op en ik de mijne. Ik ging naar de lts. Dat wilde ik eigenlijk helemaal niet echt, maar ik deed dat omdat de lts uit zo'n beroepskeuzetest op school rolde. Dat werd uiteindelijk niks. Ik was meer in Café Beekman te vinden om te biljarten. En ik zat vaak in De Krommerdt, de kroeg waar André Hazes ook nog achter de bar heeft gestaan.'

De vriendschap tussen de twee lagere schoolvrienden verwatert. Toch zal Sjaak zijn jeugdvriend een paar jaar later nog een keer tegenkomen.

Die pet past ons allemaal

Martin Klijn gaat naar de mavo in Koog aan de Zaan en haalt het diploma binnen de vier jaar die ervoor staan. Hij kan goed en snel leren, maar is geen studiebol. Veel liever is hij op het voetbalveld te vinden. Martin speelt bij zvv Zaandijk en voetbalt zeker niet onverdienstelijk. Af en toe gaat hij met een paar leden van zijn elftal wat drinken in een kroeg in Zaandam. Vooral Café Skylark van de destijds bekende Cees Groot is erg in trek bij de jongens. Groot speelde als doelgerichte spits in de jaren 1959 tot 1964 in het eerste van Ajax. Martin luistert graag naar de verhalen van Groot. De meeste teamgenoten zijn vooral geïnteresseerd in de verhalen over Ajax, maar Martin vindt het ook interessant als hij vertelt over zijn werk in het Amsterdamse huis van bewaring bij het Leidseplein. Daar is Groot sportleraar geweest.

Rond zijn 14e begint Martin te roken. Hij houdt van een biertje op z'n tijd, maar is geen grote drinker. Liever houdt hij wat controle over zichzelf en de situatie. Hij vindt uitgaan leuk en als een deel van zijn voetbalvrienden het na een paar biertjes in de Skylark wel genoeg vindt en naar huis gaat, hoort hij bij de jongens die nog even verderop in de Crazy Horse gaan kijken. In dat café komen jongeren uit de hele regio. Martin komt zo in contact met andere jongens dan die van zijn voetbalclub; echte kroegtijgers die een paar jaar ouder zijn dan hij en al werken.

Harry, niet zijn echte naam, is zes jaar ouder dan Martin; Richard, ook niet zijn echte naam, twee jaar. Ze werken allebei bij de Zaanse politie als ze Martin ontmoeten. Harry vertelt hoe ze Lood Schaft, eigenaar van de Crazy Horse, geregeld in de maling namen: 'Kwamen we binnen met z'n allen, was die tent nog helemaal leeg. Dus Lood dacht: mooi, klanten. Hij doet de muziek meteen wat harder: Gary Glitter over de speakers. Wij meteen de boel op stelten zetten: zingen en dansen. Lood ging dan naar achter om twee borden hapjes te halen: worst en kaas. Hij heeft het nog niet op de bar gezet of wij vallen aan en vreten alles op. Daarna was het: "De mazzel!" Hadden we nog geen drankje besteld, hahaha. Had je dat smoelwerk van die Lood moeten zien!'

Het duurt niet lang of Martin vindt aansluiting bij deze groep jongens. Het is geen coherent geheel: af en toe valt er iemand af en komt er iemand bij. Richard hoort bij de vaste kern. Hij beweert dat Martin door hem agent is geworden. Hij geeft geregeld een rondje in de Crazy Horse, heeft net zijn rijbewijs gehaald en bezit een prachtige Ford Capri. Dat intrigeert Martin mateloos. Hij raakt met Richard aan de praat en informeert naar de wagen. Literinhoud, topsnelheid en wat de wegenbelasting en onderhoudskosten van zo'n bak zijn. Richard is trots en antwoordt uitgebreid op alle vragen. Martin vangt op dat Richard al een tijdje voor de Zaanse politie werkt. 'Een leuke job met veel afwisseling en het verdient lekker,' zegt hij.

'Kan ik daar ook niet solliciteren?' vraagt Martin.

'Ja, natuurlijk, moet je gewoon proberen.'

Op dat moment zwaait de deur van de Crazy Horse open. Rumoer en geschreeuw. De lokaal zeer bekende en beruchte aannemer Piet Schutte komt binnen met een paar mensen. Piet leidt een bouwbedrijf en is een graag geziene gast in de horeca van Zaandam en omstreken. Niet alleen omdat hij geld laat rollen – Piet geeft graag en geregeld een rondje voor de hele zaak – maar ook omdat het altijd gezellig is met Piet. Hij is van 1931, een echte levensgenieter en een vat vol mooie verhalen. Als hij een slok op heeft, is het altijd lachen als hij begint te vertellen. Een van de meest geliefde verhalen gaat over zijn speedboot en de gesloten sluis.

Het was een mooie zomerse dag en Piet was lekker aan het varen. De zon scheen volop en hij genoot van het moment. Dan weet je hoe het gaat: je vergeet de tijd. Ineens kreeg Piet door dat het al tegen zessen liep. Om zes uur sloot de sluis waar hij doorheen moest om de haven te bereiken. Hij blies in volle vaart die richting op, maar helaas, te laat. Het was over zessen en de sluiswachter was onverbiddelijk: te laat is te laat. Piet riep nog wat en vroeg of de man niet iets flexibeler kon zijn, maar die weigerde pertinent. Had Piet Schutte maar eerder moeten komen. Maar Piet was er niet de man naar om zich hierbij neer te leggen. Hij kreeg een idee en belde een groot kraanbedrijf. In no time arriveerde er een kraanwagen bij de sluis. Die takelde Piets boot aan de ene kant van de sluis uit het water en liet hem aan de andere kant weer te water. Zo lukte het Piet om zijn boot toch op de daarvoor bestemde plek in de haven aan te meren.

Iedereen, en Martin zeker, geniet van de verhalen van Piet. Martin mag Piet Schutte graag en andersom ook. Om dat te illustreren neemt hij Martin geregeld mee naar de hoofdstad met een paar andere jonge meiden en jongens uit de Crazy Horse. Als de tenten in Zaandam sluiten of Piet gewoon toe is aan een hoofdstedelijke stapinjectie, haken er altijd wat mensen aan. Piet gaat voorop en neemt iedereen mee naar de Amsterdamse tenten die er op dat moment toe doen, zoals Louis Seize of Sheherazade. Daar bestelt Piet regelmatig rondjes voor het hele gezelschap.

'Wij waren allemaal een kwartje koffie gewend en dan komt Piet Schutte die je meeneemt naar een heel ander soort tent,' zegt een vroegere stapvriendin. 'Ik wist soms echt niet wat me overkwam. Zat ik plots in De Boerderij op het Leidseplein, een restaurant dat een Michelinster heeft gehad. Komt de kok naast je staan en zo. Dat vonden we allemaal bijzonder, Martin ook. Piet Schutte was een soort magneet voor hem.'

Martin zit Piet vaak te observeren. Hij kijkt misschien ook wel een beetje op tegen die wat oudere, levenslustige man. Mensen uit die begintijd omschrijven Martin als een beetje bleu of op de achtergrond. Hij is misschien ook wel onder de indruk van het Amsterdamse uitgaansleven. Er gebeurt zo verschrikkelijk veel om hem heen. Er is gekte en vrolijkheid, en het gevoel dat alles kan op zo'n avond, maar er is soms ook spanning. Dat je ineens getuige bent van een opstootje of een vechtpartij. Martin voelt zich wel goed in die draaikolk van emoties. Hij hoort van mensen om hem heen dat er in en rond het centrum van de hoofdstad wijken en gebieden zijn waar je beter niet in je eentje kunt komen, maar in de entourage van Piet Schutte, die een soort opzichter is van de roedel jonge mensen, voelt hij zich veilig. Door de groep vrienden uit de Crazy Horse en de hoofdstedelijke uitspattingen van Piet Schutte in het Amsterdamse uitgaansleven leert hij de straat kennen, en ontdekt hij hoe het voelt om bij een groep te horen. Hij ziet hoe humor werkt, en dan vooral de Amsterdamse, met de vette lach en veel tongue-in-cheek. Hoe die de spanning van het moment als sneeuw voor de zon laat verdwijnen. En hij merkt dat Piet Schutte alles kan maken en iedereen kent.

Op 1 oktober 1973 meldt Martin Klijn zich aan bij Personele Zaken & Opleidingen van de hoofdstedelijke POS Noord-Holland, de Politie Opleidings School, nu de Politieacademie. Hij is dan net één maand 17. Natuurlijk gaat Martin naar Amsterdam. Daar valt veel meer te beleven, en om échte boeven te pakken moet je toch in Amsterdam zijn. Maar er is nog een reden, zegt Richard: 'In die tijd was daar een schreeuwend tekort aan agenten. In tijdschriften en kranten stonden advertenties met de tekst "Die pet past ons allemaal", om mensen maar te bewegen bij de politie te gaan werken. In Amsterdam was die nood het hoogst. Voor Martin was het duidelijk: daar was de kans het grootst om aangenomen te worden.'

Op de politieschool volgt hij de interne opleiding van bijna anderhalf jaar. Hij rijdt soms 's ochtends mee in de auto van zijn moeder Hanny. Zij zet hem af op Sloterweg 700, waar het opleidingscentrum van de politie zit, en rijdt daarna door naar de slagerij.

Martin is jong, maar heeft geen gebrek aan zelfvertrouwen. Hij is een knappe jongen met Amsterdamse branie, die zich steeds meer bewust is van zijn 'looks' en zich duidelijk laat gelden. Hij blinkt uit in voetballen. Als voetballer in het politie-elftal – zijn favoriete plek is rechtsbuiten – houdt hij de eer hoog tegenover andere politiekorpsen of wijkteams. Met zijn innemende lach weet hij zijn meerderen en medestudenten makkelijk voor zich te winnen. Waar andere nieuwelingen verlegen zijn en een beetje in hun schulp kruipen, gaat hij er juist op af.

Op de academie komt hij voor het eerst in contact met vuurwapens. Hij is erg onder de indruk van wat een wapen met je kan doen. Martin is niet zozeer geïnteresseerd in hoe het mechanisme werkt; hij is geen wapenfreak. Hij is vooral geïmponeerd door het gevoel van macht dat een wapen je geeft.

Martin doet het goed op het opleidingscentrum en loopt, net als ieder ander, vier maanden mee als lid van de Mobiele Eenheid. Dat is vanaf 1 oktober 1974.

Op 3 februari 1975, anderhalf jaar na zijn inschrijving, wordt hij geplaatst op het posthuis van politiebureau Linnaeusstraat. Een posthuis is een dependance van een politiebureau, een soort stagelocatie. Leerling-agenten kunnen daar gedurende vier maanden onder begeleiding van een mentor aan het 'echte politiewerk' ruiken. Het wordt ook een opleidingsposthuis of vormingsposthuis genoemd. In die vier stagemaanden worden de pupillen twee keer beoordeeld. Martin loopt er mee met een aantal mentoren.

Jules van der Linden was een van de mentoren op het posthuis aan de Linnaeusstraat. Hij kan zich Martin nog goed herinneren: 'Hij zag er altijd keurig netjes uit. Haren netjes, goed geschoren. Ik herinner me hem ook zo goed omdat hij toen al niet naliet te zeggen dat hij de Warmoesstraat op wilde. Dat was opvallend omdat dit bureau in die tijd tamelijk negatief in het nieuws kwam. De Warmoesstraat stond bekend als de crimineelste straat van Nederland. Volgens mij zei Martin ook dat hij bekend was met die buurt omdat familieleden van hem daar werkten. Zijn zus, dacht ik.'

Martin heeft wel een zus, Truus, maar zij is de dochter van Rietje, de vrouw van zijn biologische vader Piet Klijn. Truus komt uit Rietjes vorige huwelijk en is dus geen bloedverwant van Martin. Het lijkt erop dat Martin met een leugentje probeerde de kans groter te maken om op de Warmoesstraat terecht te komen.

Maar men gaat er niet in mee: 'Wij als mentoren vonden Martin veel te jong om op die plek te beginnen. Dat zou niet goed uitpakken voor zijn ontwikkeling, was de gedachte. Het advies vanuit de mentoren van de Linnaeusstraat was dus heel duidelijk: deze jongen moet niet de Warmoes op.'

De oud-mentor vertelt dat zo'n besluit niet lichtvaardig wordt genomen: 'Kijk, die mentoren leveren iedere keer zo veel pupillen af, dan krijg je daar oog voor. Je moet als mentor iemand inschatten. Je probeert de mensen te leren kennen en vervolgens zo goed mogelijk ergens te plaatsen. Dat betekent in de praktijk: "zonder dat er problemen van komen". Martin paste toen gewoon nog niet op de Warmoesstraat, maar is er uiteindelijk dus wel via een omweg gekomen, ja.'

Jules weet niet of dat nu de doorslaggevende factor is geweest voor het ontsporen van Martin: 'Ik heb bijvoorbeeld ook gewerkt op de Warmoesstraat en ik ben niet ontspoord. Zo zijn er honderden agenten te vinden die op de Warmoesstraat hebben gediend en wél aan de goede kant van de lijn zijn gebleven. Het moet ook een beetje in je zitten. Je moet het leven aan de andere kant misschien ook wel interessant of spannend vinden. In ieder geval interessanter en spannender dan het leven van een agent. Ik denk dat die overtuiging er al vrij snel was bij Martin.'

Martin was gevoelig voor een vaderfiguur. De oudere mannen, zoals Piet Schutte, maar ook de oudere vrienden die het al een beetje 'gemaakt' hadden, bij wie een auto voor de deur stond: het heeft allemaal een grote aantrekkingskracht op hem. 'Misschien heeft het er wel mee te maken dat hij zijn vader moest missen omdat die overleden was,' zegt Harry.

Een andere conclusie die opborrelt luidt dat Martin op die leeftijd makkelijk te beïnvloeden was. 'Dan helpt het niet als je jong bent en zonder levenservaring wordt neergezet tussen de hoeren en de criminelen, en het grote geld en drugs, en weet ik veel wat,' zegt Richard.

Zo af en toe tijdens zijn politieopleiding haalt Martin een broodje bij de slagerij van Henk Hoogland op de 'Jan Eef'. Soms kan hij een praatje maken met zijn moeder die er dan toevallig ook staat. Hij neemt ook wel collega's mee. Het eten tussen de middag op de Politieacademie is best oké, maar een broodje dungesneden verse rosbief met peper en zout is natuurlijk nét even wat lekkerder.

Na een van die lunches in de winkel van zijn stiefvader loopt Martin door De Krommerdt. Bij de brug komt hij zijn jeugdvriend Sjaak Kist tegen.

'Hé, Martin!' roept die.

'Hé, Sjakie!' zegt Martin.

Sjaak is op dat moment 17 jaar. Als hij terugdenkt aan dat moment, dan ziet hij een tevreden, jonge en zelfverzekerde vent voor zich. Martin begint tegen zijn oude klasgenoot allemaal mooie verhalen over zijn opleiding tot politieagent te vertellen. In Sjaaks ogen is Martin een soort superpolitieman. Hij vertelt over zijn goede beoordelingen en dat het zijn droom is om ooit op de Warmoesstraat te werken. Hij vertelt over zijn opleiding en dat hij nu al goed geld verdient. Duizend gulden per maand. Waarom komt Sjaak ook niet bij de politie werken? De jongens praten nog even met elkaar en vervolgen dan ieder hun weg.

Het gesprek zet Sjaak wel een beetje aan het denken. In tegenstelling tot Martin heeft hij nog maar weinig bereikt. Sjaak ging naar de lts. Dat was prima, maar nu zit hij op de mts en vraagt zich af: 'Wat doe ik eigenlijk hier?' Na het gesprek met zijn oude vriend besluit Sjaak ook bij de politie te solliciteren. Hij wordt aangenomen.

Van Mosplein naar Warmoesstraat

De Boerenpolitie worden ze genoemd. De Boerenpolitie van Ponderosa, naar de naam van de ranch uit de beroemde Amerikaanse western-televisieserie *Bonanza*. Maar in die serie gebéúrt nog weleens wat, in Noord op het Mosplein is het meestal een saaie bende. Na drieënhalve maand op de Linnaeusstraat wordt Martin op bureau Mosplein in Amsterdam-Noord geplaatst. Op 12 mei 1975 meldt hij zich. Martin heeft dan nog zeventien maanden proeftijd te gaan.

In Noord wordt hij in recordtijd geconfronteerd met het rauwe leven. Hij handelt een aanrijding met dodelijke afloop af, wordt erop uitgestuurd om twee dronken buren te beletten elkaars hersens in te slaan en hij gaat polshoogte nemen bij het zigeunerkamp van Koko Petalo.

Deze Petalo mag zich de Zigeunerkoning van de Sinti noemen en heeft na allerlei omzwervingen door Nederland zijn kamp op de Waddenweg opgeslagen. Daar vragen ze aandacht van de Amsterdamse politiek om iets te doen aan de belabberde leefomstandigheden van de Sinti. Hoewel ze de naam tegen hebben, veroorzaken Petalo en zijn gevolg weinig overlast. Ze houden zich eigenlijk redelijk rustig. 'Ja, er werd natuurlijk regelmatig wat gejat en er was bijvoorbeeld wel een duidelijke stijging van het aantal oplichtingszaken sinds zij er waren. Af en toe hoorde je die verhalen, maar het viel allemaal wel mee. Je moest er af en toe naartoe, en niemand van ons had trek om naar dat kamp te gaan. Behalve Martin. Die ging zo het terrein op om even een kop koffie te doen met die Petalo. Dat zei die ook gewoon: "Effe een bakkie doen met de Zigeunerkoning", hahaha. Je moest alles via die Petalo bespreken, die was de baas,' aldus Ferry Mesman, een oud-collega. Hij noemt Martin op dat moment 'geen smeris van spektakel', maar wel gewoon een goede smeris. 'Martin was nergens bang voor. En we hadden toen helemaal niks in Noord, hè? Niet eens een portofoon, alleen een knevelketting, maar Martin maakte dat niks uit. Hij ging gewoon met de borst vooruit, recht op zijn doel af.'

In Noord heeft de politie in die tijd te maken met andersoortige criminaliteit dan in het centrum van Amsterdam; het was veel autochtoner, veel dorpser, veel meer gedreven door alcohol. Ferry, de oud-collega: 'Daar had je toen echt van die opgeschoten straatjongens in de buurthuizen. Dan kwam je aan om een uur of één 's nachts omdat er geluidsoverlast was en stonden er vijf man je op te wachten, soms nog met een meid erbij. Moest je echt vechten om de orde te herstellen.'

De collega roemt Martin om zijn ijzersterke geheugen. 'Ik heb vaak met hem in de auto gezeten en dan reden we ergens. Wist hij zo op basis van alleen maar een kenteken een wagen aan te wijzen waar iets mee was. Die was dan gestolen of had ergens een ongeluk veroorzaakt en was doorgereden bijvoorbeeld. In die tijd hadden we geen computersystemen, maar werd alles bijgehouden in boeken met opsporingsregisters. "Heb je het opsporingsboek weer mee naar huis genomen om uit je hoofd te leren?" vroeg ik hem dan. Moest-ie wel om lachen.'

De agenten van Noord zijn op het Mosplein op elkaar aangewezen. Er zijn geen vaste koppeltjes, iedereen rouleert in groepen. Martin zit in groep 5. 'Hij was een lefgozertje dat altijd zijn woordje klaar had. En hij had humor. Als er een situatie was met iemand en de spanning liep op, kon Martin het breken met zijn humor. Hij wist overal een kwinkslag aan te geven, een beetje bluffen was hem niet vreemd.'

Martin maakt er op het Mosplein het beste van. Hij arresteert autodieven, bankovervallers en drugsdealers. De beoordelingen van zijn chefs liegen er dan ook niet om. Brigadier Remkes en adjudant Bakker schrijven in het beoordelingsrapport van Martin met datum 9 december 1975 letterlijk: 'Uw beoordelaars waren goed over u te spreken. U was niet bang om zaken aan te pakken en u wachtte niet af wat uw collega ging doen. U handelde echter niet ondoordacht. U was een opgewekte collega, u voelde zich op uw gemak in de groep en men mocht u graag. Ten opzichte van uw chefs was u correct, u stelde zich bescheiden op en was keurig in de benadering. Ook het contact met het publiek schuwde u niet, of het nu ouderen of jongeren betrof, u ging erop af.'

Martin blinkt uit in het leggen van contact. Niet alleen met zigeunerkoning Petalo, maar ook met zijn collega's. Hij brengt af en toe een visje mee naar het bureau en trakteert dan iedereen die er zit. Gewoon, leuk en gezellig en aardig.

Als hij opvangt dat de werkdruk op Bureau Warmoesstraat zo hoog is dat er regelmatig wordt gevraagd of mensen van andere districten bij willen springen, meldt hij zich aan. Zo proeft hij de sfeer op dat beruchte bureau, waar je volgens veel dienders pas echt leert wat het politiewerk inhoudt. En hij verdient ook wat meer, omdat de invalbeurten extra betaald worden.

Een van de mensen met wie hij zo in contact komt is Jimmy Nijman, een groepsleider op Bureau Warmoesstraat. Nijman wordt alom beschreven als een zeer geliefde agent. Hij zal later bij de politie te paard dienen, een onderdeel waar Martin ook wel oren naar heeft. De jonge agent Martin maakt een goede indruk op groepsleider Nijman. Hij is altijd op tijd, doet goed mee en is gewoon een knul waar de ambitie vanaf straalt.

Martin trekt de stoute schoenen aan en vraagt na een paar invalbeurten op de Warmoesstraat om overplaatsing naar District 2. Hij weet zich daarbij gesteund door Nijman, de groepsleider die een goed woordje voor hem doet. Samen met de mooie beoordelingen van de jonge agent is de knoop snel doorgehakt. De aanvraag wordt positief beoordeeld: na de zomervakantie mag hij aan de slag in District 2. In augustus 1976 zal Martin zijn eerste officiele stappen zetten in Bureau Warmoesstraat.

Jimmy Nijman overleed op 14 maart 2020. Collega's en mensen die hem gekend hebben, zeggen dat hij er tot zijn dood spijt van had dat hij Martin heeft geholpen om naar de Warmoesstraat te komen.

Las Palmas

Er is een foto van. Maar ook zonder die foto zal niemand de zomervakantie van 1976 vergeten. Met een groot deel van de Zaanse stapvrienden gaat Martin op zonvakantie naar Las Palmas, op de Canarische Eilanden. Ook Richard, de man die hem had aangeraden bij de politie te gaan, is erbij.

Martin is 19 jaar en doet precies wat jongens van die leeftijd doen op een zonvakantie zonder ouders. Hij drinkt lekker door maar is nooit lam, hij is gezellig en geen ruziezoeker. Harry, de zes jaar oudere vriend van Martin, herinnert zich: 'Je kon vreselijk lachen met hem. Hij stotterde wel, maar dat maakte hem geen reet uit, het maakte hem niet verlegen of onzeker of zo. Ik weet van die vakantie nog dat we op een gegeven moment op dat Santa Catalina-plein in Las Palmas in een of andere bar zaten met een stel Canadezen naast ons. Dat waren homo's volgens mij. Die gasten begonnen een mop te vertellen, maar dat leek nergens op. Sommigen van ons lachten een beetje uit beleefdheid, maar Martin niet. Die stond op en zei tegen die Canadezen datie dat veel beter kon, een mop vertellen. Dus hij begon aan die mop, maar omdat hij zo stotterde duurde en duurde dat maar. Hij sprak zo veel mogelijk in het Engels, maar mengde er steeds meer Nederlandse woorden doorheen. Wij en die Canadezen lagen helemaal in een deuk. En Martin bleef maar doorgaan: "Yes, but now comes the clou and..." Hij leek op dat plein wel bezig aan een soort cabaretvoorstelling. Geweldig was dat.'

Zittend op hun strandstoelen kaarten of dobbelen de jongens met elkaar om geld. Soms verliest Martin en soms heeft hij het geluk aan zijn zijde en wint hij een groot bedrag. Er is in het groepje ook één jongen die regelmatig wat muntgeld in gokkasten gooit. Die kasten zijn dan in opkomst: steeds meer kroegen hebben er één of twee in de hoek staan. Als Martin zijn vriend bij die kasten ziet staan, blijft hij even hangen. Alsof die lichtjes hem betoveren. Na verloop van tijd kan ook hij de verleiding niet weerstaan en gooit wat geld in de kast. Zo af en toe haalt hij een jackpot: het gerinkel van de munten die door de kast uitgespuwd worden, klinkt hem als muziek in de oren. Grote glimlach op zijn gezicht.

Het valt de jongens op dat Martin een beetje geheimzinnig doet over zijn achtergrond. Tegen Harry zegt hij dat hij liever Hoogland genoemd wordt, naar de achternaam van zijn stiefvader. 'Ik begreep dat zijn vader dood was, maar hij liet daar verder nooit wat over los en wij vroegen er niet naar. Eén keer ben ik bij hem thuis geweest. Zijn moeder woonde in Westzaan, in Het Prinsenhofstraat 11. Een erg goede buurt die hier in Zaandam de Goudkust wordt genoemd. Martin was heel beleefd naar zijn moeder toe.' Harry herinnert zich Martins moeder nog goed, een mooie vrouw met veel krullen.

Martin zien ze wel een beetje als een gesloten persoon. 'Ik zou absoluut niet weten of hij broers of zussen had,' zegt Harry. 'Maar eigenlijk wisten we maar weinig van elkaar. We maakten lol en daaraan deed Martin volop mee.'

Het enige wat Harry weet, is dat hij net als twee van zijn stapvrienden bij de politie werkte. En dan niet bij de Zaanse, maar bij de Amsterdamse politie. 'Na die vakantie zou hij op Bureau Warmoesstraat beginnen. Daar had hij het wel over, maar niet overdreven vaak.' Ze herinneren zich hem vooral als een gozer die altijd maar aan het lachen was.

2

Vrijheid, gekte, humor en zelfstandigheid

Dweilen met de kraan open

'Een vierkante kilometer ellende. Zo karakteriseert de politieleiding politiedistrict 2, dat begrensd wordt door het Centraal Station, de Warmoesstraat en de Waag. Criminaliteit is hier ruim voorhanden, evenals prostitutie, sekstheaters, illegale gokhuizen en heroïnehandel. Er gaat veel geld in om en ook politiemensen worden hier aan vele verleidingen blootgesteld.' Aldus het begin van een aflevering van het NTR-programma *Andere Tijden*, gewijd aan de corruptie binnen het Amsterdamse politiekorps in de jaren zeventig.

Ieder jaar worden er zo'n 75 heroïnedoden in de drugspanden gevonden. Sommige met de spuit nog in hun arm. Heroïne is de vloek van die tijd. Op de straten gaat het er hard en ruig aan toe en de overlast is groot. Daarnaast heeft het Amsterdamse korps te maken met een ernstige onderbezetting. Ze kunnen het eigenlijk niet meer aan. Collega's van andere districten springen weleens bij en regelmatig komen ook agenten van buiten Amsterdam naar District 2 om te werken in de grote stad. Zo kan het gebeuren dat dienders uit Groningen of Friesland ineens tussen de gokkende Chinezen en dealende Surinamers staan. Agenten uit 'Schubbekutteveen' lopen daar tussen het rafelrandje van de samenleving. Ze weten niet wat ze zien. Dan krijgt die Chinees weer klappen of brengen agenten een neergestoken Duitse toerist binnen, of proberen ze een *bitch fight* tussen twee prostituees te sussen. Je had Emil's Place op de Zeedijk, een koffietentje waar vooral Surinamers bij elkaar komen die vanuit hun thuisland in de Bijlmer zijn beland. Nu heet de tent De Kletskop en het ziet er keurig uit, maar agenten van de Warmoesstraat herinneren zich andere taferelen. 'Het waren verschrikkelijke toestanden met spuitende junks en schichtig om zich heen kijkende dealers. We moesten orde scheppen in een vrijstaat,' zegt Ferry Mesman, vroeger werkzaam als agent op de Warmoesstraat.

Er heerst ook chaos bij de politie zelf. Iedereen handelt naar eigen goeddunken. Er is geen overzicht, geen beleid. Wel veel vrijheid, maar sommige mensen kunnen die niet aan. 'Toen ik voor het eerst op Bureau Warmoesstraat kwam, moest ik mee met een hele brede, gespierde gozer, een hoofdagent. Die zou me wel effe wegwijs maken. We stapten de deur uit, liepen schuin naar de overkant van de straat, want daar zat een kroeg. Stapte hij naar binnen en stond zijn glaasje al klaar. Hop, in één keer naar binnen. Konden we weer verder. Naar een restaurant tegenover het station. Ging hij lekker zitten vreten. Ik bestelde een colaatje en ik keek ernaar. Daarna gingen we de Zeedijk op. Liep-ie een gokhuis binnen en hoefde hij nergens om te vragen, maar kreeg hij meteen een stapeltje biljetten in zijn handen geduwd. Die vouwde hij op en stak-ie lachend naar mij in zijn achterzak. Daarna gingen we naar de Wallen. Stopten we bij een raam met een of ander blond wijf met een paardenstaart. Zei hij: "Zeg, ik mot effe met dat wijf iets bespreken. Die heb informatie voor ons." Dus de gordijntjes gingen dicht. Die dacht zeker dat ik achterlijk was, maar goed... Dat was de cultuur halverwege de jaren zeventig,' aldus ex-agent John.

Wat drijft Martin precies om naar de Warmoesstraat te willen? Zijn vrienden bij de politie, met wie hij nog op de Canarische Eilanden vakantie heeft gevierd, zitten bij het korps in Zaandam. Tóch kiest hij voor Amsterdam.

Enerzijds uit gemak: hij weet zeker dat hij aangenomen wordt omdat daar de vraag naar personeel het grootst is. Martin is iemand die voor de makkelijkste weg kiest. Anderzijds wil hij naar een plek waarvan sommige agenten zuchtend zeggen: 'Ik ging er echt met lood in mijn schoenen naartoe.'

Hans de Vriend, een andere ex-collega van Bureau Warmoesstraat: 'Ik weet nog dat ze bij mijn antecedentenonderzoek vroegen: "Hou je van vechten?" Ik zei toen braaf dat ik probeerde altijd alles zo veel mogelijk pratend op te lossen. "Ja, maar dat slappe gelul, daar hebben we niks aan, er moet wel gemept worden," zei de chef toen tegen me. Zo dachten de agenten in het hele Amsterdamse korps in het centrum, maar Bureau Warmoesstraat was daar absoluut de overtreffende trap in. Zo was de mentaliteit. Je moest niet bang zijn.'

Veel agenten vertellen ook dat ze er een wereldtijd hebben gehad. Ferry Mesman bijvoorbeeld: 'Het was een jungle, maar je kon je eigen regels maken. De hele tijd samenwerken met mensen en groepen al naar gelang de situatie. Als er rottigheid was hielpen de pooiers je soms, maar er waren ook momenten dat de jongens van de Casa Rosso je hielpen, we hebben zelfs ooit hulp van de Hells Angels gehad. Dat gebeurde gewoon. Want ze wisten dat als ze dat niet deden, ze last van ons kregen. Wij van de Warmoesstraat waren eigenlijk ook een soort afpersers. Wil jij last vanavond? Nee? Goed zo, dan moet jij zorgen dat het rustig blijft hier.'

Bureau Warmoesstraat is op dat moment het kloppend hart van District 2. Vaak wordt hiermee alleen de vierkante kilometer van de Wallen aangeduid, maar in werkelijkheid is het gebied veel groter. District 2 bestond uit een deel van de Jordaan, de Staatsliedenbuurt met de krakers, en een deel van de Westhaven en de Spaarndammerbuurt. Wel komt verreweg de meeste hoofdpijn uit het gebied van die ene vierkante kilometer tussen het Centraal Station, de Waag en de Warmoesstraat.

De Zeedijk is een absolute no-go-area waar de ouderwetse penoze is weggetrokken en heeft plaatsgemaakt voor Chinezen. Zij drukken met hun gokhuizen en opiumkits vanaf begin jaren zeventig een stempel op dit deel van de hoofdstad. De Chinese maffiaclans, die ook wel triades worden genoemd, heersen over de Zeedijk en zorgen voor de heroïneaanvoer. De hiërarchie van een criminele organisatie is een verschijnsel dat de Chinezen hier geïntroduceerd hebben.

Het is ook door de Chinezen dat Amsterdam voor het eerst kennismaakt met het onderwereldfenomeen 'liquidatie'. Een van de meest geruchtmakende is die op Chung Mon op 3 maart 1975, volgens sommige publicaties de eerste echte liquidatie in Nederland. Mon was een ware maffiapeetvader. Op de Prins Hendrikkade werd hij geliquideerd. De dader en opdrachtgever(s) zijn nooit gepakt.

Tussen de Chinezen lopen veel straatrovers, crimineeltjes en kansloze Surinamers die net voor de Surinaamse onafhankelijkheid in 1975 naar Nederland zijn gekomen voor een betere toekomst. Ze komen terecht in de dan net gebouwde betonnen blokkendozen van de Bijlmer en trekken naar de stad om met het roken van heroïne en opium aan hun ellendige situatie te ontsnappen. Met de doorverkoop van de Chinese heroïne weten ze een aardig zakcentje te verdienen.

Ferry Mesman over die situatie: 'Ken je die serie *Rawhide* van vroeger? Wij voelden ons net die cowboys. Alleen nu waren het geen koeien maar mensen die we moesten drijven. Van de ene kant naar de andere kant van de straat. "Donkere mensen moet je in beweging houden," zeiden we tegen elkaar. Het was een zootje en wij konden alleen maar zorgen dat die bende zich om de zoveel tijd verplaatste. Al die gasten stonden te basen en drugs te spuiten in portieken. Deals gebeurden gewoon open en bloot op straat. Het is nu niet meer voor te stellen.'

Wat door veel agenten wordt opgemerkt: 'Die Chinezen schoten niet op ons. Ze hadden echt respect voor de Amsterdamse politie. Als je ze oppakte, kon je ook rustig zeggen: "Loop maar voor me uit naar het politiebureau." Dat deden ze dan gewoon.'

Eigenlijk heeft de linkse gemeenteraad het gebied rond de Warmoesstraat opgegeven. Ze voeren een politiek van pappen en nathouden, waarbij van de politie wordt verwacht dat ze de orde bewaakt. Maar die voelt zich in de steek gelaten omdat binnen de antiautoritaire samenleving van de jaren zeventig enigszins argwanend gekeken wordt naar die mannen in hun blauwe uniform. Oud-politiechef Van Riessen: 'Ze hadden het liefst gezien dat er een hek om die vierkante kilometer ellende werd gezet met een bord ervoor: "Betreden op eigen risico." En dat wij dan een beetje de orde bewaarden. Maar zo werkt dat natuurlijk niet.'

Misschien kijken de linkse beleidsmakers wel een beetje neer op agenten. Het is ook het begin van de politieke correctheid: buitenlanders en junks zijn vooral slachtoffers van hun situatie. Die mensen hebben hulp nodig, geen harde hand, is de gedachte die dan leeft. Agenten zien op straat de problemen rond de bevolkingsgroepen. Alleen, ze kunnen er nergens mee naartoe en ze voelen zich door het stadsbestuur niet serieus genomen, terwijl juist zij precies weten wat er leeft.

De agenten van Bureau Warmoesstraat voelen zich zoals de inwoners van het beroemde dorpje uit *Asterix & Obelix*. Omsingeld door dealers die hun waar aan junks willen slijten, pooiers die van een afstandje hun vrouwen in de gaten houden en hoerenlopers die vooral niet gezien willen worden. Tel daar de talloze Amerikaanse, Duitse of gewoon Nederlandse soldaten, matrozen of mariniers bij op die elk weekend vertier zoeken in die beroemde én beruchte vierkante kilometer Amsterdam met zijn vrijdenkers, kroegbazen en exploitanten van pornobioscopen, en de chaotische cocktail is compleet.

Burgerpot

'I know what you're thinking: did he fire six shots or only five? Well, to tell you the truth, in all this excitement, I've kinda lost track myself. But being this is a .44 Magnum, the most powerful handgun in the world, and would blow your head clean off, you've got to ask yourself one question: "Do I feel lucky?" Well, do you, punk?'

Kenners weten het al bij de eerste zin: dit is de monoloog van 'Dirty Harry' Callahan, de fictieve rechercheur in dienst van het politiekorps van San Francisco, zo geweldig stoïcijns neergezet door Clint Eastwood. In 1971 verschijnt de eerste *Dirty Harry*. Er zullen uiteindelijk nog vier delen volgen. Dirty Harry staat symbool voor de agent die het kwaad op zijn eigen manier oplost. Dat is niet altijd zoals het hoort, maar het gaat om het resultaat: het tuig moet van de straat.

Als in de jaren zeventig de problemen op de Zeedijk de pan uitrijzen en de recherche het werk niet meer aankan, wordt de Burgerpot in het leven geroepen. Dat is een groep agenten die niet in uniform maar in hun gewone kloffie op straat lopen. De gedachte erachter is dat deze agenten niet als agent herkend worden, maar als het ware opgaan in de massa. Wijkagent Joep de Groot in de aflevering van *Andere Tijden*: 'Om de kleine zaken aan te pakken werd de Burgerpot ingezet. Die gingen dan rechercheurtje spelen.'

De leden van de Burgerpot zijn doorpakkers. Ze hebben het blauwe hart op de juiste plaats en willen graag hun collega's bij de rechercheafdeling assisteren. Zij voelen zich geroepen om iets te doen aan de ellende in dit deel van de stad en hebben geen boodschap aan de 9-tot-5-mentaliteit die bij sommige dienders leeft. Want sommigen zijn liever lui dan moe. Die vinden kaarten leuker dan de straat op gaan.

Als er om één uur 's nachts een actie moet plaatsvinden en de chef vraagt wie er meedoet, steken de agenten van de Burgerpot hun hand op. Zij moeten op straat zijn als de criminelen ook op straat zijn en zij moeten de tenten bezoeken waar de criminelen ook komen. Zo krijgt de Burgerpot een aparte status binnen het Amsterdamse korps. Zij zijn de Dirty Harry's van de stad. En ze zijn succesvol. Niemand stelt vragen over hoe ze de junks, de dealers en de drugstoeristen binnenbrengen en in de cel gooien. Het woord 'opsporingsmethode' bestaat nog niet. Agenten worden alleen maar afgerekend op het aantal boeven dat ze binnenbrengen. En de mannen van de Burgerpot doen goede zaken.

Al leidt het kat-en-muisspel tussen criminelen en politie soms tot frustratie. Er is één dealertje op wie ze maar geen vat krijgen. Ze hebben die klootzak al een paar keer aangehouden en gefouilleerd, maar ze moeten hem altijd weer laten gaan. Die gast is niet te pakken, is de politie altijd net te slim af. Die dealer heeft dat donders goed door en laat dat ook blijken met z'n arrogante kop.

Dan komt Teun Vos, een agent van de Burgerpot, op een idee dat even simpel als doeltreffend is: ze gaan die klerelijer van drugs voorzien. 'Op een drukke dag op de Wallen zoek ik hem op. Ik loop op hem af en zorg dat ik in de mensenmassa tegen hem aanloop. In het voorbijgaan stop ik, zonder dat hij het merkt, een zakje met drugs in een van zijn zakken.' Tegen zijn collega's: 'Als jullie dan aan het einde van de straat hem oppikken en fouilleren dan is het bingo.'

Het duurt niet lang of het idee van Teun wordt uitgevoerd. En ja hoor, het werkt. De dealer wordt vastgezet. Urenlang loopt hij te krijsen dat het spul niet van hem is en dat hij onschuldig is. Maar dat hoor je natuurlijk zo vaak van mensen die vastzitten, die zeggen allemaal dat ze onschuldig zijn.

De boef is gepakt, de agent wordt gelauwerd, iedereen blij. Maar er is één groot probleem dat hier de kop opsteekt: de agenten van de Burgerpot worden niet gecontroleerd. Iedereen doet wat hij of zij goeddunkt. Door hun werk komt de Burgerpot in louche kroegen, in nachtclubs en bordelen. Daar komen ze in contact met de andere kant. Ze krijgen een drankje en een hapje en voeren een leuk gesprek met een van de meiden die daar werkt... En dan moet je sterk in je schoenen staan.

Het tegenovergestelde van de Burgerpot zijn de agenten die liever binnen in het bureau blijven. Zij lezen de krant en kaarten met collega's. Zwikken, hartenjagen of miezemauzen. Thuis doen ze het met kwartjes en dubbeltjes, hier liggen grote pakken geld op tafel. Dan staat iedereen om het kettingrokende gezelschap. De harde, Amsterdamse afzeikhumor hangt als een dikke, klamme deken over de groep.

Hoewel niemand van de agenten op Bureau Warmoesstraat enige leiding ervaart, voelen ze zich wel erg betrokken bij hun eigen club, hun eigen wijk, hun eigen problemen, hun eigen bureau. Daar, tussen die mannen, zit de loyaliteit. De kleinschaligheid van al die clubjes is niet foutloos, maar tot op zekere hoogte werkt het en het is integer. De sociale controle onderling is groot. Mensen houden elkaar in de gaten en zoeken hun eigen weg in de relatieve anarchie die er heerst. Ze zitten met z'n allen op die ene vierkante kilometer ellende. Als er iets fout gaat, krijgt de leiding de schuld: 'Hij is niet goed begeleid,' hoor je dan. Maar ze laten elkaar niet vallen, er zitten geen verraders tussen.

Bubbels

Ze is een van de kleurrijkere figuren uit de Zaanse regio. Haar vader zit in het bestuur van voetbalclub KFC (Kooger Football Club). Als Ingrid gaat stappen heeft ze altijd veel bekijks. Voor de jongens is ze een knappe meid met alles erop en eraan, voor de meiden heeft ze wel iets van een vorstelijke freule die door de straten schrijdt. 'Kwam door die opvallende jas die ze droeg, het leek wel een bontjas,' zegt een vriendin uit die tijd die we Suze noemen. In de kroeg weet iedereen het als Ingrid in aantocht is. Door haar opvallende stemgeluid met Zaanse tongval hoor je haar al van verre aankomen: 'Bubbels! Bubbels! Ik wil bubbels!'

Laat er geen misverstand over bestaan: kom niet aan bij deze dame met bier of wijn. Deze dame drinkt champagne.

In 1976 ontmoeten Martin en Ingrid elkaar tijdens een stapavond in Zaandam. Het gebeurt in de enorm populaire Zaanse discoclub Dam 8 aan de Dam, een vrolijke tent waar regelmatig livemuziek is te horen en dj's hun discoplaten draaien.

Zij ziet hem staan en vindt hem meteen leuk. 'Hij was een slimme jongen, had zijn school afgemaakt en was van goeden huize. Martin had uitstraling en zat bij de politie. Dat vond Ingrid wel mooi,' aldus Suze. Volgens haar was het Martin die het telefoonnummer van Ingrid vroeg. 'Ja, dat vond ze ook wel een pluspunt: hij durfde haar nummer te vragen en had de ballen om haar te bellen de volgende dag.'

Martin valt als een blok voor de 17-jarige stoot. Hij vindt haar geweldig: hij houdt ervan dat ze goed van de tongriem is gesneden. Deze dame praat je niet zomaar onder tafel. Bovendien heeft ze humor en ze is knap. Menig man draait zijn hoofd om als ze langsloopt met haar blonde kop met haar. Haar schoonheid blijft ook niet onopgemerkt: in die jaren wordt Ingrid zelfs uitgeroepen tot Miss Ajax. Maar dat is niet de enige binding die ze heeft met de Amsterdamse voetbalclub. Haar oom is namelijk Cees Groot, die Café Skylark bestiert en in Ajax 1 speelde.

Martin vindt het vooral opwindend en mooi als Ingrid zich opmaakt. Rouge op haar wangen, zware kleuren om de met mascara aangezette ogen, rode lippen. Ze zit dan misschien een tijdje voor de spiegel voor ze de straat op gaat, maar uiterlijk is belangrijk: Ingrid is een plaatje.

Binnen een jaar wonen Martin en Ingrid samen op een flatje aan de Paukenhof in Zaandijk. Slager Henk Hoogland en Hanny, de moeder van Martin, geven bij wijze van uitzet zesduizend gulden mee aan het kersverse stel. Ze hebben dat bedrag de afgelopen jaren bij elkaar gespaard. Ingrid krijgt van haar ouders en oma ook nog wat geld mee, waarvan ze meubels kopen en het appartement laten opknappen.

Als klap op de vuurpijl doen Henk en Hanny het stel een prachtig aanbod. Omdat Martin al een paar keer heeft laten vallen dat hij die Ford Capri van een van zijn stapvrienden zo ontzettend mooi vindt, stellen ze voor om een deel van die auto te bekostigen. Het andere deel willen Henk en Hanny voorschieten, maar dat moet dus wel terugbetaald worden. In termijnen, is geen probleem. Martin en Ingrid kunnen hun geluk niet op en maken graag gebruik van die mogelijkheid. In no time staat er een mooie Ford Capri te blinken op de Paukenhof.

Ingrid werkt overigens zelf ook. Bij de bekende elektronicaketen Wastora van de gebroeders Molenaar. Later zouden die Molenaars furore maken als geldschieters van de voetbalclub AZ'67.

Het gaat het stel enorm voor de wind. Ze gaan geregeld stappen in Zaandam en kunnen dan ook meegesleurd worden met het gezelschap van Piet Schutte. 'We gingen overal naartoe: Majestic, 't Kompas, Femina, Port d'Or, Hof van Holland, het Thorbeckeplein of livebandjes kijken bij Palace,' zegt Suze. Martin is verliefd en geniet als Ingrid naast hem loopt. Mensen kijken naar hen: zij die mooi opgemaakte, jonge meid en hij de knappe, jonge kerel.

Martin is trots op het werk dat hij doet; hij gaat soms zelfs in zijn politieuniform stappen. Hij loopt door de kroeg en staat urenlang met allerlei hele en halve criminelen te praten. Ingrid gaat vooral mee naar disco's en praat met iedereen. Het is de directheid en ontwapenende eerlijkheid van het stel dat zeer op prijs wordt gesteld.

Volgens Ingrid hoorde je altijd: 'Dat is een goeie tent, daar komen nette mensen en dat is een foute tent, daar komen de verkeerden, maar Martin en ik liepen overal zo doorheen. We gingen naar de Femina op het Rembrandtplein, dat was toen het meest beruchte gokhuis van Amsterdam. Naar de Louis Seize gingen we ook. Naar de Sheherazade. We kwamen overal binnen, kenden iedereen. Die mensen vonden het machtig dat Martin daar zo rondliep. We hadden overal contacten en hoorden altijd van alles. We wisten precies wat er leefde in de stad. Als we bij mijn ouders kwamen met die verhalen, lag mijn vader helemaal in een deuk. Martin kon ook heel goed opschieten met mijn vader. Het was de humor in die tenten. Mijn moeder keek daar anders naar, die kon het allemaal niet zo waarderen.'

Langzaam beginnen Martin en Ingrid zich los te weken van de groep stapvrienden uit Zaandam. Martins uiterlijk verandert ook. Zijn vrienden uit de Crazy Horse valt het bijvoorbeeld tijdens een van die befaamde Amsterdamse stapavonden in 1976 op dat Martin een gouden horloge om heeft. De groep denkt meteen dat het een Rolex is. Een kennis uit die tijd: 'Iedereen verbaasde zich daarover: "Hoe komt een agent nou aan een Rolex?"'

Op een gegeven moment vraagt iemand het aan Martin.

'Moet je goed kijken achter de bar. Volgens mij staat daar een omgebouwde kerel, ik zweer het je,' reageert Martin lachend en wijzend.

Iedereen kijkt naar de bar en moet lachen.

'Hoe zie je dat dan?' vraagt iemand.

'Je moet naar die handen kijken. Die zijn veel te groot voor een vrouw. En hij heeft een adamsappel. Daaraan zie je het. Iemand nog wat te drinken?' zegt hij terwijl hij opstaat.

Het gouden horloge is iedereen allang weer vergeten. Ingrid beweert dat het helemaal geen Rolex was. 'Dat was wel een gouden klok, maar een Seiko of zo, een erfstuk van een overleden familielid.'

Vader in de Kinkerbuurt

Tijdens zijn opleiding tot politieman is Martin in contact gekomen met een andere agent die ook net bij de politie is begonnen. Martin ziet op het naambordje op de borst van de agent dezelfde achternaam: Peter Klijn. Ze raken aan de praat en ontdekken dat Peter een neef is van Piet Klijn. Deze Peter vraagt op een gegeven moment aan Martin of hij zijn vader nog weleens ziet. Martin kijkt ervan op: 'Mijn vader? Die man is al jaren dood...'

'Nee, man, je vader is helemaal niet dood. Dat weet ik zeker. Hij zit heel vaak in een kroeg op de Bilderdijkstraat. In die kroeg staat zijn vrouw Rietje achter de bar. Je moet er echt eens langsgaan.'

Martin voelt zich misselijk worden. Hij denkt aan de Bilderdijkstraat, zo vlak bij de buurt waar hij als kind altijd heeft gelopen heeft.

Martin rijdt naar huis in zijn Ford Capri. Hij is in de war van dit hele verhaal. Zou het waar zijn dat zijn echte vader nog leeft en in een kroeg in de buurt werkt? Hij bespreekt het met Ingrid. Die weet ook even niet wat ze moet vinden en zegt dat Martin zijn moeder moet bellen. Zij heeft hem tenslotte al die jaren verteld dat zijn vader overleden is. Geconfronteerd met dit verhaal moet Hanny toegeven dat het anders zit. Martin hoort door de telefoon dat het verhaal klopt. Zijn vader is niet dood, maar leeft.

In de tijd dat de moeder van Martin wegging bij zijn biologische vader, was scheiden niet heel gebruikelijk. Als het wel gebeurde, sprak de omgeving daar vaak schande van. Hanny bouwde een nieuw leven op met Henk Hoogland, en Martin had als jochie een aversie tegen zijn vader na dat afschuwelijke tafereel met die spuugpartij midden op straat. Het lijkt erop dat zijn vader Piet dat wel best vond. Hanny zei op een bepaald moment tegen de kleine Martin dat zijn vader overleden was, misschien om hem niet die last te laten meedragen en een beetje 'in rustiger vaarwater te laten komen'. Hanny had een nieuw gezin met Henk Hoogland voor ogen. Martin kon zo makkelijker de 'nieuwe vader' in zijn leven accepteren. De mensen die ik sprak zeggen allemaal dat hij Henk Hoogland ook echt als zijn vader zag.

Maar Martin is op dat moment natuurlijk geschokt. Hij weet even niet meer hoe hij het heeft. In overleg met Ingrid besluit hij langs te gaan bij het café. Alleen. Maar als hij voor de deur staat, durft hij niet zomaar naar binnen. Hij kijkt vanuit zijn wagen de kroeg in en ziet wat mensen zitten. Als hij vaag een man in het vizier krijgt, start hij de auto en rijdt weg. Thuis praat hij er nogmaals met Ingrid over. Zij vindt dat hij niet zo moet zeuren: 'Ga er gewoon op af, man!'

Niet lang daarna gaat Martin nog een keer terug. Hij parkeert zijn Ford, stapt uit en loopt richting het café. Hij duwt de deur open en kijkt naar een man aan de bar. Martin voelt vrijwel meteen aan alles dat het verhaal echt waar is. Daar zit zijn vader Piet Klijn, een oudere versie van hemzelf.

Na de scheiding van Hanny heeft Piet Klijn samen met Rietje nog twee kinderen gekregen: Pieter en Bart. Het stel bestiert een kroeg op de Bilderdijkstraat. Het is de kat op het spek binden, want Piet verliest zich volledig in de drank. In eerste instantie moet Martin na deze ontmoeting ook helemaal niets weten van Piet Klijn. Hij schrikt van het milieu waarin zijn biologische vader vertoeft. De relatie tussen Rietje en Piet houdt geen stand. Rietje Burger overlijdt in 2012.

Daarna leert Piet Thea Vincke kennen. Thea is een wereldwijze, no-nonsense vrouw. Ze komt uit een familie van echte Amsterdamse handelaren en is zeer vermogend. Met Thea runt hij de winkel Love, een koffie- en broodjeszaak met zonnebank in de Kinkerstraat. Thea bezit daarnaast ook nog het pannenkoekenhuis in het Vondelpark en twee cafés, waaronder De Blauwe Vaas, ook in de Kinkerstraat. Thea heeft al deze zaken geërfd van haar man, die zich in Spanje heeft doodgereden. Het verhaal gaat dat hij daar vreemdging met een griet, en toen een dodelijk ongeluk kreeg. Thea erft alles wat haar man had opgebouwd. Ze krijgt een relatie met Piet, die haar bezweert van de alcohol af te blijven. Dat lukt hem nog ook. Gedurende de rest van zijn leven drinkt hij geen druppel meer. Het is ook Thea geweest die heeft bemiddeld tussen Martin en Piet Klijn zodat de twee mannen elkaar nog een keer zouden zien. Die tweede ontmoeting is in 1978 in de winkel Love, Martin is dan 22 jaar.

Vanaf die ontmoeting is de band tussen vader en zoon hersteld. Martin Hoogland houdt zijn hele leven contact met zijn biologische vader. Hij kan goed met hem overweg, ze lijken erg op elkaar qua uiterlijk, maar ook in hun manieren. Ze hebben dezelfde stem en houden beiden wel van een dolletje, maar ze verschillen ook van elkaar. Een familielid vertelt dat Martin zijn biologische vader gierig vindt. 'Dat kwam voor een groot deel omdat Piet eigenlijk niks te zeggen had in huis. Hij leefde van het geld van Thea.'

Thea en Piet hadden regelmatig handel. Trainingspakken of lammycoats, van onduidelijke origine. Als Martin dan liet weten geïnteresseerd te zijn, kon hij ze overnemen voor de inkoopprijs. Het stak Martin dat ze niet gewoon wat weg konden geven. Maar hij veroordeelt hen er niet om: 'Hij zei vaak: "Ze zijn gierig, maar ja, zo zijn ze nou eenmaal."' Aldus het familielid.

Gierig of niet: Thea droeg Martin wel altijd een warm hart toe. Want later, als Martin in de gevangenis komt te zitten voor de moorden op Klaas Bruinsma en Tonny Hijzelendoorn, is Thea degene die de financiën regelt. Zo regelde ze namens hem de overname van het huis in de Valeriusstraat 126-hs in Amsterdam-Zuid, waarin Martin woonde met zijn latere vrouw Mandy. Dat huurhuis was destijds voor tweeënhalve ton verbouwd, had een marmeren vloer met vloerverwarming en stond vol chique meubels van de bekende designer Herman van Haaften. Voor de overname is een bedrag van 70.000 gulden betaald, dat Martin en Mandy hebben gedeeld. Mandy is in een woning aan de Amstelveenseweg gaan wonen.

Thea was ook degene die om de zoveel tijd de Amsterdamse kroegen afreed in haar Skoda om geld op te halen voor Martin in de bak. Een vriend van Martin uit die tijd zegt: 'Dan zat ik in 't Biggetje en kwam Thea langs met de vraag of ik wat kon missen voor Martin. Als ik vroeg hoe het eigenlijk met hem ging, zei ze steevast: "Weet ik veel. Moet je een kaartje naar hem sturen. Dan hoor je het van hemzelf." En dan legde ze een briefje neer met zijn adres. Dat deed die vrouw gewoon voor Martin. Zodat niemand hem zou vergeten.'

De Schoonmaak

Eind 1975 begonnen ze als hoofdinspecteurs op Bureau Warmoesstraat: Jelle Kuiper en Joop van Riessen. Van Riessen werkte al vanaf 1965 op dat bureau, maar wordt nu gepromoveerd tot leidinggevende. Het is van alle kanten duidelijk: Bureau Warmoesstraat is zo corrupt als wat. 'We hebben dat zelf ondervonden, maar er zijn ook dienders naar ons toegekomen. Die vertelden ons verhalen waar ze mee zaten, soms al jarenlang,' zo herinnert Joop van Riessen zich.

De regel die hij en Jelle Kuiper hanteren om schoon schip te maken is simpel: iedereen die contact heeft met criminelen wordt eruit gegooid. Maar dat is makkelijker gezegd dan gedaan. Dit is Amsterdam. In de jaren zeventig komen nog veel agenten uit deze stad, uit wijken zoals de Jordaan bijvoorbeeld. Daar woonden ze als kind in straten met boven, onder of naast hen andere gezinnen met kinderen. Met die buurjongetjes hebben ze gevoetbald op straat, gespeeld op pleinen, op school gezeten. Sommigen van die buurjongetjes hebben misschien heel andere keuzes gemaakt in het leven dan zijzelf. Kijk maar naar Martin en naar jongens uit de buurt, zoals Sam Klepper of John Mieremet. Die twee rolden via hun jeugdbendes heel geleidelijk maar absoluut de misdaad in, terwijl Martin de Politieacademie afmaakte. En nu komen Van Riessen en Kuiper even vertellen dat contact met criminelen uit den boze is?

'Dat kwamen wij inderdaad vertellen, ja,' zegt Van Riessen.

Maar contact met criminelen móét je als politieagent toch hebben? Een agent zonder contact met criminelen is geen goede agent. En dat is precies het dilemma waar Van Riessen en Kuiper zich voor geplaatst zien: wanneer wordt een contact corrupt?

Jelle Kuiper zegt in het eerder aangehaalde *Andere Tijden*: 'Waar begint corruptie eigenlijk? Bij het aannemen van een kopje thee, een sigaret?'

Van Riessen legt uit waar ze mee te maken hadden: 'Dat de Amsterdamse agenten hun oude buurjongens van vroeger kenden, daar schuilt natuurlijk een gevaar in, ja. En daar moet je dus heel alert op zijn. Nu zouden we zeggen dat deze agenten dat uit zichzelf moeten melden, maar dat zelfreinigend systeem was er toen nog niet. Toen zagen ze dit als een goed contact waar ze af en toe informatie vandaan haalden. Maar daar wilden die mannen natuurlijk ook iets voor terug. En dan zit je al heel snel op een glijdende schaal.'

Van Riessen noemt nog een voorbeeld: 'Als rechercheur zit je soms dagenlang in een hokje met een crimineel die verhoord moet worden. Hoe dan ook ontstaat er dan "iets" tussen die twee. Dat kun je niet tegenhouden. En op een gegeven moment is de crimineel weer buiten. Stel dat hij dan iets opvangt uit het milieu. Stel dat hij dat dan deelt met die agent die hem eerder verhoorde. Er zou een misdadig plan voortijdig tegengehouden kunnen worden! De agent wordt daarvoor gelauwerd, met dank aan de crimineel. Maar op zeker moment vraagt die man iets terug aan de agent, bijvoorbeeld of hij iemand wil checken in de systemen, een handeling die een agent elke dag doet... Dan ben je de lul. Want als je dat één keer hebt gedaan, moet je het ook een andere keer doen. Als je daar eenmaal aan toegeeft kun je niet meer terug. Dan is het geen zakelijk contact meer, maar een privécontact met criminelen en dat kan niet. Dat wordt niet geaccepteerd en dan word je ontslagen.'

Kuiper en Van Riessen zeggen er dus nadrukkelijk níét bij dat een agent corrupt is; dat is ook veel moeilijker te bewijzen. Van Riessen: 'Bewijs maar eens dat iemand geld heeft aangepakt van iemand anders. Dat is niet te doen. Daarom de regel: als je privécontact hebt met criminelen, dan lig je eruit. Dan heb je corrupte contacten.' Alles wordt gedaan om deze boodschap aan het korps helder te krijgen: wees voorzichtig, want je vliegt er zo uit.

Maar dat 'eruit vliegen' is lastiger dan Van Riessen en Kuiper zouden willen. De agent is in die tijd namelijk niet in dienst bij de politie maar bij de gemeente. 'Dan krijg je dus de krankzinnige situatie dat niet de hoofdinspecteur of de commissaris over zijn mannen gaat, maar de burgemeester. Die moet bepalen of een agent ontslagen wordt of niet. In de praktijk gebeurde dat dus bijna nooit omdat het bewijs heel sterk moet zijn,' aldus Van Riessen. Wat wel vaak gebeurt is overplaatsing van de 'rotte appels'.

Op de Warmoesstraat levert het halverwege de jaren zeventig een sfeer op die om te snijden is voor het duo Van Riessen en Kuiper. Eerst waren de mannen lekker vrij om zelf invulling te geven aan hun werk. Nu moeten ze ineens verantwoording afleggen over hun werkwijze. Dat wordt niet zomaar gepikt.

Ook de hoger geplaatsten worden kritisch onder de loep genomen. Daar is ook alle reden toe, want op het bureau doen veel verhalen de ronde over de legendarische commissaris Gerard Toorenaar. Hij zou ook geld aanpakken en corrupte contacten hebben.

Als Toorenaar op een politietop in Egypte zit, besluiten onder anderen Van Riessen en Kuiper in Amsterdam een kast op zijn kamer open te breken. In de kluis worden twee mitrailleurs en een hoeveelheid heroïne gevonden. Eenmaal terug wordt Toorenaar op het matje geroepen en verklaart hij dat het om demonstratiemateriaal gaat. De Rijksrecherche doet onderzoek naar deze case, maar dat leidt uiteindelijk nergens toe. Het duurt tot in de jaren tachtig voordat Toorenaar op een zijspoor wordt gezet. In 1983 wordt hij ontheven uit zijn functie als politiechef en in 1984 neemt hij ontslag. Voor sommige agenten, ex-agenten en ook journalisten is het onverteerbaar dat Toorenaar in één adem wordt genoemd met corruptie binnen het Amsterdamse korps. Zij zien Toorenaar nog altijd en vooral als zo'n ouderwetse commissaris die af en toe de wet een beetje oprekt om het goede te doen: boeven vangen.

Wat doen Kuiper en Van Riessen zo anders dan hun voorgangers? In de eerste plaats laten ze zich meer zien in de buurt. Ze maken regelmatig een rondje door het centrum en knopen een praatje aan met mensen. Zo horen ze nog eens wat en maken ze wat mee. Van Riessen weet het nog goed: 'Op een van die nachtelijke rondes lopen we door de Lange Niezel en komen voorbij de Penny Bar, op nummer 13.'

De Penny Bar is op dat moment bekend tot ver over onze landsgrenzen: het zit er in het weekend vol met Amerikaanse soldaten die gelegerd zijn in Duitsland en hier de bloemetjes buiten komen zetten. De hoeren op de Lange Niezel zitten in die tijd niet op straathoogte, maar hangen met hun borsten uit het raam op de eerste verdieping en proberen zo hun klanten te werven. Met de regelmaat van de klok breken er vechtpartijtjes uit in de talloze kroegjes. De eigenaar van de Penny Bar, die overigens zelf nogal eens in de gevangenis belandt, heeft daarom een potige portier bij de deur neergezet. Van Riessen: 'Toen ik daar met Jelle Kuiper tijdens een warme nacht langs de Penny liep, zei de portier tegen ons dat onze baas binnen zat. Gerard Toorenaar was toen nog formeel onze baas, dus daar keken we van op. We waren natuurlijk bezig de corruptie een halt toe te roepen en we kenden de verhalen rond Toorenaar, maar zou hij hier, op dit uur echt in deze bar zitten?'

Ze besluiten naar binnen te gaan. Ze kijken overal in het kroegje, maar zien niemand, en zeker geen Toorenaar. Toch ontgaat het Van Riessen en Kuiper op dat moment niet dat er een gekke sfeer in die kroeg hangt. 'We verlieten het pand en besloten ons op te splitsen. Jelle Kuiper ging op de kop van de Lange Niezel posten en ik aan de andere kant. Na een half uurtje hadden we beet. We zagen een collega uit de kroeg komen. Niet Toorenaar maar een brigadier.'

Van Riessen en Kuiper spreken de man samen aan en ondervragen hem. Hij laat natuurlijk niets los en uiteindelijk moeten ze hem wel laten gaan. Later komt hen ter ore dat de brigadier had gehoord dat de portier van de Penny Bar buiten met Van Riessen en Kuiper sprak. Van Riessen: 'Die man was meteen achter de bar gedoken. Hij lag daar op zijn buik op de grond. Daar hebben wij nooit gekeken natuurlijk!'

Met het aantreden van Van Riessen en Kuiper kwam er ook een einde aan het kaarten onder diensttijd, al was dat eerder al door leidinggevenden verboden. En dan gaan mensen denken: hé, er gaat iets veranderen hier...

Midden in deze chaotische loopgravenoorlog begint Martin Klijn op 2 augustus 1976 als 19-jarig jochie op Bureau Warmoesstraat.

Business as usual op Bureau Warmoesstraat

'De enige goeie advocaat is een dooie advocaat,' staat er op een bord dat boven het recherchekamertje hangt, op de eerste verdieping van Bureau Warmoesstraat. Als advocaten tijdens piketdienst hun cliënten op de Warmoesstraat moeten ophalen of spreken, lopen ze langs die tekst. Het is geen grap. Zo denken de agenten van de Warmoesstraat er echt over. De jongste advocaten moeten altijd even slikken als ze die tekst zien.

Iedere ochtend als om 7 uur de ochtendploeg voor de Warmoesstraat klaarstaat om de nachtploeg af te lossen, wordt er eerst een emmertje sop gemaakt. De balie die je meteen rechts bij binnenkomst ziet, zit namelijk vol bloed en kots van de mensen die in de nacht zijn binnengebracht. Eerst moet de nacht opgeruimd worden voordat een nieuwe dag kan aanbreken.

Dan staat er weer zo'n kansloze, zoals sommige agenten het formuleren, niet altijd frisse verdachte bij de intekenbalie met snot uit zijn neus en een stuk naald in zijn arm totaal van de wereld te zijn. Dit gaat allemaal van de tijd af van het kaartspelletje of de beelden van de voetbalwedstrijd. Die 'kanslozen' moeten namelijk ingeboekt worden en dat is hun taak. Routineus worden de vragen afgevuurd.

'Wat is je naam?'

'Wat is je geboortedatum?'

'Wat is je adres?'

Grote Gerrit is een rouwdouwer. Hij boekt de verdachten in. 'Er wordt vanavond niet geslagen jongens, we gaan het netjes doen,' had hij die avond nog gezegd. Even later zit Gerrit aan de inboekbalie en vraagt een junk naar zijn naam.

'Ik heb met jou niks te maken, lange lul,' zegt die gast.

Boem! Zo een vuistslag in het gezicht van die junk.

'Maar we zouden vanavond toch niet slaan zei je net?' vragen zijn collega's aan Gerrit.

'Dit was een uitzondering,' antwoordt Gerrit schouderophalend.

Dan is er ook nog het beruchte 'trappetje', een stenen trap van een paar treden. Het is zo verdomde lastig om ongeschonden van dat trappetje af te komen. Vooral als een agent een arrestant laat struikelen. Kan het zomaar voorkomen dat die arme drommel pardoes struikelt op de treden en met zijn gezicht vol op de grond terechtkomt. Want de handen van de arrestant zitten natuurlijk geboeid op zijn rug. Terwijl de dienders je optillen onder je oksels zeggen ze: 'Och, man, wat doe je nu? Ben je hard gevallen?'

Komt er met veel geschreeuw een kerel het bureau binnen, een vuurwapen in zijn hand. Iedereen natuurlijk meteen paraat. Maar hij blijkt niets slechts in de zin te hebben, hij is op zoek naar agent Koos. 'Ja, Koos is er. We roepen hem even.' Als Koos aan komt lopen, wijst de man met het pistool in zijn hand naar hem terwijl hij zegt: 'Luister Koos, dat je godverdomme mijn vrouw neukt vind ik niet zo erg. Maar dit is de eerste en de laatste keer dat ik je wapen terugbreng dat je onder mijn kussen heb laten liggen, godverdomme!' Ineens blijkt die brave Koos tijdens diensttijd met een vrouw op de Lange Niezel naar bed te gaan. Koos wordt later overgeplaatst naar District 5 en is na zijn tijd bij de Amsterdamse politie nog als beveiliger bij het Europees Parlement gaan werken.

Of het geval van chef Han. Die heeft twee mannen met zich meelopen: Henny en Jan. Die hebben op het bureau waar ze werken aan de Van Leijenberghlaan een zekere reputatie. Ze lopen in lange leren jassen, zijn vaak starnakel dronken op het werk en rijden om de haverklap auto's in elkaar. Deze kerels bieden rijke mensen ook een speciale vakantieservice: 'Als u weggaat, laat het ons dan even weten. Dan rijden we een extra rondje door uw straat voor wat extra beveiliging.' Geloof het of niet: tóch wisten een paar klerelijers in te breken! Wat een ellende. Schilderijen van de muur gehaald, juwelen weg.

Maar gelukkig zijn chef Han en zijn mannen ook wel weer zo goed dat een deel van de schilderijen teruggevonden wordt. Dat is ook niet zo heel gek want chef Han en zijn mannen weten precies wie de inbrekers zijn. Ze hebben hun immers de dagen doorgegeven dat de familie weg was.

Henny en Jan, de mannen met wie Han samenwerkte, zijn op staande voet ontslagen. Van chef Han kan het niet bewezen worden. Die kiest wel eieren voor zijn geld en gaat akkoord met een overplaatsing. Van de Van Leijenberghlaan naar... Bureau Warmoesstraat.

'Ik heb daar leren drinken,' aldus een van de ongeveer twintig agenten die geïnterviewd zijn voor dit boek. Op vrijdag begint het al vroeg: uit de lades van de bureaus worden flessen omhooggetrokken, bekertjes voor de koffie worden ermee gevuld, samen proosten ze op het leven. Als ze na vier, vijf borrels de auto pakken om naar huis te rijden, is er niemand die raar staat te kijken. Ook dienstwapens worden meegenomen naar huis. Als iemand het aandurft om een ander erop aan te spreken, is het: 'Hoezo zou ik 'm niet meenemen naar huis dan? Het is toch zeker mijn wapen? En waarom die ander wel en ik niet?'

Dat is de mentaliteit op Bureau Warmoesstraat tot ver in de jaren zeventig. Dat is ook de sfeer en dat zijn de gewoontes en het gedrag waar Van Riessen en Kuiper mee te maken hebben.

Martin op de Warmoesstraat

Martin staat een beetje links van het midden op de foto van de groep agenten. Op de eerste rij hurken wat collega's, hij staat erachter. Zijn blik verraadt aan de ene kant iets vastberadens, aan de andere kant ook iets onzekers. Hij lijkt één wenkbrauw iets hoger op te trekken; zijn armen en handen houdt hij niet zoals de meesten van zijn collega's op zijn borst over elkaar, maar samengevouwen voor zijn buik. Martin heeft in tegenstelling tot de meerderheid van zijn collega's zijn haar kortgeknipt. Er zijn ook collega's bij met snorren en bakkenbaarden, het is tenslotte 1976. Klaar voor de toekomst kijkt Martin de lens in. Zin om alles uit het leven en zijn werk te halen.

Agent Nico Nijp diende met Martin op de Warmoesstraat. Nico was lid van de koninklijke marechaussee en was een van de mensen die vaste bijstand leverden aan Bureau Warmoesstraat. 'Ik kwam uit het Groningerland, maar was zeer zeker geen "Groninger". Ik had de eerste acht jaar van mijn leven in IJmuiden gewoond en heb bijvoorbeeld altijd Hollands [ABN] gesproken. Ik kon me goed staande houden in Amsterdam.

Als je die foto bekijkt van onze groep toen, Groep 4, dan zie je dat Martin een bepaalde uitstraling heeft. Het is echt een mannetje. Kleding en verzorging waren heel belangrijk voor Martin. Dat pak moest goed zitten. Nauwsluitend. Getailleerd. De mouwen van het overhemd moesten onder het jasje uit komen. Zijn das zit kaarsrecht. Hij staat er gewoon heel kek bij. Het perfecte plaatje van de perfecte agent. Zo'n uitstraling en houding kan irritatie opwekken bij deze of gene, maar ik ergerde me daar niet aan. Ik had voor mijn carrière bij de politie een paar jaar in de mode gewerkt en had er wel oog voor. Ik zag dat soort dingen en vond dat juist leuk.'

Wat zegt dit over Martin? 'Dat uiterlijk voor hem heel belangrijk was. En dat zou je mogelijk kunnen doortrekken naar zijn latere criminele bestaan met de klokkies, het klatergoud en de auto's. En de meiden, hè? Als je dat leuk vindt, dat flirten met die temeiers en zo, en je wordt daarin ook nog eens geïntroduceerd door je mentor... Ja, dat is niet goed natuurlijk.'

Wie was die mentor? 'Hij kreeg Paul van Z. als buddy. En daar is het fout gegaan. Paul zat wel bij ons in de groep, maar hij staat niet op de foto. Paul was een agent die acht jaar ouder was dan Martin. Als agent aan de Warmoesstraat moet je sterk in je schoenen staan en duidelijk zijn in wat je wel of niet doet. Een goede mentor begeleidt je en maakt je wegwijs in de wereld van hoeren en snoeren, dealers en junkies, en is met name daarin van eminente waarde. Deze Paul nam het niet zo nauw met allerlei regeltjes en contacten. Dit was voor mij de start van het afglijden, Martin werd mede door hem meegezogen de verkeerde kant op. Als je hier als mens en in dit geval als jonge diender vatbaar voor bent, heb je veel correctie nodig. Volgens mij is Paul de laan uitgestuurd nadat hij een Amerikaanse toeriste die bij de Bijenkorf een winkeldiefstal had gepleegd, drieduizend gulden had laten betalen zodat ze vrijuit ging. Toen dat uitkwam moest Paul weg. Dat was in februari 1978.'

Wat herinnert Nico zich van Martin? 'Martin Hoogland, toen nog Martin Klijn, kwam uit Westzaan. In die tijd woonde ik in Wormerveer, dus relatief dicht bij hem. Martin had in die tijd een mooie Ford Capri en ik reed weleens met hem mee naar Bureau Warmoesstraat. Volgens mij parkeerde hij 'm ergens aan het Damrak, dat kan ik me nog wel vaag herinneren. Het was een vlotte jongen die het wel stoer vond als jonge diender op de Warmoesstraat geplaatst te zijn. Dat zag je aan zijn gedrag en dat kun je ook wel zien op die foto. Later, toen ik bij de Nationale Recherche werkte, had ik een soort fotomuur van memorabele herinneringen, daar hing die foto van onze Groep 4 van de Warmoesstraat. Daarnaast hing een foto van het nieuwsbericht dat Martin geliquideerd was op het Keern in Hoorn.'

Wat herinnert hij zich van Martin als agent? 'Wat me meteen te binnen schiet is die naamsverandering van Klijn naar Hoogland. Dat kwam voor ons als groep als een donderslag bij heldere hemel. Misschien werd ik ook niet zo heel erg in zijn vertrouwenskring meegenomen, maar ik heb de indruk dat veel collega's dit niet zagen aankomen.'

Het is 1975, Martin is 19 jaar, als hij besluit dat hij zijn achternaam wil veranderen in Hoogland. Aan de ene kant omdat hij voelt dat hij is opgevoed door Henk Hoogland. Die is voor zijn gevoel zijn vader en hij vindt hem gewoon een aardige vent en heeft respect voor hem. Maar er speelt praktisch gezien ook wat anders. Hij bespreekt dat later ook met Ingrid: 'Henk Hoogland heeft een aantal goedlopende Amsterdamse slagerijen. Die man heeft geen kinderen, dus waar gaat de erfenis heen als Henk doodgaat? Niemand die het weet... Ik heb twee halfbroers en nog een soort zus van de kant van Piet Klijn, dus van een beetje erfenis van die kant hoef ik niet al te veel te verwachten. Ik heb dus helemaal niks aan de naam Klijn. Als ik mijn naam verander in Hoogland, komt alles van Henk na zijn dood naar mij toe.'

Ingrid vindt het een bizar plan, maar Martin is er niet vanaf te brengen. Zijn officiële naamsverandering vindt plaats op 16 maart 1978, als hij 21 is. Het lijkt er dus op dat Martin al eerder officieus Hoogland genoemd wilde worden. Tijdens de vakantie in Las Palmas in 1976 heeft hij het erover met zijn stapvrienden dat hij de voorkeur heeft voor Hoogland als achternaam.

Martin werkte in een groep van vijftien of zestien personen, variërend in leeftijd en achtergrond. Nico: 'We liepen allemaal in uniform op straat. In die tijd bestond District 2 uit zo'n acht à negen groepen. Die groepen werden wel groter in de loop van de tijd. Sommigen dijden uit naar 24 of 25 personen. Je had een aantal diensten: de ochtenddienst van 07.00-15.00 uur, de middagdienst van 15.00-23.00 uur, en de nachtdienst van 23.00-07.00 uur. Daartussendoor had je dagdiensten van 08.00-16.00 uur of een dienst van 10.00-18.00 uur of een doordeweekse dienst van 17.00-01.00 uur of in de weekenden een dienst van 18.00-02.00 uur. Dus je had heel veel overlappende groepen en met hen werkte je ook best veel samen. Zo leerde je iedereen een beetje kennen. Onze groep werd geleid door zeker twee groepsbrigadiers. Daarboven staan de adjudanten en daar weer boven de inspecteurs. In die tijd waren dat dus Jelle Kuiper en Joop van Riessen. Daarboven zit een hoofdinspecteur of commissaris, en daar weer boven de hoofdcommissaris of de korpsleiding.'

Martin had geen vaste collega op de Warmoesstraat. Nico: 'Het rouleerde. Ik trok met meerdere collega's op en Martin was daar één van. Op een gegeven ogenblik werd je met elkaar in de auto gezet. De wachtcommandant bepaalde in de regel de combinaties. Ik heb zo met Martin een paar keer in de auto gezeten.'

De ex-agent verloor hem uit het oog op het moment dat Martin werd overgeplaatst naar het hoofdbureau. Nico probeerde hem wel altijd te volgen omdat hij toch geïnteresseerd bleef in die jonge vent. 'In de periode voor zijn liquidatie op het Keern in Hoorn had ik altijd de intentie hem nog een keer op te zoeken en met hem te praten. Daar is het dus nooit van gekomen, hoe spijtig ook. Ik had hem willen vragen waarom het gegaan is zoals het is gegaan. Daar was ik heel benieuwd naar. Ik denk dat Martin op een bepaalde manier ook een slachtoffer is geweest, al is dat geen excuus. Mensen maken hun eigen keuzes in het leven en zullen daar dan ook de consequenties van moeten dragen.'

Drie vrienden

Op Bureau Warmoesstraat leert Martin niet alleen Paul van Z. kennen, maar ook Teun Vos. Martin maakt hem precies twee maanden mee, maar hij laat een onuitwisbare indruk op Martin achter. Van Riessen denkt anno nu met een glimlach terug aan Teun Vos, de man die verantwoordelijk was voor de actie met dat dealertje die ze drugs toestopten om op te kunnen pakken. Teun moest weg, maar hij was wél een goede diender.

Van Riessen: 'Op een dag, járen later, loop ik in de V&D in Haarlem. Ik kijk er wat rond met mijn vrouw, ik wandel tussen de rekken door en neem de roltrap naar boven om daar wat rond te lopen en later gaan we weer naar beneden. In gedachten verzonken loop ik door de paden tot er ineens iemand tegen me aan botst.' Van Riessen kijkt om en ziet een man met een klein postuur en een grote neus. Hij heeft een kostuum aan van de beveiliging van de V&D en hij lacht. Ineens ziet Van Riessen het: Teun Vos.

'Hoe is het man? Werk je hier nu?' wijst Van Riessen naar het naamplaatje op Teuns borst. Teun knikt bevestigend.

'Je hebt geluk gehad,' zegt Teun lachend.

'Geluk? Hoezo?'

Teun Vos buigt zich naar zijn oude baas en opent zijn vuist: een gouden kettinkje. 'Die wilde ik bij je in je jas stoppen. Als je dan naar buiten zou gaan, was het alarm afgegaan. Had ik je in je kraag gevat, Joop, haha. Moet je nagaan wat de pers dan zou schrijven!' Teun lacht en Van Riessen ook, maar dan als een boer met kiespijn. Hij weet namelijk precies waar Teun toe in staat is.

Teun Vos gaat veel om met Willy Jonker, en zo komt Martin ook met hem in contact. Willy Jonker is niet zo'n bekende naam voor het grote publiek. Toch heeft hij binnen politiekringen een beruchte reputatie. Daniel Belinfante, een crimineel uit de kring van Mink Kok, Stanley Hillis en Jan Femer, die er uiteindelijk in slaagde uit de criminaliteit te stappen, schreef een zeer beklemmend boek over zijn ervaringen in de onderwereld: *Weg van de misdaad* (2019). Over de vriendschappen, over de offers die je als individu moet brengen als je kiest voor een leven in de misdaad en over hoe moeilijk het is om een carrière in de onderwereld te beëindigen. Hij schrijft ook over de relatie die hij had met de dochter van Willy Jonker.

Over Willy schrijft Belinfante: 'Hij had gehandeld in alles waar een markt voor was; hij was een pooier, drugsdealer en waarschijnlijk zelfs een moordenaar. (...) Willy Jonker was het prototype van de corrupte Warmoesstraatsmeris. Hij werkte in het roerige centrum van Amsterdam in de jaren zeventig, toen de Chinese heroïne de straten overspoelde en de Nederlandse politie probeerde uit te groeien van een stel Bromsnor-wouten tot een organisatie die kon omgaan met harde, georganiseerde criminaliteit. Willy Jonker kwam oorspronkelijk uit Apeldoorn, maar het echte politiewerk, zo vond hij, werd natuurlijk in Amsterdam verricht. Daar werd hij blootgesteld aan verleidingen die een paus nog te veel zouden zijn en tegelijkertijd geconfronteerd met het cynisme en de corruptie binnen het Amsterdamse korps. In een paar jaar veranderde de idealistische jonge agent in een corrupte smeris die zelden nuchter was (of dat nou door alcohol of drugs kwam) en meer geld verdiende met het afpersen van criminelen en handel in drugs dan aan zijn baan als hoofdagent. Hij had zelfs een meisje voor hem werken op de Wallen. Willy Jonker maakte vijanden op straat, hij snoof en werd paranoïde, en bedreigde en mishandelde zijn gezin.'

Een ex-agent die nog heeft gewerkt met Willy Jonker vertelt over hem: 'Hij was een grote, stevig gebouwde en breedgeschouderde kerel met blonde krullen die je niet zomaar opzij zette. Geen verkeerde collega. Ik heb met hem nachtdienst gedraaid in 1977 of 1978 en hij was erg door de wol geverfd. Als Willy "A" zei dan durfde op de Warmoesstraat niemand meer "B" te zeggen, hoor. Jonker was in die tijd echt iemand om rekening mee te houden op het bureau, zeker als je zoals Martin net kwam kijken en veel jonger was dan Willy. Jonker was een oudere maar ook een kleurrijke collega. Ik denk dat het voor de hand ligt dat Willy Martin heeft meegetrokken in die wereld.'

Willy Jonker en Teun Vos zitten beiden bij de Burgerpot. Het duo trekt altijd veel bekijks bij hun collega's. Teun heeft als bijnaam De Neus, Willy is Mooie Willy, omdat hij zo in de smaak valt bij de vrouwen. Ze roken zware shag en als ze dat niet doen, hebben ze vaak een sigaar in hun mondhoek. Ze lopen in leren jassen en hebben een vlotte babbel. Vanaf het moment dat Martin op de Warmoesstraat zit, is hij altijd in hun nabijheid. Hij geniet van hun verhalen. Al die anekdotes over hoe het er écht aan toegaat op straat. Dat ze een seintje krijgen van de dealers als er net een paar toeristen iets hebben gekocht. Duitsers. Dat ze eerst die moffen hun drugs afnemen en daarna de heroïne zelf op straat verkopen of het op een akkoordje gooien met de dealers: zij een deel van de winst, hij weer die heroïne terug. Soms houden ze een deel van de heroïne achter: kunnen ze weer gebruiken als ruilmiddel tegen informatie.

Het is de vrijheid, de gekte, de humor en de zelfstandigheid; Martin gaat er helemaal in op. Dit is waarom hij ooit bij de politie wilde. Dit is ook de reden dat hij naar de Warmoesstraat wilde. Hier kun je als agent nog het verschil maken. Natuurlijk heb je in Amsterdam ook andere bureaus waar weleens iets aan de hand is, zoals bureau Lijnbaansgracht, maar de Warmoesstraat is het centrum van Sodom en Gomorra. Nergens worden zo veel lijken gevonden en moorden gepleegd, of wordt zo veel geweld gebruikt als hier.

Martin begint net als Teun en Willy zware shag te roken, Van Nelle. Dat zal zijn favoriete merk blijven tot zijn dood. Af en toe steekt hij ook een sigaartje op.

Teun wordt tijdens de Schoonmaak van Van Riessen oktober 1976 overgeplaatst naar Noord, naar het Mosplein, maar Willy Jonker weet de dans te ontspringen.

Martin drinkt mee op vrijdagmiddag. Hij gaat ook met Willy en de rest van de groep iets verderop naar een van de kroegen op de Zeedijk, waarvan de politie op vrijdag altijd bezit neemt. Daar haakt Teun aan. Hij is dan wel voor straf overgeplaatst naar Mosplein, hij bezoekt nog steeds samen met Willy en Martin de kroegen van Amsterdam. De mannen komen in de vaagste cafés. Zo ook in een café op de Nieuwendijk. Op een van die avonden kijkt Willy rond in de kroeg. Hij ziet een schilderij hangen dat hem niet bevalt. 'Het verpest mijn uitzicht. Barman, haal dat schilderij eens even heel snel weg!' Maar de barman piekert daar niet over en zegt dat het schilderij gewoon blijft hangen. 'O, ja?' zegt Willy en hij pakt zijn vuurwapen uit zijn holster en legt aan. Er klinkt een knal, iedereen in de kroeg stuift opzij en het schilderij is van de muur. 'Zo. Dat is beter. Nog wat drinken jongens?' zegt Willy. Ja, hoor, Martin en Teun lusten nog wel wat.

De mannen houden ook wel van een gokje. Ze bezoeken geregeld de illegale Chinese gokhuizen waar om serieuze bedragen wordt gespeeld. En in die

Chinese gokhuizen ziet Martin het voor zijn eigen ogen gebeuren: Teun en Willy staan achter de mannen die aan het gokken zijn en kijken mee. Als degene die voor hen zit aan de winnende hand is, krijgt de man achter hem zomaar af en toe wat briefjes van honderd gulden toegestopt. Lucky Money heet dat. Degene die achter hem staat, brengt de speler kennelijk geluk. Het is ook bedoeld als aansporing om niet weg te gaan. Zolang de speler blijft winnen, moet de man daar blijven staan. De winnende speler blijft maar handenvol geld naar achter geven, zolang de winst duurt.

Teun en Willy kijken een beetje neer op de Chinezen, maar vinden dit natuurlijk wel een mooie invulling van hun vrije avond. Martin kijkt rond en legt contact met Chinezen, in zijn ogen de belangrijkste mannen in deze buurt. Hij maakt een praatje met ze. Aan het einde van de avond ontvangt hij zijn eerste Lucky Money.

Café Pollux aan de Prins Hendrikkade is de favoriete kroeg van Teun Vos. Iedereen daar kent dat ene verhaal van dat gokhuis. Teun speelt en verliest alles binnen een mum van tijd. Ze willen weggaan, maar als ze de trap van het gokhuis af lopen om naar huis te gaan, herinnert Martin zich ineens dat Teun nog een geeltje, een briefje van 25 gulden, in zijn laars heeft gestoken voor de taxi. 'Kom op man, g-g-geef dat geld. Ik v-v-voel dat ik ga winnen nu.' Teun zucht, graait in zijn laars en overhandigt het zweterige biljet van 25 gulden. Martin loopt weer naar boven, legt het geld op tafel en speelt en wint en blijft winnen. Het voorgevoel van Hoogland zat goed die avond: zowel Teun als Martin gaan met dik gevulde zakken naar huis.

Als een vis in het water

Martin is inventief, hij zet dingen naar zijn hand en speelt met zijn omgeving.

'Hou je even mijn auto in de gaten?' zegt Martin als hij 's ochtends zijn wagen op het Damrak parkeert om naar Bureau Warmoesstraat te gaan. Hij duwt de zwerver een knaak in zijn handen. Die knikt. 'Geen probleem!' Martin weet dat de zwerver de hele dag in het nisje aan de voorkant van de Beurs van Berlage zit. Een tijdje geleden hoorde hij dat een collega de man probeerde weg te schuiven. Martin kon het niet laten om daar iets van te zeggen. Wat een hekel heeft hij aan die zeikerds die zo'n kerel extra in de stront willen trappen door hem weg te sturen van zijn stekkie. Laat die man toch met rust! Hij is niemand tot last. Sterker nog: Martin geeft hem een functie. Voor een knaak houdt die zwerver nu gedurende zijn dienst aan de Warmoesstraat zijn auto in de smiezen. Vorige week was er ingebroken. Autoradio weg, door die smerige junks op de Zeedijk natuurlijk weer. Dat zal nu niet meer gebeuren, nu z'n auto in de gaten wordt gehouden. Voor een knaak! Wat wil je nog meer?

Als de cellen van de Warmoesstraat vol zitten, is het altijd weer een gedoe om eten te halen. Ook daar heeft Martin een oplossing voor bedacht. Hij gaat naar het grote Hotel Krasnapolsky op de Dam. Hij vraagt de baas van de keuken of het mogelijk is om het eten dat overblijft van de lunch of het diner over te nemen. Eten weggooien is zonde. Niet veel later krijgen de celbewoners die tussen de ratten en muizen van Bureau Warmoesstraat zitten het eten van Krasnapolsky voorgeschoteld. Rond etenstijd komen zwervers langs Bureau Warmoesstraat om te vragen of er nog wat te eten is.

Omgekeerd weet zijn omgeving ook in te spelen op Martins positie. Als zijn dienst erop zit, gaat Martin vaak nog even langs bij de shoarmatent van de Egyptische broers Magdi en Mounir Barsoum, schuin tegenover Bureau Warmoesstraat. Twee broodjes shoarma voor een tientje. Martin geeft een briefje van tien gulden en krijgt een briefje van vijf en vijf losse guldens terug. Die Barsoum-jongens weten wie ze tegenover zich hebben. Met Martin is zaken te doen. Er zijn ook agenten die de keuken meteen even komen inspecteren tijdens het halen van een broodje, kijken of er geen illegalen werken. Martin houdt daar niet van. Wat maakt het uit of ze illegaal zijn? Ze werken toch? Als een mens op een nette manier zijn geld verdient, mag hij van Martin best een illegaal zijn. Hij begrijpt niet dat er collega's zijn die zich daar druk over maken. Die waren vast ook fout in de oorlog, denkt hij als hij met de tasjes in zijn hand naar zijn auto loopt. Hij ziet de zwerver in het nisje die de hele dag op zijn wagen heeft gelet. 'En? Alles rustig geweest?' vraagt hij terwijl hij de zwerver een van de tasjes geeft. Die neemt het aan en kijkt erin. 'Da's voor jou. Broodje shoarma. Omdat je vandaag zo goed op mijn auto hebt gelet,' zegt Hoogland. De zwerver lacht zijn paar tanden bloot.

'Op de een of andere manier was het op de Warmoes toch anders,' zegt Ingrid. 'Martin had het er veel meer naar zijn zin. Noord vond-ie niks. Al die gekken, al die alcohol, al dat geschreeuw. In de Warmoesstraat kende iedereen elkaar. Dat heb ik ook gemerkt. Bijvoorbeeld als ik hem ging ophalen van de late dienst. Dan liep ik door de straat en wisten ze allemaal wie ik was. Het ging van: "Hallo, mevrouw Martin", "Dag, mevrouw Martin". Er was gewoon meer respect.'

En er gebeurde altijd wel iets geks, daar hield Martin van. Ingrid herinnert zich de keer dat hij thuiskwam en vertelde dat hij getuige was geweest van een striptease op het bureau. 'Een of ander mokkel stond op de tafels te dansen. Al die agenten eromheen natuurlijk. Martin ook, die vond dat prachtig. Ze hadden die vrouw opgepakt en die zei ineens: "Zal ik jullie effe een showtje geven?" Nou, dat hoefde ze geen twee keer te vragen natuurlijk.'

Pollux en de mannen

Boven Pollux, aan de Prins Hendrikkade, woont Dirk de Goede. Ook bekend onder zijn bijnaam De Sigaar, omdat hij altijd een sigaar in zijn mondhoek heeft hangen. Dirk is een fervente kroegtijger en vaste bezoeker van Pollux.

Over Dirk doen allerlei verhalen de ronde. De één noemt hem een gemene klerelijer die geen stuiver waard is, de ander vindt Dirk een aardige kerel met wie je altijd kunt lachen. Vaststaat dat Dirk de Goede in ieder geval goed bevriend is met Johan Verhoek, De Hakkelaar. Verhoek is een hasjhandelaar en niet zo'n kleintje ook. Hij is in die tijd zo'n beetje de evenknie van Klaas Bruinsma. Johan houdt zich vooral bezig met de bevoorrading van coffeeshops in het Gooi. Klaas richt zich met zijn business vooral op de coffeeshops van Amsterdam. Beide mannen zorgen dat er altijd hasj en wiet voorradig zijn en dat de zaken ordentelijk verlopen. Op zich is het opmerkelijk dat Bruinsma Amsterdam doet en niet het Gooi, omdat hij wat bekakt praat. En Bruinsma ziet er altijd netjes uit, draagt mooie jassen, gepoetste schoenen, coltrui. Hij praat, kleedt zich en doet zich voor als een echte, nette zakenman. Zo ziet hij zichzelf ook. Met zijn vader als eigenaar van de frisdrankenfabriek Raak – de limonade met de dikke plastic dop op de fles – komt hij uit een echte zakenfamilie. Klaas introduceert de zakelijkheid in de hoofdstedelijke hasjwereld. Voor de Amsterdammers in de handel is vooral zijn manier van doen, kleden en praten een reden om Bruinsma in eerste instantie wat argwanend te bekijken. 'Wat doet die rare snuiter met die aardappel in zijn keel hier?'

Johan Verhoek komt oorspronkelijk uit Leidschendam. Hij brengt veel tijd door op het woonwagenkamp bij Hilversum. Hij draagt een snorretje, heeft een opgeruimd karakter en een vriendelijke lach. Dirk de Goede zou een soort bodyguard zijn voor Johan, maar er wordt ook gezegd dat Dirk verantwoordelijk is voor het buitenlandbeleid in de organisatie van Verhoek. Als dat laatste waar is, zit De Goede op een sleutelpositie. Zou je het direct aan die mannen vragen, dan zouden ze lachen en zeggen dat het allemaal wilde verhalen zijn. In werkelijkheid is De Goede gewoon een handige freelancer in de onderwereld die af en toe ingeschakeld wordt als er iets te verdienen valt. Laat nou juist Pollux de uitgelezen plek zijn waar de verhalen over dit soort buitenkansjes de ronde doen.

Teun Vos, Willy Jonker en Martin Hoogland komen graag bij Pollux, waar af en toe een andere opvallende verschijning rondhangt in de sigarenrook. In die tijd is de penoze gewend zo anoniem mogelijk hun zwarte of grijze zaakjes te doen, niet te veel in de kijker te lopen, opgaan in de massa en ondertussen binnenlopen met een handeltje waar niemand iets van hoeft te weten. Dat zijn de methodes. Maar deze jonge kerel is anders, hij doet juist het tegenovergestelde van wat de ouwe penoze doet. Hij heeft een Rolex – het liefst elke week een andere –, hij rijdt in de duurste en nieuwste bolides – het liefst elke week een andere – en hij draagt mooie kleding. Geregeld gaat hij naar kledingzaak Vips in Haarlem, om er tienduizenden guldens te spenderen.

De zaken gaan goed voor Tonny Hijzelendoorn, want zo heet hij, en dat mag iedereen weten. Tonny (geboren op 14 mei 1953) heeft altijd geld op zak dat brandt om uitgegeven te worden. Een vriend zegt: 'Hij wist nooit of hij een tientje in zijn zak had, maar met twintig ruggen had hij al het gevoel dat hij "leeg" was.'

Tonny komt uit Amsterdam-Oost en groeit op in de Indische Buurt. Het eenvoudige arbeidersgezin Hijzelendoorn woont in de Balistraat. Tonny gaat naar de Crommelinschool in de Van Swindenstraat. Een vroeger schoolvriendje van Hijzelendoorn, dat met mij wil praten onder voorwaarde van anonimiteit, omschrijft Tonny als een rustige jongen. 'Hij was geen knokker of zo, zoals zo veel van zijn klasgenoten. Er waren nooit toestanden of opstootjes rond Tonny. Hij was een denker.' Toch zet hij die kunde niet in om verder te leren. 'Hij had heel gauw door dat geld verdienen veel makkelijker kon. Tonny ging een hele andere kant op,' aldus de vroegere schoolvriend.

Tonny staat te boek als autohandelaar met als specialiteit het restaureren van oude auto's, maar volgens een aantal bronnen had hij helemaal geen garage. Ruud Hillegers is een van die bronnen. Hillegers (1945) is de pater familias van de familie Hillegers en een zeer bekende naam in de Amsterdamse onderwereld. Hij draait ook al wat jaartjes mee in het milieu en kent zowel Martin als Tonny. 'Of Tonny een autohandelaar was? Ja, je bent allemaal autohandelaar als je vijf keer per week in een andere auto rijdt en je hem net zo makkelijk verkoopt als dat je je kanarie verkoopt. Tonny was een goede en lieve jongen, maar handelde niet in auto's hoor. Hij had ook helemaal geen garage. Zijn verdiensten kwamen heel ergens anders vandaan.'

Datzelfde zegt Dorus Kwarten (1949), ook een oudgediende uit de Amsterdamse onderwereld. De oorspronkelijke uit Zwolle afkomstige Kwarten is van het kamp, net als Johan Verhoek. 'Tonny reed elke week wel in een andere auto. Als hij een klapper had gemaakt ruilde hij zijn Mercedes in voor een Bentley of een Rolls bij Robbie Schipper. Met een paar ruggen bijbetalen natuurlijk. Tonny en Robbie waren vrienden.'

De garage van Robbie Schipper bevindt zich aanvankelijk in de Den Brielstraat, later verhuist hij naar Plein '40-'45 in Nieuw-West. Schipper doet zaken in Arabische olielanden. Hij haalt er luxewagens op die met panne langs de weg zijn komen te staan. De rijke oliesjeiks kopen nieuwe Rolls-Royces, Bentleys of Ferrari's direct bij de fabriek, maar ze hebben verder geen idee hoe je die auto's moet onderhouden. Door het woestijnzand komen die auto's stil te staan. Vind in die landen dan maar een garage die weet wat er moet gebeuren om ze weer te laten lopen. Liever kopen de oliesjeiks gewoon een nieuwe en rijden ze daarin verder. De 'oude' laten ze werkloos staan, soms zelfs langs de weg. Schipper hoort daarvan en ziet er meteen handel in. Hij koopt die wagens op, verscheept ze naar Nederland en repareert ze hier. Daarna weet hij ze weer voor goed geld te verkopen. Onder anderen dus aan Tonny Hijzelendoorn. Maar een garage is in die tijd veel meer dan een plek waar je auto's kunt repareren of kopen. Het is een ontmoetingsplek, een komen en gaan van mensen die iets aanbieden of zoeken. Ambulante handel. Klokkies of juwelen. Of andere zaken.

Via Turkse, of eigenlijk moet je zeggen Koerdische connecties is Tonny ook goed ingevoerd geraakt in de heroïnehandel. De Koerden hebben in die wereld een sleutelpositie ingenomen. Ze krijgen als doorgeefluik tussen het oosten en het westen een steeds belangrijkere rol. Dat komt voor een deel ook door het repressieve beleid tegen de Chinezen van Van Riessen en Kuiper. Daardoor trekken de Chinezen steeds verder weg uit Amsterdam. Sommige worden op het vliegtuig naar China gezet, andere gaan naar steden als Utrecht of Den Haag. Maar dat betekent niet dat de vraag naar heroïne in Amsterdam afneemt. Integendeel.

De Koerden weten er heel handig een slaatje uit te slaan door in het gat te stappen dat ontstaat door het verdwijnen van de Chinezen uit de hoofdstad. De immigratie van Turken en Koerden uit Turkije neemt alleen maar toe. Ze komen om te werken, maar ook de gezinshereniging die eind jaren zeventig goed op gang begint te komen is een reden voor de toename van het aantal Turken en Koerden in Nederland. Veel Turken komen in die tijd nog naar de regio Amsterdam voor de Fordfabrieken in het Westelijk Havengebied. Maar daar komt in de loop van de jaren zeventig de klad in, een direct gevolg van de oliecrisis: ineens blijkt de autohandel toch niet zo onaantastbaar te zijn. Wereldwijd onderzoeken directies van de grote merken hoe ze zo efficiënt mogelijk kunnen produceren. Zo kijkt de directie van Ford ook naar de Nederlandse tak, die al vanaf de vroege jaren dertig in het Westelijk Havengebied zit. De conclusie luidt dat de arbeidslonen in Nederland een stuk hoger liggen dan in andere landen. Dat maakt de productie duurder, dus wordt in 1979 besloten om binnen twee jaar de Amsterdamse productie ergens anders onder te brengen.

Veel Turkse werknemers raken werkloos. Ze zitten hun tijd uit in koffiebarretjes en theehuizen met namen als Antalya of Kayseri, en proberen geld te verdienen met van alles en nog wat. Teruggaan naar Turkije is geen optie, daar is het vooruitzicht nog slechter. Bovendien is hun gezin net overgekomen. Het valt op dat er Turken zijn die heel goede zaken lijken te doen. Zoals Ali, een goede vriend van Tonny Hijzelendoorn. Japan Ali of Chinese Ali noemen ze hem, want hij heeft het uiterlijk van een Chinees met die toegeknepen ogen van hem. Al snel gaat het gerucht door het Turkse koffiehuis dat Ali in de heroïnehandel zit: hoe komt hij anders aan die nieuwe wagen? Als ze gaan informeren, zijn ze verkocht en bij hun volgende trip naar Turkije nemen ze op de terugweg in de geprepareerde holle ruimtes van de auto wat pakjes mee naar Nederland. Geen haan die ernaar kraait. Ze verdienen er wat geld mee, Japan Ali en Tonny Hijzelendoorn krijgen een deel van de winst en in Amsterdam is er heroïne, iedereen blij. De gebruikers ook, want de heroïne die via Turkije ons land binnenkomt kent zijn oorsprong vaak in Afghanistan. En die heroïne is soms zelfs beter dan de Chinese.

De sfeer op de Amsterdamse straten verandert wel. Er is sprake van een zekere verharding. Het verschil tussen Chinezen en Turken is dat de Chinezen nog wel ontzag hebben voor politie en overheid. De Turken hebben dat minder. Zij zijn vooral bang om in de handen van de politie te vallen. Ze zullen dus alles doen om daaruit te blijven. Vandaar dat ze veel sneller hun wapen trekken.

In cafés als Pollux en Sheherazade, maar ook in goktenten als Femina, komen Teun Vos, Willy Jonker en Martin Hoogland in contact met de jongens aan de andere kant van de lijn. Zo horen ze nog eens wat. Het maakt hun informatiepositie sterker. Ze kunnen soms ook meeliften op een plan. Zo vangen ze op zeker moment aan de bar op dat een stel criminelen het plan heeft om een overval te plegen op een geldtransport op Schiphol. Teun en Willy lichten hen in over de beveiliging van dat transport, ze weten precies waar de zwakke plekken zitten. Een bron: 'Het ging om zakken met Nederlands geld uit het buitenland. Die kwamen op Schiphol aan. Ik hoorde die Willy Jonker en nog een paar gasten aan de bar vertellen hoe ze dat transport naar de Nederlandsche Bank wilden overvallen. Een paar dagen later begreep ik dat ze op het bureau hadden gehoord dat de beveiliging rond dat transport ineens werd opgeschaald. Dat hebben ze toen doorgegeven aan die rovers en toen is dat hele plan maar afgeblazen. Het was te gevaarlijk geworden...'

Het is net als met een rondje in de kroeg: soms neem je een biertje van iemand aan en een andere keer geef je zelf iets weg. Met informatie gaat dat net zo: het is een kwestie van geven en nemen.

Teun Vos heeft geregeld contact met een man die we hier Rob 'De Neus' van Eden noemen, een van de beste vrienden van heroïnehandelaar Tonny Hijzelendoorn. Hij komt ook uit de Indische Buurt. Rob (1955) is een grote vent met een open en vriendelijk gezicht. Hij heeft veel bijnamen zoals (De) Neus, of Rob Steekneus, maar de mooiste is nog wel Rob Gok. Omdat Rob niet alleen een grote neus heeft maar ook graag gokt. Rob en Tonny kennen elkaar vanaf het begin van de jaren zeventig. Ze zijn in die tijd echt een koppeltje. Als je Rob ziet, is Tonny nooit ver weg; aan een half woord hebben ze genoeg. Er is geen observatiefoto van de politie uit die tijd te vinden waar ze niet samen op staan. Tonny en Rob worden goed in de gaten gehouden. Deze jongens zitten niet alleen in de heroïnehandel, ze staan ook bekend als de plafondkrakers. Samen met Dirk de Goede voeren ze soms kraken uit op juweliers. Ze klauteren 's nachts via het plafond de zaak binnen, halen de juwelen uit de vitrines en verlaten de zaak ook weer via het plafond. De buit overhandigen ze aan juwelier Evert, die op de Derde Oosterparkstraat een winkel heeft. Hij runt daar een goud- en zilverhandel.

Het pand van Evert is net als de garage van Robbie Schipper een soort ontmoetingsplaats voor Dirk, Tonny en Rob. Ze komen bij elkaar om te kijken naar de nieuwste modellen Rolex en Breitling. Er zitten ook mensen bij Evert die af en toe een tipje hebben voor de mannen. Dan heeft diegene bijvoorbeeld gehoord dat een juwelier op maandagmiddag om half vijf een nieuwe collectie binnen krijgt. Voor jongens als Tonny, Rob en Dirk een teken om in actie te komen.

Rob de Neus vraagt Teun Vos in Pollux weleens wat op te zoeken in de systemen van de politie. Dingen als: hoe zit het met de bewaking van dat ene pand? Wanneer surveilleert politie daar? Informatie waar Rob, Tonny en Dirk wat aan hebben. In ruil daarvoor krijgt Teun een tip over een aanstaande kraak van een andere groep overvallers waar Rob van heeft gehoord. Volgens Rob van Eden zijn er zelfs diamantairs geweest die hen inhuurden om in te breken zodat ze de schade en het verlies bij de verzekering konden claimen. 'Zo werden er grote klappers gemaakt van soms zes miljoen gulden aan juwelen en diamanten. We waren jongens van net in de twintig en liepen met duizenden guldens te smijten op een avond alsof het niks was.'

Rob Gok jaagt de opbrengst van zo'n klapper er soms in één avond doorheen. Hij komt in die goktenten ook vaak Teun Vos en Willy Jonker tegen. Het valt Rob op dat er een nieuwe gast om Teun en Willy heen hangt. 'Wie is dat?' vraagt Rob na een tijdje aan Teun Vos.

'Die gast? Dat is Martin. Hij is ook agent.'

Niet veel later staat Martin aan de bar geanimeerd te praten met Rob Steekneus. Naast Rob staat Tonny Hijzelendoorn. Rob tikt Tonny op zijn rug: 'Ton, luister eens, dit is Martin. Hij is een collega van Teun. Maar een goeie hoor!' Rob, Martin en Tonny lachen bij die laatste zin. Martin en Tonny schudden elkaar de hand. Ze raken aan de praat en blijken een overeenkomst te hebben: ze wonen allebei in Zaandijk! Martin en Ingrid in de flat aan de Paukenhof en Tonny een paar honderd meter verderop samen met zijn vrouw Daniëlle en hun dochter in een villa in Rooswijk. Mooie buurt...

Martin draait tussen al zijn nevenactiviteiten door gewoon zijn diensten. Tijdens een van zijn surveillancerondes komt hij de Mercedes van Rob tegen die op de stoep voor de deur van een café staat geparkeerd. Hij kijkt voorzichtig de kroeg in en ziet Rob aan de bar, totaal lazarus. Toevallig wil Rob net naar buiten gaan en Martin besluit snel een bon onder zijn ruitenwisser te leggen. Als Rob waggelend naar buiten komt en de bekeuring ziet, begint hij te tieren en te vloeken. Van een afstandje staat Martin toe te kijken en te lachen. Dan ziet Rob Martin en begint ook te lachen. Hij pakt de bekeuring onder de ruitenwisser vandaan en verscheurt hem. Martin vindt het allemaal prachtig.

'Rob, ga je naar huis?' vraagt Martin. 'Stap in dan. Zet ik mijn zwaailicht op en rij ik voor. Hoef je me alleen maar te volgen.'

Prima idee. Met Martin als escorte komt Rob veilig bij zijn woning in Oost aan. Martin rijdt daarna terug naar de stad; hij is tenslotte gewoon aan het werk.

Onder toezicht

Het moet gebeurd zijn in de winter van 1976-1977. De collega's van Martin praten over een 'akkefietje rond Martin'. Bijna niemand weet precies wat er is gebeurd, maar als je alles bij elkaar legt, krijg je het volgende.

De jonge agent Hoogland zit in zijn vrije tijd in burger in een tent op de Wallen, volgens één bron in een café op de hoek Korte Niezel-Zeedijk. Hij zou daar getuige zijn geweest van een drugsdeal. Hij ziet hoe een groepje mannen onderhandelt over een grote hoeveelheid spul in een zak, waarschijnlijk heroïne. Het gaat van hand tot hand. Martin komt in actie en trekt zijn pistool.

Hij is op dat moment niet in functie, maar het komt in die tijd regelmatig voor dat agenten die gaan stappen hun dienstwapen op zak hebben. De gedachte daarachter is dat een agent nu eenmaal vierentwintig uur per dag, zeven dagen per week agent is. Ook in zijn vrije tijd moet hij kunnen ingrijpen. En Martin doet dat.

Hij houdt het groepje in zijn eentje aan, maar het loopt volledig uit de hand. De groep mannen stuift uiteen en het is onmogelijk voor Martin om overzicht te houden. Een waar pandemonium breekt uit, waarbij hij vervolgens enkele schoten lost. Iemand uit de groep wordt in zijn been geraakt. Op hetzelfde moment belt de eigenaar van de kroeg de politie. Die arriveert pijlsnel omdat Bureau Warmoesstraat ongeveer om de hoek zit. Er wordt proces-verbaal opgemaakt. De agent die dat doet heet Jan van Looijen.

Van Looijen is een bekende naam in het Amsterdamse korps. Vanaf halverwege de jaren tachtig is hij de leidende figuur bij de Criminele Inlichtingendienst (CID). Deze afdeling, begin jaren zeventig opgericht bij recherche-afdelingen van enkele grotere korpsen van de gemeentepolitie en de Rijkspolitie, houdt zich bezig met het verzamelen, registreren en analyseren van informatie over de onderwereld door middel van criminele informanten, mensen die dus zelf in de onderwereld zitten. Hij is later ook de man die op de achterbank van een auto luistert naar de verhalen van de malafide vastgoedman Willem Endstra over Willem Holleeder. Deze Jan van Looijen zou het proces-verbaal hebben opgenomen in het café waar Martin geschoten zou hebben vanwege een drugsdeal. Althans, zo is dat in het proces-verbaal terechtgekomen.

In die tijd op Bureau Warmoesstraat, en zoveel jaar later nog steeds in gesprekken met veel ex-agenten, circuleert een andere versie van dit verhaal. Martin zou inderdaad gezien hebben dat de mannen een drugsdeal aan het voorbereiden waren. Hij ging naar die groep toe en maakte kenbaar dat hij ook geïnteresseerd was in dat spul. Bij de onderhandeling over de prijs had hij ineens zijn pistool getrokken en gezegd dat hij een agent was. Martin zou hun vervolgens een voorstel hebben gedaan: hij zou ze laten gaan, maar op voorwaarde dat ze hun drugs, volgens een bron twee kilo heroïne, en geld bij hem zouden achterlaten. Martin had in deze versie dus helemaal niet het idee om er een zaak van te maken, maar zou de handel van deze mannen hebben willen afpakken. Er ontstond een gevecht waarbij door Martin in het been van een van die dealers geschoten zou zijn.

Of het met dit akkefietje te maken heeft is niet duidelijk, maar feit is dat Martin Hoogland op 1 juni 1977 op het hoofdbureau aan de Elandsgracht wordt geplaatst. Dat betekent dat hij direct onder toezicht komt te staan van zijn superieuren. Hij heeft dan nog niet eens één jaar op de Warmoesstraat gewerkt, van 2 augustus 1976 tot 1 juni 1977.

Die schietpartij waarbij Hoogland geschoten zou hebben, zou een van de laatste zaken zijn geweest van Jan van Looijen als agent voordat hij naar de recherche gaat. Na die rechercheperiode gaat Van Looijen aan de slag bij de CID, die later de CIE wordt, de Criminele Inlichtingeneenheden. Nu wordt deze dienst de TCI genoemd, Team Criminele Inlichtingen. De bronnen waarvan deze diensten gebruikmaken moeten afgeschermd worden omdat ze anders gevaar lopen. Omdat de informatie van de CID dus niet te herleiden is in een rechtszaak, heeft het geen bewijskracht tijdens een strafproces. Wel kan door informatie van de CID een onderzoek worden opgestart.

Jan van Looijen is behalve politieman ook een grote naam in de kickbokswereld. Hij behoort samen met Jan Plas en Peter van der Hemel tot het groepje vechters dat in 1975 naar Japan gaat, het land van de Oosterse vechtsport. Tijdens die reis maken Van Looijen en zijn vrienden kennis met kickboksen, een sport die dan net in ontwikkeling is. De mannen krijgen les in de beginselen ervan en introduceren het vervolgens in Nederland. Jan van Looijen gaat als vechtsporttrainer lesgeven bij het Korps Mariniers, maar ook bij de politie. Later geeft hij ook kickbokslessen in de bajes. Als Van Looijen door een blessure het vechten in de ring moet opgeven, wordt hij scheidsrechter, wat hij zeker niet onverdienstelijk doet. Hij fluit heel veel partijen en is een graag geziene figuur.

Zoals bekend is de vechtsportarena niet alleen de plek waar liefhebbers van die sporten samenkomen. Het is, vooral in die tijd, ook de ontmoetingsplek voor mensen uit de onderwereld. Onder anderen Klaas Bruinsma is een fervent liefhebber van vechtsporten. Hij komt ook weleens buurten in Mejiro Gym, de vechtsportschool die Jan Plas opricht en waar hij kickbokslessen geeft. Ook Jan van Looijen komt daar vaak en neemt dan een paar van zijn collega's mee. Op de mat van de sportschool knokken zo politieagenten tegen jongens die in de criminaliteit zitten of ertegenaan schurken. Iemand als de bekende kickbokskampioen André Brilleman traint er bijvoorbeeld. Hij zal later een van de bodyguards van Klaas Bruinsma worden.

Jan van Looijen ontmoet tijdens kickboksevenementen de mensen op wie hij doordeweeks jaagt. Een insider: 'Ik heb het zelf weleens gezien: tijdens dat soort avonden kwamen de mensen waar hij op joeg hem een hand geven. Of hij ging naar hén toe en gaf ze een hand. "Als je me pakt, wat gebeurt er dan?" vroegen die criminelen dan aan hem. Hij antwoordde vervolgens in alle eerlijkheid dat hij ze op zou hangen. "Tot nu ben je me te slim af geweest. Maar dat kan morgen anders zijn," zei hij dan lachend. Daarmee dwong hij respect af bij die criminelen. Hij liet zien dat hij ze niet achter hun rug om wilde naaien. In die zin hield Van Looijen wel van fair play.'

Peter R. de Vries is iets minder lovend: 'Van Looijen kende veel van die jongens door die vechtsportwereld. Hij was de hele dag bezig met een makelaar in informatie zijn. Het probleem is alleen dat hij niet of nauwelijks werd gecontroleerd. De smeris werd nog echt geloofd op wat hij zei, er waren toen heel andere richtlijnen dan nu. Er was weinig toezicht en Van Looijen stond boven aan op de rots. Ik heb grote argwaan over zijn functioneren.'

Jan Boone, de advocaat van Martin Hoogland, weet dat Martin een hekel had aan Van Looijen. 'Martin vond Van Looijen een viezerik. Dat was op basis van iets wat Martin eens was overkomen. Op enig moment moest hij met Van Looijen een vuurwapengevaarlijke kerel arresteren, ergens in de stad. Van Looijen zou Martin zijn rug dekken, maar hij was gewoon weggegaan. Martin riep hem: "Jan? Jan?" maar Jan was pleite, die vond het te link of zo.

Dat heeft buitengewoon kwaad bloed gezet bij Hoogland. Toen hij terug op het bureau kwam, heeft hij dat tegen iedereen rond lopen bazuinen. "Van Looijen heeft me laten zitten!" En dat pikte Van Looijen natuurlijk weer niet.'

Volgens Boone had Martin Hoogland aanvankelijk een naïef en eenvoudig beeld van werken bij de politie: 'Een beetje zoals in *Starsky and Hutch.*' Dat is een Amerikaanse tv-serie over twee politiemannen die vanaf april 1976 door Veronica werd uitgezonden. Maar Hoogland ontdekte al snel dat de realiteit van het politiewerk anders was dan op tv en knapte vooral af op het werk door Van Looijen. 'Ze werkten allebei op de Warmoesstraat, en als de agenten die in uniform liepen, zoals Martin dus, vastzaten met een zaak, dan riepen sommige collega's volgens Hoogland altijd Van Looijen erbij: "Hé, Jan, we krijgen de zaak niet rond, draai jij even een proces-verbaal in elkaar." Van Looijen tikte dan een verbaal dat er vertrouwelijke informatie was binnengekomen, dat de verdachte hartstikke schuldig was, en hup, dan was de zaak rond.'

De Vries is bekend met deze werkwijze: 'Van de hand van Jan van Looijen is veel geheime informatie binnengekomen. "Ik heb informatie binnen gekregen dat..." schreef hij dan. Heel veel informatie is zo witgewassen door hem en soms ook driedubbel gebruikt, is mijn indruk. Het is informatie manipuleren en denken dat je eigen rechter kunt spelen. Ik wantrouwde Van Looijen. Hij zou nu niet meer zo kunnen werken.'

Jan Boone: 'Iedereen zat daar te rommelen op de Warmoesstraat. Je moet niet vergeten, de tools die ze nu hebben voor opsporing hadden ze toen niet. Dus de diender die aan informatie wist te komen en zo een misdrijf wist op te lossen, die had het eigenlijk heel goed gedaan. Het maakte niemand wat uit hoe je aan die informatie kwam. Je werd geprezen. Kijk, ik kan me goed voorstellen dat Martin heel goede contacten had bij de criminelen. Die man wás iemand, ook bij de criminelen. Hij was voor niemand bang. Terwijl zijn maat Jan van Looijen hem had laten stikken. Dat ging rond. Daar hadden criminelen bewondering voor.'

Wat betreft de schietpartij in het café op de hoek Korte Niezel-Zeedijk: het lijkt erop dat de enige die het verhaal van de schietpartij kan bevestigen, of ontkrachten, Jan van Looijen is. Maar deze ex-agent staat bekend om zijn schuwheid voor alles wat ruikt naar journalisten. Het is een onmogelijke opgave om hem te spreken te krijgen. Ik heb hem meerdere e-mails verstuurd, ik weet dat ze aangekomen zijn, maar Jan van Looijen laat niets van zich horen.

Gokken

Gokken is in die tijd, de jaren zeventig, volkssport nummer één. Overal in grote steden als Amsterdam, Rotterdam, Utrecht en Den Haag zijn gokhuizen te vinden. Sommige zijn illegaal en worden oogluikend toegestaan, maar er zijn ook tenten zoals Femina of Club 26 die legaal opereren en waar ook gegokt wordt. Met Femina aan het Rembrandtplein heeft Martin een soort haat-liefdeverhouding. Hij zegt regelmatig tegen iedereen die het wel of niet wil horen dat de roulettetafel daar magnetisch is. 'Kijk maar, hoe dat balletje wegspringt op het einde... Dat klopt volgens mij niet...' Ook het feit dat je op het einde van je avond in Femina nog even 10 procent terugkrijgt van wat je die avond verloren hebt, is in de ogen van Hoogland verdacht: 'Dat dóé je toch niet?'

Club 26 van Joop de Vries, aan de Oudezijds Voorburgwal, is de plek waar tout Amsterdam zijn centen over de balk gooit terwijl er continu shows worden opgevoerd. Demis Roussos, de Pointer Sisters of Burt Reynolds en Telly Savalas, de acteur die Kojak speelde in de beroemde tv-serie, zijn zomaar wat beroemde mensen die je hier tegen het lijf kunt lopen. Het is een soort Las Vegas in Amsterdam, gerund door Joop de Vries. Deze man heeft vele bijnamen: Joden Jopie, Zwarte Joop, maar de meest aansprekende is natuurlijk Koning van de Wallen, en dat is niet zonder reden. Joop is een kracht om rekening mee te houden in het centrum van de stad. Met zijn dikke baard, lange haar en onafscheidelijke bootmansmutsje mag hij dan de looks hebben van een zwerver, maar dat is schijn. Joop geeft helemaal niets om uiterlijk vertoon – alhoewel hij gek is op sportieve auto's, met name zijn gele Lamborghini – maar is behalve eigenaar van Club 26 ook de oprichter van het legendarische sekstheater Casa Rosso (1968) dat tot ver buiten onze landsgrenzen bekend is. Eigenlijk is Joop de Vries eigenaar van een heel blok aan panden dat loopt van de Oudezijds Achterburgwal tot de Oudezijds Voorburgwal. In die panden wordt gegokt, gedronken, gekeken naar live seksshows en pornofilms, in de sauna gezeten, gesport, gegeten en nog veel meer. Het is een groot kruip-door-sluip-door-web van panden en gangen, alleen maar gericht op entertainment.

Joop de Vries is nooit veroordeeld, alleen voor iets met de belastingen, maar hij deed wel zaken met Amerikaanse maffialeden. Later kreeg Joop ook nog wel de credits voor het schoonhouden van zijn stukje Amsterdam. Toenmalig burgemeester Van Thijn gaf hem postuum de eer die Joop in de ogen van Van Thijn volgens hem verdiende. Want terwijl het op de Zeedijk een bende van jewelste was, leek het in de buurt van de panden van Joop een oase van rust en reinheid. Voor een groot deel had dat te maken met Joops eigen ordedienst; grote en potige Amsterdammers die er niet voor terugdeinsden een lastige klant aan kop en kont de gracht in te mieteren. Onder anderen judokampioen Wim Ruska en worstelkampioen Chris Dolman zorgden ervoor dat het in de buurt van de panden een beetje ordentelijk verliep. Als een junk het in zijn hoofd haalde om in de buurt van Casa Rosso iemand te overvallen, zorgde de ordedienst van Joop de Vries er wel voor dat hij op andere gedachten werd gebracht. Casa Rosso kreeg regelmatig politie voor de deur die even kwam kijken of informeren hoe de zaken ervoor stonden.

Chris Dolman herinnert zich Martin Hoogland nog uit de tijd: 'Een jong mannetje dat heel graag wilde meedoen met de grote jongens. Iemand die aardig gevonden wilde worden. We noemden hem op een gegeven moment McCloud. Dat was naar aanleiding van die serie die in de jaren zeventig op de televisie was over een cowboy die agent werd in een grote stad.'

Het gedoogde gokbeleid verandert rap als het gloednieuwe Holland Casino in Zandvoort op 1 oktober 1976 wordt geopend. Officieel onder het mom dat de staat iets wil ondernemen om de gokverslaving te reguleren, maar zo wordt ook de staatskas gespekt met het geld dat omgaat in die goktenten. Het duurt niet lang of tenten als Femina en ook Club 26 krijgen te kampen met tegenwerking van de overheid. De illegale gokhuizen zijn een broeinest van criminaliteit en daar moet iets aan gedaan worden, klinkt het ineens.

Dat gaat natuurlijk niet zonder slag of stoot. Van Riessen herinnert zich nog de keer dat de Molensteeg op de Wallen op gezag van hem en Jelle Kuiper door de politie werd afgezet. 'Alle gokkasten van Joop de Vries moesten in beslag genomen worden. Er kwamen zelfs pneumatische boren bij kijken om de dingen los te trekken van hun plek.'

Zwarte Joop komt al snel aanstormen met een koevoet in zijn hand. Als de politie met de eerste gokkasten naar buiten komt, doet Zwarte Joop een paar stappen naar voren en slaat met z'n koevoet de gokkast in elkaar. Een enorm kabaal en glasgerinkel. Van Riessen: 'We sommeerden Joop te vertrekken, anders zou hij gearresteerd worden. Hij koos uiteindelijk eieren voor zijn geld en beende weg van de plek waar we bezig waren. Hij liep richting de massaal toegestroomde mensenmassa. Er stonden middenstanders, toeristen en dames van lichte zeden bij. Hij liep direct op een van die dames af. Uit zijn jas haalde hij een plastic zak. Hij graaide erin, haalde er een paar honderd gulden uit en overhandigde die vervolgens aan de dame. Dat deed hij ter compensatie. Omdat wij de steeg versperden met die vrachtwagen en zij nu geen klanten had. Zo ging Zwarte Joop iedereen af die met zijn of haar nering op de Molensteeg zat. Hij stopte iedere middenstander een stapeltje geld toe, voor gederfde inkomsten. Dat zijn natuurlijk pure maffiapraktijken, ik heb er geen andere woorden voor. Hij liet zo even zien dat hij de godfather van de buurt was.'

Het was niet de eerste keer dat Joop zich op deze manier liet gelden. Al eerder, toen Van Riessen en Kuiper net als hoofdinspecteur begonnen waren op de Warmoesstraat, kwam Joop naar hen toe met een voorstel. 'Hij zei dat hij ons wel wilde helpen. Hij had al die kleerkasten achter zich staan, Dolman, Jan Stapper, Ruska... Hij zei: "Laat mij de orde op de Wallen doen. En als je dat goed vindt, doe ik ook de Zeedijk." Dat was zijn voorstel. Als je daar ja tegen zegt dan is het einde zoek. Dan was hij de controleur van de Wallen geweest, de grote jongen die wel even bepaalde wat daar wel of niet gebeurde. Ik kon natuurlijk nooit akkoord gaan met dit soort maffiapraktijken en zei dat hij heel snel weg moest gaan.'

De jongens uit de ordedienst van Joop werken ook in de gevangenis als sportinstructeur. Zo komen ze in contact met politiemensen als Jan van Looijen, die daar trainingen geeft. Joop de Vries heeft ook een sportschool op de Wallen, waar zijn mannen weer trainen met Amsterdamse knapen, zoals een jonge Willem Holleeder en Cor van Hout. Van Riessen: 'Dat was één grote kliek.'

Joop de Vries heeft power in Amsterdam. Als buitenlandse politiemensen van het hoogste niveau op bezoek komen, gaan ze langs bij zijn Casa Rosso. Het verhaal was dan dat daar foto's en video's van waren en dat die mensen zo gechanteerd werden. De gokhuizen zelf zijn ook geregeld het doelwit van overvallen door criminelen die niet alleen het gokhuis zelf bestelen maar ook hun klanten. Daardoor zijn de gokhuizen weer genoodzaakt om beveiliging in te huren. Portiers uit de onderwereld bieden zich aan om in het weekend een oogje in het zeil te houden.

Er gaat een hardnekkig gerucht rond dat er in die tijd binnen het korps nogal wat agenten zijn die zich soms laten inhuren voor de beveiliging van de gokhuizen. Van Martin keert een verhaal van meerdere kanten steeds maar terug: dat hij in Hotel Krasnapolsky verantwoordelijk was voor de beveiliging van een gokfestijn onder Chinezen.

Zakgeld ophalen

Wanneer Martin bij Bureau Warmoesstraat begint, verliezen zijn Zaanse stapvrienden hem een beetje uit het oog. Onder hen Harry, nog steeds agent bij de politie Zaandam. 'Het is denk ik twee jaar na die vakantie op Las Palmas dat ik toch weer in contact kom met hem. Ik weet niet meer precies hoe dat kwam, volgens mij kwamen we elkaar toen toevallig tegen. We raken aan de praat en ik vertel dat ik nog steeds agent ben in Zaandam en Martin vertelt over Amsterdam. Maar we hebben niet veel tijd en spreken af om samen eens een biertje te drinken in de hoofdstad, een beetje herinneringen ophalen en zo. We ontmoeten elkaar later voor dat biertje, en hij zegt eigenlijk meteen dat hij naar het Rembrandtplein wil. Dat vond ik al een beetje gek, want in de tijd dat wij met elkaar uitgingen, gingen we altijd naar het Leidseplein. Maar ik had al begrepen dat Martin door zijn omgang met Piet Schutte ook vaker op het Rembrandtplein kwam, dus wij daarnaartoe. Als we over het plein lopen komt er iemand op hem af en groet hem: "Hé, Martin!" Ik kijk die kerel eens aan, het is een of andere mank lopende lowlife. "Wie was dat nou?" vraag ik aan hem als we verder lopen. "O, die heb ik laatst nog in zijn poot geschoten," antwoordt hij lachend. Ik lach een beetje mee om die uitspraak, maar heb er verder niet meer naar gevraagd.'

Harry en Martin gaan op het Rembrandtplein naar Femina. 'Beneden heb je een soort dancing, maar wij gaan naar boven, de trap op. Hij klopt op een deur. De portier doet open en Martin wordt duidelijk herkend: "Hé, Martin!" Wij naar binnen. Die hele tent zit vol met mensen die allemaal aan het gokken zijn. Glazen op tafel, dikke rookwolken uit sigaren en sigaretten. Er ligt overal enorm veel geld op tafel. Ik kijk op dat moment echt even mijn ogen uit en ben Martin daardoor kwijt. Op het moment dat ik hem weer in mijn blikveld krijg, zie ik dat hij verderop met iemand staat te praten. Ik zie dat hij geld krijgt, hij stopt het in zijn zak. Daarna komt hij weer naar mij toe en we gaan naar een andere tent.

Ik was daar nog nooit geweest en zou er ook nooit uit vrije wil naartoe zijn gegaan. Ik denk dat ik nog nooit zo veel negers bij elkaar heb gezien, het zag er letterlijk zwart van de mensen. Martin knikt en lacht links en rechts naar mensen die hij blijkbaar kent. We lopen helemaal door die tent heen naar achteren. Ik voelde me helemaal niet op mijn gemak. Ik kan me nu ook heel levendig voorstellen hoe het is om als enige zwarte in een witte tent te zijn. Martin lijkt het allemaal niet zo indrukwekkend te vinden en wurmt zich door de mensenmassa alsof er niks aan de hand is. Hij loopt helemaal naar achteren tot we voor een soort podium staan met daarop een troon, zo leek het wel. Daar zat ook een neger op met een kamelenjas aan en een gigantische hoed op. Aan weerszijden van de troon staan twee enorme negers als bodyguards. Die man op de troon ziet Martin aankomen en begint breeduit te lachen en in een vet Surinaams accent te roepen: "Martin swa, wat geweldig om je weer even te zien, swa! Hoe is het met je? Wie heb je meegenomen?" Martin wijst naar me en zegt: "Dat is een collega van me!" Nou, daar was ik helemaal niet van gediend natuurlijk. Ik wilde helemaal geen contact met die gasten en heb me bewust een beetje afzijdig gehouden. Martin en die neger praten nog wat verder met elkaar en daarna gaan we weg.

Als we weer buiten zijn, vraag ik wat hij in godsnaam aan het doen is. "Even zakgeld ophalen," zegt-ie lachend. Ik hoor wat hij zegt en wil erop ingaan maar hij wijst naar het Thorbeckeplein en zegt dat we daarnaartoe moeten. Ik loop achter hem aan naar een of andere tent en als we er aankomen, klopt hij weer op de deur. De eigenaar doet open en begroet Martin bij naam. De man neemt ons mee naar een soort dobbeltafeltje met daarin wat dobbelstenen. Er wordt met een dobbelsteen in die bak gegooid: zes. Hij gooit nog een keer: weer zes. Nog eens: zes. En zo gaat dat maar door. Zij lachen naar mij en vragen of ik eens wil gooien: geen zes. Nog een keer: ook geen zes. Martin en die eigenaar hebben de grootste schik. Dan laat die vent het zien: hij heeft een soort afstandsbediening in zijn zak en als je op de knop drukt gooi je zes. Die eigenaar en Martin vinden dat prachtig. Ik kijk het een beetje aan en lach maar wat mee.

Buiten heb ik Martin aangesproken. Ik vond dat ik dat kon, ja. Ik was 28 jaar, zes jaar ouder dan hij en had op de vaart gezeten. Ik was getrouwd en had al wat levenservaring. Ik hoopte dat ik overwicht had. Ik zei tegen hem: "Martin, je bent fout bezig, man. Dat meen ik echt. Ik wil hier ook niets mee te maken hebben. Van mij hoort niemand iets, maar dit is niet goed." Zijn reactie was eigenlijk op dat moment voor mij teleurstellend. Hij haalde zijn schouders op en leek er helemaal geen boodschap aan te hebben. We gingen daarna zelfs naar nog een andere vage tent. In totaal heb ik op die avond drie keer gezien dat hij zo geld ophaalde. Ik heb er vaak over nagedacht waarom hij dat zo aan mij liet zien. Misschien probeerde hij op deze manier een beetje indruk op me te maken.'

Na deze avond heeft Harry hem nooit meer gezien. Of ja, één keer nog, tijdens een voetbaltoernooi van de Kooger voetbalclub KFC, twee jaar later. 'Martin kwam ook kijken en zag er heel slecht uit. Hij was denk ik 24 of 25. Hij ontweek mij en mijn vrouw een beetje, was helemaal wit en zweette heel erg... Mijn vrouw vroeg toen nog aan hem of hij zich wel helemaal goed voelde. "Ja, hoor, prima," zei hij, en dat was het. Het leek net of hij ons niet meer wilde kennen.'

Tonny

Vanaf het moment dat ze elkaar via Rob van Eden ontmoeten, aan het einde van de jaren zeventig, klikt het tussen Martin en Tonny. Martin vindt het schitterend om bij die man en zijn entourage te horen, en ziet hem gokken om duizelingwekkende bedragen. En winst of verlies, het maakt niet uit: er wordt altijd gelachen. Daarnaast leert Martin door omgang met Tonny allerlei mensen kennen die later ook zijn vrienden zullen worden. Iemand als de eerder aangehaalde Dorus Kwarten bijvoorbeeld. 'Ik heb Martin Hoogland voor het eerst ontmoet via Addy, een vriend van mij die in de auto's zat en zo Tonny Hijzelendoorn had leren kennen. Martin liep toen met Tonny mee en zo kwam ik met Martin in contact. Dat was in 1979. Ik was zelf net in Amsterdam komen wonen, in de Beethovenstraat.'

Het hele clubje met Martin erbij gaat dat jaar ook nog naar een feest in Vinkeveen. 'Dat feest was georganiseerd door Johan Verhoek. André Hazes trad daar ook nog op.' Dorus Kwarten weet niet meer precies wat de aanleiding was: 'Een bruiloft of verjaardag, ik weet het niet, maar in ieder geval was de hele onderwereld aanwezig.' Dorus was in die tijd een goede vriend van Johan Verhoek, die volop in de Pakistaanse hasj zat. Volgens Dorus gingen Martin en Johan op een gegeven moment aardig close met elkaar om. 'Maar volgens mij gewoon vriendschappelijk hoor. Johan had zakelijk gezien maar één rechterhand en dat was toen Koos Reuvers.'

Volgens de eerder genoemde oude schoolvriend van Hijzelendoorn die anoniem wil blijven, lijkt Tonny wel een soort aura om zich heen te hebben. 'Hij had een enorme aantrekkingskracht. Als je met hem een kroeg binnenkwam en er zaten tien vrouwen, dan keken er negen om. We noemden hem ook wel de Dean Martin van Oost. Tonny reed rond in mooie auto's, ook Rolls-Royce, en was een grote kerel met blonde krullen. Hij was een zeer geziene man. Meiden stonden naar hem te loeren en wilden bij hem zijn, kerels wilden hem zijn. Tonny maakte de hele dag grappen en als het einde in zicht kwam...' – hij maakt het geldgebaar met de tegen elkaar wrijvende duim en wijs- en middelvinger – '...dan verzon hij wel weer wat. Tonny was geen gewelddadige jongen maar een gentleman, zag er goed verzorgd uit en had een goede babbel. Hij kon met iedereen, wond iedereen om zijn vinger. Maar hij was ook onverbiddelijk. Als-ie je door een slimme of een vernuftige truc kon pakken met iets, dan pakte hij je.'

Hij geeft een mooi voorbeeld van een 'scam' door Tonny Hijzelendoorn. Een scam die hij opzette met onder anderen zijn maatje Nico, die een coffeeshop runde. Er kwamen regelmatig mensen bij die coffeeshop om wat spul aan te bieden. 'Je weet wel, wiet of hasj. Dus er komt een man aan bij die shop terwijl Tonny daar aan de bar zit. Die man zegt tegen die Nico dat hij iets van veertig kilo prachtige hasj te koop heeft.

"O, en heb je een stukje bij je zodat we kunnen proberen?" zegt Nico.

"Nee, dat heb ik niet bij me maar ik kan daar wel voor zorgen."

Dus Tonny gooit zijn autosleutels naar die kerel toe: "Hier vangen! Pak mijn auto maar effe, dan rijd je ook een keer knap, en haal effe zo'n sampletje op voor ons. Dan hoor je het vanavond of morgenochtend."

Die man staat daar met die autosleutels in zijn handen en kijkt in de richting waar Tonny naar wijst. Hij ziet buiten een prachtige Rolls-Royce staan, of wat voor mooie auto hij op dat moment ook had. Tonny reed ook veel in zo'n Mercedes Sport. In ieder geval, die kerel ziet die auto en stemt in met het plan. Hij rijdt met de auto van Tonny naar de stash, haalt daar een sampletje van de voorraad af, doet dat in een zakje en rijdt weer terug naar de shop. Daar aangekomen wordt er nog even gesproken over de auto en over het rijden in de stad en al die andere "smalltalk". De man overhandigt het zakje aan Nico. Die opent het zakje en ruikt aan het stukje hasj.

"Ruikt goed kerel. Dank je wel. We gaan het zo even testen en je hoort vanavond of morgen van ons."

De man gaat weg en als de kust veilig is en er niemand in de straat te bekennen is, loopt Tonny naar de achterbak van zijn auto. Hij opent die en rommelt er wat in. Als hij de achterbak sluit heeft hij een videoband in zijn hand.

"Zo, die gaan we eens even afkijken," zegt hij tegen Nico als hij de shop weer in gaat. In de achterbak van de auto van Tonny ligt een videorecorder die via een cameraatje voorin haarscherp vastlegt hoe de man naar zijn stash rijdt. Ze noteren het adres op een papiertje.

De volgende dag bellen ze rond de middag naar de man van het sampletje.

"Ja, hallo met Nico. Zeg, dat is echt goed wat je gister aan ons hebt gegeven man! Ik wil die hoeveelheid wel van je afnemen."

Gesputter aan de andere kant van de lijn...

"Hallo?" zegt Nico, "ben je daar nog?"

"Ja, nou, eh... Er is iets tussen gekomen. Ze hebben vannacht ingebroken daar en alles is weggehaald."

"Joh..! Jezus wat vervelend man. Nou sterkte ermee en als je nog eens wat hebt..."

Dat soort pleurisdingen haalde Tonny uit. Vieze ripstreken,' zegt de vroegere vriend.

Maar ze deden volgens hem ook minder vernuftige dingen. Gingen ze erin met de botte bijl. 'Dan spraken ze af met iemand die wat diamanten te koop had of wat mooie klokkies en overvielen ze die.'

Toch was Tonny Hijzelendoorn wel een gulle kerel. 'Ja, Tonny gaf altijd wat weg, hè? Hij liet iedereen meegenieten. Daar maakten anderen dan ook weer misbruik van.'

Martin Hoogland bewondert Tonny. Het is niet moeilijk je voor te stellen dat Martin in Tonny Hijzelendoorn eenzelfde type man herkent als Piet Schutte, de Zaanse aannemer die zijn speedboot met een kraanwagen van de ene kant van de sluis naar de andere liet verplaatsen. Martin Hoogland voelt zich aangetrokken tot dit soort mannen: de vrijbuiters die van hun onafhankelijkheid genieten. Zij hoeven aan niemand verantwoording af te leggen, ze doen gewoon hun eigen zin. Vrije denkers die ook door hun financieel riante positie kunnen laten zien dat niemand ze iets kan maken. Tonny loopt mijlenver voor op Martin, zo voelt Martin dat.

Omgekeerd mag Tonny Hijzelendoorn Martin ook. Hij kan vreselijk lachen om zijn humor. Zo staan ze samen een keer voor de deur bij juwelier Evert als Tonny tegen Martin zegt dat Everts zoon een tandziekte heeft waarover geen grappen gemaakt mogen worden. 'Dat jochie heeft namelijk de ziekte van Wolf. Daardoor rotten al zijn tanden uit zijn mond, maar daar moet je echt niks over zeggen hoor. Dat ligt allemaal heel gevoelig,' zo vertelt Tonny.

Martin hoort het aan en knikt. De deur gaat open en de mannen stappen de woonkamer in. Als Martin het jochie ziet staan, zegt hij met een hoge stem: 'Zo, en heeft het wolfje nog welpjes gekregen?'

Tonny en Martin hebben lol, maar gaan ook zakelijk iets voor elkaar betekenen:

'Kun je eens kijken met hoeveel mensen de politie in die straat op dat uur surveilleert?'

Martin levert de informatie.

'Weet je of er iets vermeld staat in de dossiers over die overval?'

Martin kijkt of hij erachter kan komen.

'Welke kentekens hebben de wagens waarmee de politie ons volgt?'

Martin zorgt dat hij bij de volgende ontmoeting de gegevens heeft.

Tonny krijgt informatie van Martin. En informatie is alles in de kringen waar Tonny zich bevindt.

Bij Pollux worden de banden warm aangehaald. Niemand heeft het echt door, niemand is met deze twee mannen bezig, maar tijdens een gesprek aan de bar is Martin zichzelf aan het verkopen aan Tonny. Martin zegt dat hij weet dat Tonny in de bruin, heroïne, zit. Hij stelt voor om voortaan het spul dat hij als agent in beslag neemt aan Tonny te geven, zodat hij het weer kan doorverkopen. Tonny vindt dit een uitstekend plan: geen inkoopkosten en 100 procent winst. Martin voelt dat hij beet heeft. Hij zegt dat hij veel opvangt over die handel, hij weet dat Willy Jonker erin handelt en kent wat Turken die het spul leveren. Maar Martin zegt ook dat hij een Chinese heroïnehandelaar heeft leren kennen. Hij heet Ang. Terwijl Jonker en Vos hun handje ophielden voor wat Lucky Money, legde Martin contact met deze Ang. Wat Martin heeft gehoord: Ang levert 'nr. 4', oftewel witte heroïne, het puurste spul dat je maar kunt bedenken. In Nederland is dat niet te verkopen, maar in landen als Spanje, Italië, Frankrijk en Duitsland bestaat een gigantische afzetmarkt. Tonny's interesse is ineens gewekt. Hij wil wel met die Ang gaan zitten. Maar eerst wil Martin weten of Tonny en hij in zaken zijn. Hoogland steekt zijn hand uit. Tonny kijkt ernaar, lacht naar Martin en de mannen schudden elkaars hand.

Je hebt niet één soort heroïne, er zijn er meer. De heroïne die verreweg het meest voorkomt is de bruine, die ook wel beige of lichtgrijs van kleur kan zijn. De heroïne waar Martin het over heeft is witte, nr. 4 of China White, de meest zuivere vorm van heroïne die er bestaat. De echte nr. 4 bestaat voor bijna 100 procent uit witte heroïnekristallen. Dit kun je niet zo gebruiken, het moet versneden worden. Een populair product om mee te versnijden is cafeïne. De kiloprijs van witte heroïne ligt in Nederland op dit moment tussen de 40.000 en 45.000 euro; in Martins tijd was het zelfs 275.000 gulden, zo'n 125.000 euro. Door een kilo aan nr. 4 te versnijden met bijvoorbeeld twee kilo cafeïne, kun je zomaar van één kilo drie kilo maken. Dat levert een lekkere winst op.

Hoewel het de laatste tijd weer her en der opduikt, liggen de hoogtijdagen van heroïne ver achter ons. In Nederland en de meeste landen van West-Europa wordt er een beetje op neergekeken. Dat heeft ook te maken met de sfeer die om heroïne hangt. Het wordt geassocieerd met verslaving, ellende en naalden, hoewel het ook mogelijk is om heroïne te roken of te snuiven. In ieder geval wordt heroïne niet gezien als een gezellige feestdrug, wat met een middel als xtc overduidelijk wel het geval is. Ook naar cocaïne wordt anders gekeken, omdat die drug vaak geassocieerd wordt met het snelle, rijke luxeleven, Wall Street-handelaren en succes.

Martin Hoogland stapt met Tonny Hijzelendoorn in de heroïnehandel. Het op straat onderschepte spul zorgt al voor wat geld, maar met de export van nr. 4 naar het buitenland hebben de mannen echt een goudmijn in handen. Double Lion is het merk, de aflevering vindt plaats in pakketten met een beeltenis van twee Chinese draken erop. Het transport naar het buitenland is even simpel als effectief: ze stoppen de holle ruimtes van auto's propvol met nr. 4. Vervolgens zetten ze zes auto's tegelijk op elk van de vier trailers, waarvan er één naar Spanje, één naar Duitsland, één naar Italië en één naar Frankrijk rijdt. Elke week minstens één keer.

En dan gaat het hard.

Omdat Martin en Tonny op maar een paar honderd meter van elkaar wonen zien ze elkaar veel, niet altijd tot het grootste genoegen van Ingrid. Martin is veel weg, komt laat thuis en is niet te genieten als hij wakker is. Ingrid zegt over die periode in een artikel in *De Telegraaf* van 3 april 2004: 'Ons huwelijk ging minder. Martin ging graag en vaak op stap in Amsterdam en ik kreeg daar de balen van. We groeiden uit elkaar.'

Het valt collega's van Martin de laatste tijd op dat ze hem tijdens hun werk in de stad zien rondlopen met de criminelen die zij juist observeren. Na de overplaatsing naar het hoofdbureau op de Elandsgracht op 1 juni 1977 vinden collega's het een opmerkelijk gezicht om Martin samen met criminelen in tenten als Sheherazade en Femina op het Rembrandtplein te zien. Daar wordt onderling over gesproken: de verdenking bestaat dat Martin Hoogland bezig is te ontsporen. Er gaan verhalen rond dat hij steekpenningen zou aannemen; een bedrag van 80.000 gulden wordt genoemd. Ingrid: 'Ze koppelden dat aan onze bezoekjes aan Femina, maar dat sloeg helemaal nergens op. Martin betaalde al zijn drankjes gewoon. Hij was gul en gaf grote fooien, maar dat is toch niet verboden?'

Op Bureau Warmoesstraat zijn ondertussen de effecten van de Schoonmaak van Jelle Kuiper en Joop van Riessen goed merkbaar. 'Er zijn uiteindelijk iets minder dan tien mensen overgeplaatst naar andere bureaus in de stad, waaronder Mosplein. Dat zagen we wel echt als een strafoverplaatsing als je daarnaartoe moest,' lacht Van Riessen. De ex-politieman vertelt dat Martin Hoogland niet bij die groep hoorde. 'Dat waren toch vooral wat oudere agenten die allerlei stunts hadden uitgehaald, zoals veel te close contact met Chinese drugshandelaren. Er was iemand die zelfs een weekendje naar Antwerpen ging met een Chinees. Martin zat niet bij die eerste groep volgens mij. Mijn overtuiging is dat Martin Hoogland werd meegenomen in de slipstream van die ontwikkelingen.'

Van Riessen zegt dat de sfeer op Bureau Warmoesstraat wel begon te veranderen. 'We hadden aardig om ons heen geslagen met dat corruptieonderzoek. Er ontstond een sfeer van aanpakken, positiever ook.'

Nadat Martin elf maanden heeft doorgebracht op het hoofdbureau, zien Van Riessen en Kuiper Martin Hoogland liever niet terugkeren op Bureau Warmoesstraat. Er wordt besloten dat hij terug moet naar District 1, Ponderosa. Op 19 mei 1978 begint Hoogland weer in Amsterdam-Noord. Daar zijn ze net bezig met een grote verhuizing: het oude gebouw aan het Mosplein voldoet niet meer. Aan de Waddenweg wordt een nieuw bureau gebouwd.

In een gat springen

Op 30 mei 1979 trouwt Martin met Ingrid. Volgens mensen die erbij waren is het een sobere bruiloft, geen gekkigheid. Een vriendin van Ingrid zegt dát Ingrid helemaal weg was van Martin: 'Ze had het over een universele en onvoorwaardelijke, unieke liefde. Misschien heel gek, maar ik herinner me dat ze zijn handschrift ook heel mooi vond.' Martin houdt ook van Ingrid. Hij zegt vaak 'Tot de dood ons scheidt' tegen haar. Ingrid is tijdens de bruiloft al zwanger. Zoon Jeoffrey Martin Hoogland wordt in augustus 1979 geboren. Heel bureau Waddenweg komt op kraamvisite. Martin is apetrots. Jeoffrey wordt vernoemd naar een karakter uit de populaire tv-serie *Angelique* waar Ingrid en Martin graag samen naar kijken. Later zal Ingrid zeggen dat ze zo veel overeenkomsten ziet tussen haar leven en die tv-serie. Ze ziet zichzelf erin, het avontuur, de liefde die komt te overlijden en hoe ze alles kwijtraken wat ze hebben.

Nu vormt Ingrid samen met Martin en zoon Jeoffrey een echt gezin. Op aandringen van Ingrid probeert Martin ook een beetje aan zichzelf te werken. Zo doet hij bijvoorbeeld een interne opleiding. Misschien lukt het hem ooit om ook rechercheur te worden. Zelf twijfelt hij, weet hij niet of hij het wel kan. 'Jawel man, dat kan jij gewoon. Tuurlijk haal je dat,' zegt Ingrid.

'Hoe weet jij dat nou, gek!' antwoordt Martin lachend.

Volgens Ingrid krijgt ze wel mooi gelijk en haalt Martin het eerste diploma om brigadier te worden: Brigadier A. Daarna moet je opgaan voor Brigadier B, maar daar begint hij niet meer aan. De scheiding wordt als oorzaak genoemd, maar Martin zal zich op dat moment ook hebben gerealiseerd dat er een andere manier is om geld te verdienen. Uit zijn personeelskaart bij de politie blijkt overigens niet dat hij een opleiding succesvol heeft afgerond. Daar staat alleen dat Martin zich automatisch na vijf dienstjaren per 1 oktober 1979 hoofdagent in District 1 mag noemen, op de Waddenweg.

Als Willy Jonker met een blauw oog en een dikke lip Pollux binnenkomt, kijkt iedereen toch even op. 'Wat is er met jou gebeurd? De verkeerde gebeft?'

Niet zonder trots vertelt Jonker met zijn lijzige stem over zijn Turkse minnares, een buikdanseres die af en toe optreedt in een van de Turkse restaurants in de stad. 'Haar kerel was erachter gekomen dat ik met haar had lopen vozen, dus die stond me op te wachten met een welkomstcomité,' zegt Jonker tegen de mannen. 'Dit ziet er misschien lelijk uit, maar je had die andere gasten moeten zien!'

Iedereen lacht en ondertussen wordt er voor Willy een biertje besteld. Om de pijn te verzachten. Willy Jonker grijnst lekker mee, maar ondertussen heeft hij wel wat problemen aan zijn hoofd. De agent rommelt niet alleen met Turkse buikdanseressen, hij zit onderhand zo diep in de drugshandel dat het bijna niet meer te overzien is.

Op 1 november 1980 staat er in *De Telegraaf* een artikel van meer dan een halve pagina met als kop WILD-WESTDUEL WAS MOGELIJK BLOEDWRAAK van de misdaadjournalisten Cees Koring en Peter de Vries, nog zonder 'R.'. Het gaat over Willy Jonker, die hier overigens omschreven wordt als 'een vrijgezel van 34 jaar', die zwaargewond is geraakt na een verkeersruzie met een stel Turken. Dat is althans de officiële versie. Volgens een wildere theorie zou het bloedwraak zijn omdat Jonker het aangelegd zou hebben met een Turkse buikdanseres. Maar ook wordt er gezegd dat Jonker 'toevalligerwijs op een heroïnetransport zou zijn gestoten'.

Na een ziekbed van drie weken overlijdt Willy Jonker aan zijn verwondingen. Andere collega's, onder wie Ferry Mesman, dragen zijn kist. Martin is niet bij de begrafenis.

Teun Vos is dan al weg bij de politie. In mei 1979 is er een rechtszaak over zijn praktijken. Dan komt ook naar boven dat Vos naar Parijs ging met een Chinees en dat hij 'Lucky Money' aannam. Daarnaast wordt tijdens die rechtszaak bekend dat Vos getuigen heeft proberen te beïnvloeden. Hij zal niet meer terugkeren als agent.

Na het ontslag van Teun Vos en de dood van Willy Jonker staat Martin er nu alleen voor. Hij duikt in het gat dat Willy en Teun achterlaten. Hij neemt de Turkse contacten van Willy over en wordt in de stad veel gezien met Dirk, Rob en Tonny. Ze staan al een beetje bekend als de vier musketiers.

Collega's van Martin die criminelen in de gaten moeten houden, zien hem ineens in beeld komen. Soms op de gekste plekken. Een ex-agent: 'We hadden informatie binnen gekregen dat Dirk de Goede, Tonny Hijzelendoorn,

Rob en zijn broer Rik van Eden en Robbie Schipper heel regelmatig in een kroeg in Den Ilp, een dorpje ten noorden van Amsterdam, kwamen. De Drie Zwanen heette die kroeg. Elke zondag zat het helemaal stampvol met die gasten daar en ineens zien we Hoogland ertussen. Dat was natuurlijk heel gek.' Andere agenten zien hem ook lopen door de stad. 'Door zijn omgang met die gasten kon je eigenlijk al zien dat hij geen echte diender was,' zegt een van hen nu. 'Een echte diender doet dat niet. Maar die criminelen hadden allemaal zo'n aantrekkingskracht op hem. Martin zocht vooral spanning, hij is eigenlijk helemaal geen echte politieman geweest.'

Door de opsomming van alle onfrisse zaken waarmee Martin Hoogland in verband wordt gebracht, lijkt het misschien alsof hij geen tijd meer heeft voor zijn werk als agent. Niets is minder waar. Hij maakt daar juist tijd voor omdat hij zeker in deze periode, van de jaren zeventig naar de jaren tachtig, weet dat hij gewoon goed moet blijven functioneren. De schone schijn ophouden. Hij is slim genoeg om te weten dat het snel afgelopen kan zijn als hij niet komt opdagen op zijn werk of zijn collega's aanleiding geeft om over hem te klagen. Martin ontkent ook elke betrokkenheid bij alles wat ze hem voor de voeten gooien. Hij komt gewoon naar zijn werk, blijft beleefd en haalt zijn neus er niet voor op om een verdronken man uit het water op te vissen. Een collega herinnert zich dat Martin als een van de weinigen bleef kijken bij secties van de beroemde patholoog-anatoom Jan Zeldenrust. 'Hij was daar altijd heel nieuwsgierig naar. Hij had er ook geen problemen mee als er voor zijn neus in een lijk gesneden werd om te achterhalen wat het tijdstip van overlijden was. Er waren collega's die dat niet hoefden te zien, maar Martin vond dat interessant. Hij maakte er ook grapjes over: "Volgens mij eten we hersenen vanavond," zei hij dan doodleuk als hij ervan terugkwam.'

Oud en nieuw van 1980 vieren Martin Hoogland en Tonny Hijzelendoorn samen in de villa van Tonny op Rooswijk. Martin komt met Ingrid en Jeoffrey. De twee families hebben het uitstekend naar de zin. Er is een uitgebreide oudejaarsshow met André van Duin en allerlei andere bekende Nederlanders op televisie, maar Martin en Tonny hebben er geen interesse in. Ze zonderen zich een beetje af en als het twaalf uur is geweest proosten ze op de toekomst. Er breken nieuwe tijden aan. Tonny en Martin hebben het over die nieuwe, opkomende drug: cocaïne.

De breuk

In de eerste helft van 1981 spreken Martin en Ingrid af om samen een avond naar haar ouders te gaan. Ze willen hun problemen uitpraten met Ingrids vader Pino als tussenpersoon. Het mondt uit in een avond vol verwijten en geschreeuw. Bijvoorbeeld over het feit dat hij laat of helemaal niet thuiskomt, allemaal mensen meeneemt op wie zij niet zit te wachten en overdag niet te genieten is. Zij zit alleen maar thuis en moet zorgen voor Jeoffrey. Ingrid zegt dat ze een keer naar het buitenland wil op vakantie. Haar vriendinnen gaan naar Spanje en zij zit alleen maar thuis te wachten tot haar kerel vermoeid thuis in slaap valt na een nacht doorhalen.

'Ik kom dan van de nachtdienst af...'

'Nachtdienst? In de kroeg zeker? Met al die gekken en die hoeren en die imbecielen!'

Martin hoort het aan en overdenkt de situatie. Hij is 24 jaar en werkt nu, inclusief zijn opleiding, al bijna zeven jaar bij de politie. Hij heeft daar aardige lui ontmoet, zoals Willy Jonker en Teun Vos, maar hij heeft ook matennaaiers meegemaakt, mensen die je laten stikken als het erop aankomt. Hij houdt van het op straat rondlopen en je oor te luisteren leggen. Hij houdt van het uitzoeken en rondvragen in de kroegen en cafés, en horen wie achter een overval zit op die en die juwelier. Martin merkte de afgelopen tijd dat geld verdienen veel makkelijker kan, veel leuker ook. En het belangrijkste is dat er een beetje gein gemaakt wordt. Die krijg je niet door achter een bureau een proces-verbaal uit te tikken. Die vind je in de stad, in de kroegen waar van alles gebeurt, waar je hoort hoe het zit.

Tegelijkertijd is daar natuurlijk Jeoffrey, zijn zoon. Maar hij kan niet meer op de Paukenhof met Ingrid. Dat weet hij zeker. Terwijl Martin zijn schoonvader ziet kijken naar zijn dochter Ingrid, die in het midden van de kamer tegen hem staat te schreeuwen over wat hij, Martin, allemaal fout doet, wordt alles ineens kristalhelder. Hij moet weg hier. Hij moet de vrijheid hebben om dieper zijn toekomst in te duiken, om daar alles uit te halen. Martin staat op. Ingrid en haar vader vallen stil.

'We gaan uit elkaar.'

Op 9 juni 1981 wordt de scheiding uitgesproken. Ze zijn dan iets meer dan twee jaar getrouwd geweest. Het is geen vechtscheiding, ze vinden het allebei eigenlijk wel beter zo. Dat blijkt later ook wel: ze zullen hun hele leven lang goed contact onderhouden. En Martin zal er zijn voor Jeoffrey.

Martin verlaat de Paukenhof in Zaandijk en trekt eerst een tijdje in bij zijn moeder en Henk Hoogland. Via zijn moeder kan hij een appartement op de kop tikken in de Bestevaerstraat nummer 196, twee hoog in Amsterdam Oud-West. Hanny en Henk Hoogland helpen hem een beetje met de inrichting.

Jeoffrey

'Mijn oma zegt dat ze mijn vader helemaal terugziet in mij. Dezelfde stem, hetzelfde loopje, dezelfde houding, dat stotteren heb ik zelfs ook een beetje. Ja, ik vind 't wel leuk om dat te horen. Mijn vader was mijn alles, mijn vriend, mijn gabber. Ik vind het mooi als mensen zeggen dat ik op hem lijk.'

De eerste herinnering die Jeoffrey Martin Hoogland aan zijn vader heeft is dat Martin hem komt ophalen. 'Ik denk dat ik 3 of 4 jaar was. Ik woonde nog met mijn moeder op de Paukenhof. Hij heeft me daar ook weleens opgehaald, samen met Tonny Hijzelendoorn.' Jeoffrey zegt dat zijn vader gek met hem was: 'Hij wilde me altijd graag zien.'

Jeoffrey was 1 jaar toen zijn ouders in 1981 scheidden. 'Het ging niet meer. Mijn vader werd gek van mijn moeder en mijn moeder werd gek van mijn vader. Hij kwam soms vroeg in de ochtend thuis en het enige wat hij dan wilde was gaan slapen. Voor mijn moeder begon de dag dan net. Die wilde muziek aan en dansen op Modern Talking. Dat kon gewoon niet goed gaan.'

Jeoffrey is niet overdreven lang, maar wel breed: 'Ik fitness de laatste tijd weer veel. Is belangrijk.' Hij praat met een onvervalst Amsterdams accent en heeft een lage stem die makkelijk overal doorheen klieft. Zijn oogopslag is relaxed, maar hij kan je ook ineens heel indringend aankijken. Hij heeft sprekende ogen. Soms heeft hij iets onrustigs over zich: tijdens de gesprekken draait hij af en toe op zijn stoel, wrijft door zijn haar en roert net iets te lang en driftig in zijn gemberthee. Als de thee op is, vist hij met zijn lepel stukken gember uit z'n mok om ze vervolgens in zijn mond te stoppen. Het kan gebeuren dat hij zomaar ineens over het uitzicht zegt: 'Mooi is het hier eigenlijk, hè?' Dan hebben we er al een paar uur gezeten.

De moord op zijn vader heeft zijn verdere leven bepaald. 'Ik heb dat nu eindelijk sinds een paar jaar een beetje een plaats gegeven. Daar heb ik het erg moeilijk mee gehad. Ik was net 12 toen mijn vader in de gevangenis belandde. Dertien jaar lang heb ik moeten wachten op het moment dat hij weer uit de bajes zou komen. En toen het bijna zover was dat ze hem vrijlieten, werd hij doodgeschoten. Ik was 24. Mijn vader had nog tegen me gezegd dat we naar Spanje zouden gaan als hij uit de bajes zou komen...'

Hij is trots omdat Martin Hoogland zijn vader is. De man die toch maar in zijn eentje, als enige Nederlander ooit, in de zo gesloten wereld van de Joegoslavische maffia doordrong, echt tot de grote bazen. Maar als je door die trots heen kijkt, is er ook iets van spijt te zien. Zijn vader is er niet meer omdat hij in de onderwereld vertoefde. Jeoffrey kan hem nooit meer spreken omdat Martin slachtoffer is geworden van de keuzes die hij heeft gemaakt in zijn leven.

Ze zeggen weleens dat er in de onderwereld twee eindes mogelijk zijn: in de bajes of in een kist. Het is daarom extra wrang dat Martin eigenlijk twee keer slachtoffer is geworden. Eerst werd zijn vrijheid afgenomen in de bajes en toen hij bijna vrij was, werd hij doodgeschoten.

Zoiets laat natuurlijk zijn sporen na bij de nabestaanden en dus ook bij zijn zoon Jeoffrey. Die maakte ook verkeerde keuzes in zijn leven, omdat hij dacht dat er geen andere optie was dan de criminaliteit ingaan, omdat dat nu eenmaal bij hem hoorde. Uiteindelijk leverde alle gekkigheid hem vier keer een celstraf op. Veroordelingen voor wapenbezit, drugshandel en diefstal met geweld. Jeoffrey heeft hard geleefd en alles zo'n beetje meegemaakt, maar zegt dat hij er nu klaar mee is. 'Ik heb bij elkaar ongeveer vijf jaar vastgezeten en wil nu een normaal leven gaan leiden.'

Halverwege dit boekproject leerde ik hem kennen. Hij hoorde van iemand dat er een boek over zijn vader zou komen. Hij wilde me spreken om te zien wie ik was en om te horen wat ik allemaal over zijn pa te weten was gekomen. Onze eerste ontmoeting was in de lobby van een hotel in Amsterdam. In eerste instantie was het een beetje aftasten, maar toen hij hoorde wie ik allemaal had gesproken en hoelang ik al bezig was, brak snel het ijs. Ik vertelde over de tientallen agenten, over de vrienden van vroeger, over de journalisten die hem hebben beschreven, over de criminelen, over de Amsterdamse horecamensen die ik had gesproken. Ik vertelde hem toen dat ik al zo'n anderhalf tot twee jaar bezig was met het boek. Jeoffrey werd er stil van. 'Ik vind het heel eervol dat jij er nu al zo veel tijd in hebt gestoken.'

Ik vertelde dat Peter R. de Vries tijdens het interview dat ik met hem voor dit boek had, zei dat hij niet begreep waarom er niet veel eerder een boek over Martin is gekomen. 'Dat heb ik zelf dus ook nooit begrepen,' zegt Jeoffrey. 'Je hebt alles: een agent die de verkeerde kant op gaat, drama en het mysterie van de moord op een van de grootste maffiabazen ooit in Nederland.'

Het is de eerste keer dat Jeoffrey met een journalist over zijn vader spreekt. In de weken daarna ontmoeten we elkaar regelmatig om antwoorden op openstaande vragen te vinden. Dat is soms lastiger dan het lijkt, omdat je te maken hebt met elkaar tegensprekende verhalen. Zoals over de scheiding van zijn ouders. Zijn moeder Ingrid heeft altijd gezegd dat ze gek werd van al die idioten over de vloer. Uit de woorden van Ingrid kun je ook opmaken dat ze zich een beetje gevangen voelde. Op de Paukenhof, maar ook in de regio Amsterdam-Zaandam. Martin wilde volgens haar nooit ergens anders naartoe. Hij bleef maar in Amsterdam rondhangen. Ingrid wilde graag ook eens op vakantie, naar Spanje of Ibiza, maar dat zat er niet in. Ex-collega's van Hoogland beamen dit: in hun ogen was hij binnenstadverslaafd.

De andere kant van het scheidingsverhaal is dat Martin gek werd van Ingrid. Hij kwam pas laat thuis en wilde dan rust en slapen, maar Ingrid liep de hele dag met een doekje alles te poetsen. 'Mijn vader vertelde me weleens dat ze dan continu het warme water liet lopen. Ik weet het ook niet, het is een tic, een dwangneurose, denk ik. Ik heb dat ook een beetje: het moet altijd netjes zijn om me heen.' Ook vond Martin dat Ingrid veel schreeuwde. 'Mijn vader vond het ook heel erg voor mij dat ik er middenin zat. "Wat schreeuwt je moeder toch veel, hè?" zei hij dan.

Mijn vader was er op een gegeven moment, begin jaren tachtig, wel klaar mee. Zo'n man was het gewoon. Hij had principes en als het hem niet meer naar de zin ging, dan was hij weg. Voor mijn moeder is mijn vader altijd de grote liefde van haar leven geweest. Ze hebben elkaar ook nooit uit het oog verloren en belden altijd. Ja, dat kwam natuurlijk ook omdat ik ertussen zat, maar gedurende de tijd dat mijn pa in de cel zat is mijn moeder hem wel altijd komen opzoeken.'

Jeoffrey ging voor openstaande vragen ook te rade bij zijn familie, zoals bij zijn opa van moeders kant Pino, die voor Jeoffrey een vaste waarde was, een soort vaderfiguur. Na de scheiding van zijn ouders werd Jeoffrey vaak door zijn moeder in het weekend bij Pino en zijn vrouw Marianne gebracht. Opa Pino is tijdens de totstandkoming van dit boek in 2020 overleden. Van oma Hanny, de moeder van Martin, probeerde Ingrid hem een beetje weg te houden. Toen Jeoffrey over het boek vertelde, reageerde Martins moeder Hanny gematigd enthousiast. Ze hoopte vooral dat het een positief boek zou worden.

Toen Jeoffrey mij dat vertelde, zei ik dat ik dat niet kon beloven, maar wel dat het een éérlijk boek zou worden. 'Ja,' zei Jeoffrey, 'eerlijk ja, dat is belangrijk. Het moet een eerlijk boek worden. Dat had mijn vader ook gewild. Mijn vader was namelijk geen leugenaar.'

Floriade

Terwijl de stad begin jaren tachtig piept en kraakt onder de rellen met krakers en ME, vult Martin de uren dat hij aanwezig moet zijn op de Waddenweg. Hij is er en dat is het. En niet eens op het bureau: hij rijdt wat rond, loopt eens door de straat, kijkt wat naar de mensen en maakt een praatje met deze of gene. Dat is nog de meest positieve versie van een werkdag van Martin Hoogland.

Sommige collega's vertrouwen hem voor geen meter en verdenken hem ervan onder diensttijd allerlei louche zaakjes te verrichten: dealtjes aangaan, toeristen overvallen. Er doet zelfs een verhaal de ronde dat hij op de Wallen een meisje voor zich heeft werken. De politieleiding heeft in 1982 eigenlijk geen idee meer wat ze met Martin aan moeten.

In de zomer van 1982 is de wereldtuinbouwtentoonstelling Floriade in Amsterdam. Van 8 april tot en met 10 oktober is het evenement te bezoeken in stadsdeel Zuidoost, tegen de Gaasperplas aan. Er is een politiepost neergezet, bemand door agenten uit alle Amsterdamse wijken. Ook Martin Hoogland wordt van de Waddenweg naar de Floriade gezonden. 'Gedurende twee maanden moest hij daar de diensten meedraaien. Dan waren ze hem in Noord heel even kwijt, dat was het verhaal. Ik weet dat nog zo goed omdat ik tegelijk met hem daar begon,' zegt Hans de Vriend, een oud-collega van Martin.

Hans werkt sinds 1979 bij de politie en draait momenteel zijn diensten in Almere. Hij is een grote, vriendelijk ogende man die af en toe met zijn ogen knippert als hij zoekt naar woorden die precies omschrijven wat hij wil zeggen. In een onmiskenbaar Amsterdams accent vertelt hij over wat voor agent Hoogland precies was: 'Toen ik hem ontmoette liep Martin wel in een uniform rond, maar met politiewerk hield hij zich helemaal niet bezig. Het interesseerde hem gewoon niet. Het leek net of hij dit werk deed om iets omhanden te hebben, maar ik heb hem nog nooit op een politieactie, zoals het uitschrijven van een bekeuring, kunnen betrappen. Je wist nooit precies wat je aan hem had. Martin kon vrij kil en berekenend zijn. Ik had het gevoel dat je met hem het ene moment kon lachen en het andere moment kon hij je zo afknallen. Beetje gewetenloos, ja.'

Maar er wordt wel veel gelachen. 'Hij gaf bijvoorbeeld iedereen om hem heen een naampje. Martin was heel gevat en ad rem. Ik werd van tevoren gewaarschuwd voor hem door mijn collega's. Ze zeiden dat ik hem in de gaten moest houden. Er gingen toen al veel verhalen rond over zijn reputatie.'

Eén verhaal had te maken met een collega, ook toevallig uit Zaandam. 'Die zou wel even gaan kijken of hij Martin voor iets op heterdaad zou kunnen betrappen. Wat ik ervan heb gehoord is dat hij een beetje is gaan informeren op het Thorbeckeplein en het Rembrandtplein, in kroegen en goktenten en zo. Hij kwam met weinig noemenswaardigs terug, maar niet lang daarna had iemand zijn auto voor z'n deur in de fik gestoken. Niemand kon bewijzen dat het van Martin kwam, maar iedereen dacht het natuurlijk wel. Die collega is toen niet lang daarna weggegaan bij de politie. Hij kon de stress niet goed aan geloof ik.'

Hans is door dit soort verhalen op zijn hoede, maar wil Martin toch zo neutraal mogelijk tegemoet treden. 'Ik moest toch met 'm werken? Dan moet je iemand een kans geven, vind ik.' Die benadering werpt zijn vruchten af. Het lijkt of Martin Hans in vertrouwen neemt. 'Martin was heel scherp. Hij had meteen door dat er mensen waren die iets tegen hem hadden. We hadden daar op die Floriade bijvoorbeeld een brigadier zitten en die had vanaf dag één een hekel aan Martin. Dat voelde je aan alles. Die brigadier kende natuurlijk ook de verhalen en had het echt op Hoogland voorzien. Als hij Martin een oor kon aannaaien dan zou die het doen.'

Hans denkt dat de instelling van die brigadier Martin eigenlijk helemaal niks deed. 'Hij liep alleen maar te geinen en noemde die brigadier de hele tijd quasi-gekscherend "ouwe scharrelnicht", omdat Martin hem een beetje verwijfde trekjes vond hebben. Zo van: "Hé, ouwe scharrelnicht, wil je nog een bakkie koffie?" Of: "Hé, ouwe scharrelnicht, moet je nou weer naar de tandarts?" Wij moesten daar natuurlijk om lachen. Die brigadier wist zich totaal geen raad met Martin.'

Maar op een gegeven moment gaat de brigadier bij zijn meerdere klagen over Hoogland. Hij is een foute agent die zijn werk niet naar behoren doet en steekt de draak met zijn direct leidinggevende, zo luidt de klacht. 'Ja, die brigadier had gezegd dat Martin opmerkingen maakte naar hem van "ouwe scharrelnicht" en zo,' aldus Hans, die er nog steeds een beetje om moet lachen. 'Maar wat was nou het geval? Die brigadier had er dus een handje van om net voor zijn dienst begon, iets voor negen, in te klokken en tien minuten later te zeggen dat hij naar de tandarts moest. Daarna zag je hem de hele dag niet meer. Dat was al een paar keer voorgekomen tijdens de diensten op de Floriade. Die man had eigenlijk helemaal geen zin. Dus toen Martin geconfronteerd werd met die klacht van die brigadier, ging hij er tegenover die chef meteen overheen, zo van: "O, ja? Ergert hij zich eraan dat ik 'm ouwe scharrelnicht noem? Daar kijk ik van op. Ik dacht dat het zo'n joviale gast was en dat hij wel tegen een geintje kon. Maar ik ken hem ook niet zo goed eigenlijk. Hij komt elke ochtend even binnen om alleen maar te zeggen dat hij naar de tandarts moet. De rest van de dag zien we 'm niet meer..." Martin kon dat op een heel grappige en losse manier vertellen, maar zó dat alles wat die man eerder had verteld een beetje in een ander licht kwam te staan.'

Vanaf dat moment heeft die brigadier helemaal niets meer te zeggen over Martin Hoogland. 'Ja, die chef dacht ook: zoek het lekker samen uit. Dus de volgende dag kwam Martin binnen en zei: "Hé, ouwe scharrelnicht, ik moet even naar de autodealer Hessing in De Bilt want mijn vriendin heeft de auto in elkaar gereden. Ik kom later terug." En dan naar mij van: "Ga je even met me mee Hans? Want ik moet iemand hebben om ernaartoe te rijden." Ik vond dat natuurlijk prima. Maar de dag erna zei Martin precies hetzelfde: "Hé, ouwe scharrelnicht, je gelooft het niet maar mijn vriendin heeft m'n auto weer in mekaar gereden, echt. Ik moet naar Hessing. Hans, ga je mee?" En de volgende dag weer en zo ging het maar door. Elke dag precies hetzelfde smoesje over zijn vriendin die de auto in de prak had gereden. Gewoon even om onder diensttijd op en neer naar die autodealer in De Bilt te rijden om daar Maserati's, Rolls-Royces, Lamborghini's en Bentleys te bekijken. Onderweg lulden we wat met elkaar over auto's of voetbal; Ajax was-ie gek van. Als we aankwamen in de politiewagen vielen we natuurlijk compleet uit de toon. Mensen die daar werkten kwamen op ons af en wilden weten of ze ons konden helpen, maar Martin zei dan alleen maar: "Nee, denk het niet." Verder niks. Hij vroeg helemaal niks en ik liep er dan een beetje bij. Ja, ik vond dat ook wel weer mooi. Dat het je totaal niks doet hoe anderen naar je kijken. Na een uurtje rondgelopen te hebben, zei hij het personeel altijd netjes gedag en dan reden we weer terug. Hij liep elke dag alleen maar langs al die auto's. Verder niks.'

Als Hans later die week een keer op zijn eigen bureau aan de Lijnbaansgracht komt, krijgt hij van een collega te horen: 'Hé, was je bij Hessing van de week?' Vanaf dat moment begint er bij Hans iets te dagen. Hij weet nu dat Martin een observatieteam achter zich aan heeft. Andere agenten zeggen daarover dat dit absoluut geen Amsterdamse agenten kunnen zijn geweest. 'Martin Hoogland kende best wat gezichten uit het korps, hij zou meteen doorhebben dat hij gevolgd werd.' Waarschijnlijk zijn er speciaal agenten uit bijvoorbeeld Rotterdam of Den Haag naar Amsterdam gekomen om Martin in de gaten te houden. Hans de Vriend bespreekt de opmerking van zijn collega later ook met Martin. 'Hij haalde zijn schouders op en zei dat hij allang wist dat de "volgerij", want zo noemden we dat in die tijd, achter hem aan zat. We hadden daarna een keer een dienst samen op de Floriade. Ik had wat bonnen uitgeschreven terwijl Martin daar bij stond. Hij deed daar helemaal niet aan mee, maar liet me wel mijn gang gaan. Afijn, aan het einde van die dienst lopen we naar de parkeerplaats waar onze auto's staan en zegt-ie: "Kijk, Hans, daar heb je mijn vrienden weer." Ik wist eerst niet wat hij bedoelde, maar toen wees hij naar een Opel Commodore met getinte ramen. "Zie je die auto? Dat is de volgerij. Die staan altijd op me te wachten. Maar ze zijn niet zo heel slim hoor. Als ik ze kwijt wil, ga ik ergens tanken voor vijf gulden. Dan kijk ik even rond en neem ik alle auto's goed in me op. Daarna rij ik door naar het volgende pompstation en als ik dan weer dezelfde auto achter me zie weet ik genoeg. Dan zwaai ik altijd even naar ze, ha, ha."

Hij vertelde ook dat hij een keer na het werken naar huis ging en de volgerij in zijn straat, voor zijn deur, in een auto zag zitten. Toen was hij naar binnen gegaan en via het balkon aan de achterkant naar buiten geklommen. Was hij de hele avond en nacht stappen en kwam hij pas om een uur of vier, vijf in de ochtend straallazarus thuis. Stonden die gasten er nog steeds! Tikte hij tegen het raam. Die agenten schrokken zich kapot natuurlijk, want die dachten dat hij nog thuis zat. Zei Martin: "Hé, jongens, ik ben weer thuis, het was hartstikke gezellig, maar ik ga nu pitten. Jullie kunnen wat mij betreft wel gaan hoor!" Ja, Martin kon daar heel smakelijk over vertellen.'

Hans denkt dat Martin eigenlijk gewoon schijt aan alles had. Hij herinnert zich bijvoorbeeld dat er bij het nieuwe politie-uniform, dat begin jaren tachtig geïntroduceerd werd, ook een nieuw jasje zat. 'Je had nu van die metalen strepen op dat jasje die aangaven wat je rang was. Maar Martin vond het oude jasje veel beter staan en bleef dat gewoon dragen. En dan niet eens met het bijgeleverde lichtblauwe overhemd eronder; hij had er een witte pullover onder aan. Dat kon absoluut niet, maar dat maakte Martin helemaal niets uit. Hij vond het oude jasje gewoon mooier.'

Het begin van het einde

Begin jaren tachtig. De Rolexen om de pols van Hijzelendoorn worden dikker en dikker, en de rijen voor de wc's in uitgaansgelegenheden langer en langer. Om het tempo van de stad vol te kunnen houden, zitten steeds meer mensen aan de coke, wat je in het toilet even snel tot je kunt nemen. Opgeladen door die coke gaan ze door tot het gaatje. Het is de vierentwintiguurshoreca in optima forma: je kunt de hele dag op elk gewenst moment je helemaal gek zuipen, en gokken en vreten en snuiven. Martin is steeds meer in de stad en in de nachttenten te vinden.

De criminele kring rond Martin wordt in de gaten gehouden. Niet alleen Hijzelendoorn, ook Dirk de Goede, omdat hij verdacht wordt van de speedbootovervallen in de omgeving van het Centraal Station in Amsterdam. Er is al een insluip door de politie gedaan in het appartement van Dirk aan de Prins Hendrikkade. Het viel de dienders op dat er een verrekijker voor het raam stond met veel blikjes bier en een asbak vol sigarenpeuken. De verrekijker stond gericht op het Centraal Station.

In een rechtszaak houdt het allemaal niet over als bewijs, maar in de ogen van de politie kon Dirk urenlang op zijn gemak het reilen en zeilen rondom het postsorteercentrum bij het Centraal Station in de gaten houden. Daarom besluit de politie om De Sigaar zelf maar eens te observeren. Dagen- en nachtenlang worden De Goede en zijn entourage geschaduwd door agenten in burger. Zijn leven wordt volledig in kaart gebracht en zijn gangen nagegaan. Ze luisteren ook zijn telefoongesprekken af. En zo krijgen die agenten ineens Martin op de lijn: 'Hé, Dirk, met mij. Alles is geregeld. Ik kom je zo halen. Zorg je dat je klaar bent?' Een paar minuten later zien ze de Chevrolet Camaro van Dirk de Goede aankomen. Achter het stuur zit Martin Hoogland.

Een agent: 'Dirk de Goede was bang om de straat op te gaan om opgepakt te worden en dan is het heel gek als je je collega Martin Hoogland over de telefoon met Dirk hoort praten alsof er niets aan de hand is. Daarna wordt het nóg bizarder als je hem aan ziet komen rijden voor Dirk zijn huis, Dirk in ziet stappen en ze samen ziet wegrijden.'

Later onderzoek wijst uit dat Hoogland onder zijn eigen naam een huisje heeft gehuurd op bungalowpark De Eemhof in Zeewolde, destijds van Center Parcs. Dit om zijn vriend Dirk de Goede even tot rust te laten komen. Een observerende agent uit die tijd: 'Martin was er als politieagent natuurlijk helemaal van op de hoogte dat Dirk in de gaten werd gehouden. Vandaar dat hij ook heel rustig en voorzichtig reed met De Sigaar naast zich. Zo was er voor ons geen enkele aanleiding om ze aan te houden en kwam Dirk netjes op zijn bestemming aan.'

Als Dirk is afgezet op De Eemhof en in zijn bungalow de open haard aansteekt, rijdt Martin terug. Het eerste wat hij doet is het gas volledig intrappen. Met gierende banden schiet de Chevrolet Camaro uit de startblokken. Martin remt nergens meer voor en scheurt met een snelheid van zo'n 180 kilometer per uur over de snelweg richting huis.

Op 24 september 1982 wordt Martin Hoogland buiten dienst gezet. Hij krijgt nog wel loon uitbetaald, maar de organisatie maakt het niet over op zijn bankrekening. De politie wil dat Martin Hoogland zijn geld elke maand persoonlijk komt ophalen bij de administratieve dienst van de politie naast het Amstelstation. Elke maand moet Martin daar zijn gezicht laten zien. Zo kunnen ze hem toch nog een beetje in de gaten houden.

Aan de coke

Iemand moet de eerste zijn en het heeft er alle schijn van dat Tonny Hijzelendoorn de allereerste criminele Amsterdammer is die naar het zuiden, naar de Spaanse zon reist. Dat vang ik in ieder geval meerdere keren op tijdens gesprekken met criminelen, maar ook met vrienden van Tonny. Zijn oude schoolvriend uit de Indische Buurt zegt het ook: 'Hij was de eerste penozefiguur met dure klokken om zijn pols en was ook de eerste die naar Spanje ging, naar Benidorm, Altea, dat gebied. Dat is rond 1982 geweest. Hijzelendoorn liep altijd al een beetje voor op de rest. Ik reed als tiener nog op mijn fiets naar mijn werk toen hij al in een dikke auto door Oost reed.'

Niet alleen het warme zuiden doet Hijzelendoorn aan, hij is ook een van de eersten uit het Amsterdamse milieu die de lange latten onderbindt. Ook Martin Hoogland en zoon Jeoffrey gaan op een van die vakanties mee naar de bergen.

Tonny leidt in zijn eentje de weg voor een invasie van Hollandse gangsters met te veel geld die in de jaren negentig bezit nemen van Spaanse havenplaatsen als Marbella en Benidorm, de toeristische trekpleister die op dat moment uit zijn voegen aan het barsten is. Dirk de Goede, de Heineken-ontvoerder Cor van Hout, zijn vriend Rob Grifhorst, maar ook gangsters als Stanley Hillis en Jan Femer reizen in navolging van Hijzelendoorn naar het zuiden om daar hun zwarte geld te spenderen en te investeren in vastgoed aan de kust.

Het kan zomaar gebeuren dat Tonny het op een donderdagavond in een Amsterdamse kroeg als Stadioncorner of Sheherazade op zijn heupen krijgt, in zijn Mercedes of Rolls stapt en in één keer naar zijn huis aan de Spaanse Costa rijdt om te genieten van wat zon en het goede leven. Maar Tonny weet ook dat er handel te drijven is op het Iberisch schiereiland, dus hij verenigt graag het nuttige met het aangename. Trailers met geprepareerde auto's waarin de holle ruimtes zijn volgestopt met nr. 4 rijden nog steeds 'vol' naar het zuiden. Het levert behalve vuilniszakken vol peseta's, ook veel aandacht van de Spaanse politie op. Ze beginnen Tonny in de gaten te houden.

Volgens een criminele bron die nog steeds in Spanje zit, leidt dit soms tot hilarische situaties: 'Tonny kwam een keer aanrijden in zijn BMW bij de plek vlak bij Benidorm waar hij een stash had. Op het moment dat hij wil parkeren, vallen er zo twee Spaanse smerissen uit een boom. Die wilden hem in de gaten houden, maar dat ging even helemaal fout. Tonny deed net of hij het niet zag en is toen maar doorgereden.'

De chauffeurs die de trailers met de volgestopte auto's besturen, weten soms niet eens wat ze vervoeren. Daar zit een gedachte achter: 'Als ze het niet weten, kunnen ze ook niet nerveus zijn,' zegt Tonny.

Toch gaat het ook weleens faliekant fout. Dan wordt de trailer bij de grens gestopt en beginnen ze vragen te stellen en te onderzoeken. Af en toe vindt de gendarmerie of de Spaanse politie de heroïne. Het leidt tot fikse gevangenisstraffen voor chauffeurs, maar dat is volgens Tonny niet zijn verantwoordelijkheid. Als er mensen van Tonny voor schut gaan in Spanje en een jarenlange gevangenisstraf voor de boeg hebben, onderneemt Tonny helemaal niets voor ze. Hij regelt geen advocaat en laat ook de achterblijvers, de familie van zo'n man, in ontreddering achter. Normaal gesproken wordt de familie wel onderhouden door de kopstukken van de organisatie waar diegene voor is gaan rijden, maar Tonny doet dat niet. 'Hij deed niet aan nazorg en liet zijn eigen mensen gewoon verrotten in de cel,' zoals een bron het zei. Volgens Rob van Eden moeten we de oorzaak van die harde mentaliteit vooral zoeken in de cocaïne.

Stervensduur is het, tweehonderd gulden (zo'n honderd euro) per gram, maar voor Tonny geen belemmering om eens te informeren bij zijn contacten. Hij is wel geïnteresseerd in de handel, maar zijn maatje Rob van Eden houdt de boot een beetje af. Hij twijfelt of hij iets te maken wil hebben met die coke. Rob ziet wat voor uitwerking het op Tonny heeft en is net vader geworden. Hij wil het eigenlijk rustiger aan gaan doen. Maar als Tonny aandringt gaat Rob toch overstag. Tonny gaat het verhandelen, maar zal het spul niet meer zelf gebruiken, is de afspraak. Dit compromis houdt niet lang stand: Rob merkt al snel dat Tonny met zijn neus in het witte poeder zit en begint zich van hem af te keren.

Tonny zit daarnaast zo vaak in Spanje dat hij geen controle meer heeft over de mannen die in Amsterdam voor hem werken. Die gaan vervolgens op eigen houtje zaken doen. De winsten die daaruit voortvloeien delen ze niet met Tonny. Maar Amsterdam is in die tijd net een dorp, dus dat komt al snel uit. Tonny begint zich daarom ook af te keren van zijn oude vriendengroep.

Tegelijkertijd ziet Martin Hoogland door de opkomst van coke in Amsterdam een mogelijkheid om flink veel geld te verdienen met Tonny. Is coke misschien zijn ticket om op hetzelfde level als Tonny te komen? De twee mannen trekken elkaar als magneten aan.

Aanvankelijk wordt cocaïne helemaal niet als iets gevaarlijks beschouwd. Het is vooral heroïne die de aandacht krijgt van de politie. Dat is de duivel en die moet bestreden worden. Zo kan cocaïne langzaamaan zijn plek veroveren. Al vanaf ongeveer midden jaren zeventig wordt het spul populair bij de jetset in Nederland. Van jarenzeventigicoon Mathilde Willink wordt gezegd dat ze haar jurken gebruikte om het spul te smokkelen. Eind jaren zeventig begint het op te duiken in het 'normale' nachtleven, maar het gebruik neemt pas echt een hoge vlucht als de jaren tachtig aanbreken. Via portiers van de kroegen duikt het steeds meer op in het nachtleven en worden ook steeds duidelijker de problemen rond cokegebruik zichtbaar. In 1984 waarschuwt de Amsterdamse narcoticachef voor het eerst voor het gevaar van het witte poeder.

De mensen die ik het vraag zeggen allemaal dat het Hijzelendoorn was die Hoogland met coke liet kennismaken. Ook Martins zoon Jeoffrey is daarvan overtuigd. Daar noemt hij een aantal redenen voor: 'In eerste instantie liep Tonny in veel opzichten voor op mijn vader. Hij had het gemaakt, verdiende veel geld en had altijd mooie vrouwen om zich heen. Tonny zat al helemaal in dat wereldje en had meerdere adresjes voor heroïne, zowel aan de kant van de leveranciers als aan de kant van de klanten. Van heroïne naar coke is niet zo'n grote stap. Mijn vader had natuurlijk ook wel de contacten, maar dat was voornamelijk op straat. Daardoor kwam hij met dat contact voor die nr. 4 bij Tonny aanzetten. Maar de straat was toen niet echt de plek waar je de eerste coke kon vinden.'

Dicky Baruch, de Amsterdamse eigenaar van Sheherazade, de kroeg waar Martin veel kwam, zegt: 'Die Hoogland was een aardige gast toen ik hem net leerde kennen, zo eind jaren zeventig. Hij kon goed babbelen, maar hij nam veel te veel van dat spul. Daar draaide hij echt van door. Hij begon daar al mee toen hij bij de politie werkte. Hij snoof wat weg hoor, die mafketel.'

Of Martin nu wel of niet onder diensttijd cocaïne gebruikt is moeilijk na te gaan. Sommige mensen beweren dat Martin als agent nooit coke gebruikte, maar er zijn ook verhalen dat zelfs op sommige bureaus het witte poeder in de rondte ging. Hoe dan ook, Martin hoeft niet eens coke onder diensttijd te gebruiken om de gevolgen van zijn inname van de vorige dag nog te voelen. Kenmerken als geïrriteerdheid, zweterigheid, paranoia en onverschilligheid kunnen nog dagen na het gebruik ervan optreden.

Ingrid zegt nog nooit drugs te hebben gebruikt. Ze heeft zelfs nog nooit gerookt. Het cokegebruik van Martin is voor haar niet een onderwerp waarover ze graag praat. Ze vertelt vooral met plezier en veel over de gezellige Martin die zo amicaal was en dat je altijd met hem kon lachen. Toch zegt ook zij dat ze hem weleens heeft meegemaakt als hij een snuif nam. 'Ja, en dat wil je niet.'

Non-stopweekend

Begin jaren tachtig: Martin vindt het heerlijk om zich onder te dompelen in de kroegen van de nacht en vormt een onafscheidelijk duo met Tonny Hijzelendoorn. Waar je Tonny ziet, zie je Martin en andersom. Er is wel één verschil: Martin is van de twee de man die wat heftiger en langer doorgaat. Tonny begint vaak vroeg, zo om een uur of twee in de middag, maar gaat dan om een uur of negen, tien in de avond naar huis. Martin is de man die doorgaat en niet meer stopt. Ze beginnen vaak wel samen, bijvoorbeeld op donderdagavond op het Rembrandtplein in Café Uniek of in Café De Monico van Gerrie Teters, oftewel Gerrie van de Pisbak. Die wordt zo genoemd omdat hij begonnen was met een kleine keet op het Rembrandtplein waar mensen tegen vergoeding in konden plassen. Toen de gemeente die keet weg wilde hebben omdat die het straatbeeld zou ontsieren, zei Gerrie: 'Is goed, doe maar een voorstel.' Met het geld dat Teters kreeg om zijn pisbakkenkeet weg te halen, begon hij Café De Monico.

Op donderdagavond, en trouwens ook op zondagmiddag, is het daar een komen en gaan van horecamensen: alle eigenaren en persoonsleden van de Amsterdamse horeca komen langs om even gezellig met elkaar een glas bier te drinken en te gokken. Seven-eleven met figuren als Toon Couwenberg van Club Savoy die aan het Rembrandtplein zit en 'Dikke' Charles Geerts, de man die zo'n beetje de helft van de peeskamertjes op de Wallen verhuurt. Schalen met ossenworst en kaas met mosterd gaan rond, iedereen lult, dobbelt en kaart met elkaar. Peuken in de asbak, sigaren in de mondhoeken. Martin en Tonny passen naadloos in die entourage.

's Zomers verbrast iedereen zijn geld bij de jachthaven van Holland Sport Boat Centre aan de Zuiderzeeweg 2. 'Tonny huurde de dikste boten, want niks kon op zijn naam staan natuurlijk,' zegt zijn vroegere schoolvriend. Iedereen mag zien hoeveel geld hij heeft. 'Ze hebben allemaal lopen graaien in die ruif en weten van gekkigheid niet wat ze moeten doen met hun geld. En ondertussen lag tegenover die jachthaven de politie in het riet te kijken met van die enorme verrekijkers...'

'Het favoriete drankje van Martin Hoogland was overdag melk of koffie verkeerd. Dat dronk hij om scherp te blijven. 's Avonds nam hij vaak een cognac met cola. Hij was niet echt een bierdrinker, nee. Daar hield hij eigenlijk niet van. Zijn favoriete cognac was natuurlijk Remy Martin, vanwege de naam. Hij noemde dat een Remy Cola.'

Aldus een stapmaat. Maar voor de duidelijkheid: Martin is niet zo'n drinker. Hij heeft er niet zoveel mee. Hij houdt er niet van om de controle te verliezen en walgt van mensen die kotsen op straat. Het doet hem denken aan zijn pa. Liever neemt Martin een paar lijntjes. Dat houdt hem scherp, of misschien beter: het geeft hem de illusie dat hij scherp is, en biedt hem de controle om alle nachthokken en bordelen af te lopen.

Sheherazade in de Wagenstraat, 't Kasteeltje in Zuid, de Koperen Papegaai aan het Van Der Helstplein, Molen De Victor op de Rozengracht, Nordmann in de Marnixstraat, De Krokodil in de Amstelstraat, Café Uniek, Falcon Crest, 't Biggetje in de Madelievenstraat, café Kalkhoven van Bruine Daan op de hoek Nassaukade en De Clercqstraat, Okura, Boccaccio in Laren, 't Kompas in de Amstelstraat, Van Dijk op het Stadionplein, Yab Yum, Casablanca op de Zeedijk, Stadioncorner op de Amstelveenseweg, De Nachtwacht op het Thorbeckeplein, Princess, Tapmarin in de Van Woustraat, De Blauwe Vaas in de Kinkerstraat, Femina op het Rembrandtplein, Step In in de Admiraal de Ruijterweg, Bios op het Leidseplein, Seksclub Muiderberg, Non Stop in Noord...

Hele nachten doorhalen met een paar lijntjes coke achter je kiezen is geen probleem. Het geeft je energie, een gelukzalig gevoel en het idee dat je 'on top of the world' zit. Er zitten weekenden bij die drie dagen duren.

Tweeënzeventig uur doorgaan. Als zombies zitten ze aan de bar. Zelf denken ze dat ze het allemaal nog heel goed in de hand hebben, dat niemand iets aan hen merkt, maar de buitenstaander ziet bleke, opgejaagde en verwarde mannen die elkaar overschreeuwen zonder oog voor hun omgeving. Achteraf kun je zeggen dat het halve leven van Martin Hoogland plaats heeft gevonden in de kroegen, bordelen en gokhuizen van Amsterdam. Hij wordt als het ware opgeslokt door Amsterdam. Hij leeft de stad. Toch beschermt diezelfde stad hem ook. Sommige Amsterdamse agenten jagen op hem. In Sheherazade waar Martin vaak komt, verschijnen op een bepaald moment twee agenten van bureau Lijnbaansgracht aan de bar. Ze bestellen een colaatje en vragen aan de eigenaar Dicky Baruch wat hij precies weet van Martin Hoogland. De Amsterdamse horecaman zegt alleen maar dat Martin een vriend van hem is en dat hij niet van plan is om iets over hem te zeggen. 'En als jullie niet snel opsodemieteren dan bel ik even met jullie baas om door te geven dat jullie zojuist geld hebben aangepakt van mij. Staan jullie er ook meteen lekker op!'

Een avond op pad met Martin Hoogland kan wel heel erg verschillen. Het is maar net waar Martin op dat moment zin in heeft. De ene bron zegt dat het enorm lachen is met die gekke Amsterdammer die altijd in is voor een geintje. De andere zegt dat zijn stapavond met Martin geen moer aan was, dat Martin alleen maar continu rijksdaalders in gokkasten flikkerde.

Een stapmaat: 'Je kon lachen met hem, zeker weten, want hij was af en toe zo gek als een deur, maar je kon ook zomaar een afspraak met hem hebben en dan keek hij niet naar je om. Zat-ie de hele tijd als een bezetene op die gokkast te tikken. Dan hield hij zijn ogen gericht op die kast terwijl hij met je sprak. Er zijn gerust hele avonden voorbijgegaan dat ik in die kroeg gezellig stond te feesten en kletsen en lachen met andere mensen, en Martin in zijn eentje in een hoek op die kast zat. Voor mij is dat in ieder geval niet echt mijn idee van een leuk avondje uit.'

Zijn cokegebruik zorgt ervoor dat hij zich distantieert van de drinkers en meer en meer opschuift richting de snuivers. Dat zijn de mannen die op een avond meer bij de toiletten hangen dan bij de dansvloer, en elkaar onder tafel stiekem pakjes coke doorgeven. De coke wordt in die tijd niet zoals nu in vetvrije wikkels aan de man gebracht. In de eerste helft van de jaren tachtig wordt er van een blok een brok coke afgehaald en meegenomen in een wikkeltje gemaakt van de mooie en donkergroene bankbiljetten van duizend gulden, een 'rooitje' of een 'rug' in de volksmond. Zo bewaren de handelaren de coke voor zichzelf. Als het even zakelijk wat minder gaat, doe je het niet in een rug maar in een 'meier', in een biljet van honderd gulden, maar het gaat om het vertoon, dus iedereen doet alles om Spinoza mee op stap te nemen.

Met Martin gaat het goed, en iedereen mag dat weten. Hij wordt nogal eens aangeklampt door mensen met de vraag of ze wat geld van hem kunnen lenen. Tuurlijk mogen ze dat. Vaak kan hij er zich de volgende dag niets meer van herinneren. 'Bruine Daan Kalkhoven van café Kalkhoven op de Nassaustraat had eens tien ruggen van mijn vader geleend, maar hij wist dat niet meer,' zegt Jeoffrey. 'Hij hoorde dat van iemand anders. Zelf was hij dat helemaal vergeten omdat hij helemaal van het padje af was toen hij dat geld gaf. Ik geloof dat hij ook helemaal niets heeft teruggekregen. Ja, een bedrag van 1500 gulden...'

De oude penozeman Ruud Hillegers komt Martin in die tijd ook regelmatig tegen bij café Kalkhoven. Hij vond Martin altijd een aardige jongen, tot het moment dat hij begon met snuiven, toen veranderde hij. Ruud geeft toe ook weleens coke gebruikt te hebben, maar niet veel: 'Ik heb nog nooit in mijn leven een gram op een avond weg kunnen snuiven, hooguit een halve gram. Maar je had ze erbij die tien gram in een weekend naar binnen harkten hoor. Ik deed het met een theelepeltje, anderen met een soeplepel.'

Ruud zegt dat hij Martin wel redelijk onder controle had, maar als hij doorhad dat Martin eraan was, meed hij hem. 'Dat was heel makkelijk want dan stond hij hele uren achter elkaar bij die gokkast. Als hij dat ding thuis had neergezet, had het hem een hoop geld gescheeld.'

Martin heeft het helemaal naar zijn zin. Hij verdient goed geld: hij deelt mee in de opbrengsten van de heroïne- en cocaïnehandel die hij samen met Tonny heeft opgezet, en heeft af en toe een meevallertje door de situatie waarin hij zit een beetje uit te buiten. Bijvoorbeeld als hij in de kroeg Molen De Victor zit en hoort dat de eigenaar, Jopie Mees uit Den Haag, een partij leren jacks, een paar kilo heroïne en een pistool kaliber 7.65 in bezit heeft. Een paar dagen daarna komt hij weer eens langs bij Mees, maar dan als agent. Martin doet hem een aanbod: 'Luister Jopie, je mag die bruin en die 7.65 houden van me, maar geef mij die leren jacks even mee.'

Een paar dagen daarna komt Martin gewoon, alsof er niets aan de hand was, Molen De Victor binnen met zijn nieuwe leren jack aan. De rest had hij verkocht.

Toch weer die Duitsers

Ferry Mesman is een oud-collega van Martin. Hij heeft nog met Martin in Noord gewerkt, op het Mosplein. Hij roemt zijn kennis en zijn humor. 'Martin had een olifantengeheugen en was enorm scherp. Een goeie agent eigenlijk.'

Ferry gaat net als Martin ook naar Bureau Warmoesstraat. Als hij daar op een warme lentenacht in 1982 zijn dienst draait, komen twee toeristen helemaal over de rooie binnen: 'Duitsers, een man en een vrouw. Ze vertelden dat ze een café waren binnengestapt en er niet weg mochten, en toen ze dat toch wilden, kregen ze ineens een vuurwapen tegen hun hoofd. Ze waren helemaal in shock. Dus de dienstdoende brigadier zegt: "Kom op mannen, we gaan ernaartoe." Het was in een café net voorbij de Schreierstoren, naast de Sint-Nicolaaskerk, aan de Prins Hendrikkade. Wij gaan er dus op af met een man of vijf en stormen die tent binnen en wie zit er aan de bar? Martin. Hij herkent mij natuurlijk van Noord en begint meteen: "Hé, Ferry, hoe is het man?"'

Dirk de Goede zit naast Martin aan de bar. Martin heeft zijn agentenjasje aan. Ze hebben allebei een dikke sigaar in hun mond en zijn overduidelijk compleet de weg kwijt. In de kroeg staan verder nog een man of drie, vier. 'Wij praten met al die gasten, niemand heeft iets gezien en er was natuurlijk niks aan de hand. Toen vroegen we of ze wilden gaan staan. En ja hoor: bingo. Martin zat op een vuurwapen. Moesten zowel Martin als Dirk de handjes op de rug doen, handboeien om en meekomen. In een rijtje van een paar man liepen we naar de Warmoesstraat. Martin begon toen nog van: "Hé, Ferry, je kent me toch...? Kom op nou man..." Hij probeerde wat te regelen. Een van mijn collega's zei de hele wandeling van die kroeg naar het bureau tegen Hoogland in zijn oor dat hij zich moest schamen. "Je bent een schande voor het korps!" Dat zei die gozer. Martin verblikte of verbloosde niet.'

Op het bureau wordt een rapport opgemaakt. Daarna is het BIO, het Bureau Interne Onderzoeken, ermee aan de slag gegaan. 'En dan zet je iets in gang. Dan kun je eigenlijk niet meer terug...' zegt Ferry.

Uit het onderzoek kwam naar voren dat de Duitsers ruzie hadden gekregen met een paar mensen op straat. Die ruzie werd gesust. De Duitsers wilden doorlopen, maar iemand haalde ze over om nog wat te drinken. Als ze dan na één drankje weg willen gaan, moeten ze blijven zitten: ze krijgen weer wat te drinken. Nog meer jonge jenever, bier, whisky, alles door elkaar... De Duitse toeristen zijn er klaar mee en maken voorzichtig aanstalten om weg te gaan, tot een van hen vanuit het niets een pistool tegen het hoofd krijgt. 'Sitzen bleiben, du!' wordt geroepen. Ze mogen niet weg, moeten 'gezellig' zitten aan de bar en zullen drinken wat ze voorgeschoteld krijgen.

Wie uiteindelijk het pistool trok is nooit bekend geworden, maar deze actie brengt Martin in grote problemen. Hij en Dirk de Goede worden aangehouden en als de politie de auto's van de mannen die verderop geparkeerd staan onderzoeken, vinden ze lange lijsten met kentekens. Nader onderzoek wijst uit dat het de kentekens zijn van alle auto's waarin het observatieteam rijdt.

De scène met de Duitsers heeft alles in zich: grootheidswaan, de wil om de omgeving iets op te leggen en onverschilligheid. Stel dat Martin bij zinnen was geweest en door zou hebben gekregen dat die Duitsers het café hadden verlaten, dan was hij er zeker vandoor gegaan. Hij weet immers als geen ander dat het politiebureau vlak bij de kroeg is. Nu blijft hij gewoon aan de bar zitten. Wachtend op wat komen gaat. Een totaal verkeerde inschatting.

Uit de gebeurtenis straalt ook iets van sadisme. Mensen vasthouden en intimideren, en ze dwingen iets tegen hun zin in te doen. Het zijn gedragingen die typisch zijn voor iemand die coke gesnoven heeft. De ooit zo aardige en vriendelijke jongen met pretoogjes die stotterend in half Nederlands en half Engels een mop probeert te vertellen aan Canadese toeristen op een terras in Las Palmas, verandert onder invloed van coke in een vervelende, sadistische man.

De situatie rond Martin Hoogland is vanwege dit voorval eigenlijk niet meer te houden. 'Ik denk dat die ene keer in die kroeg, met Dirk de Goede erbij, hem zijn kop heeft gekost. Toen was de korpsleiding klaar met hem.' Aldus Ferry Mesman. In september 1982 is hij buiten dienst gezet. Toen kreeg hij nog betaald, maar op 30 juni 1983 wordt hij voor onbepaalde tijd geschorst. Hij krijgt nu ook geen loon meer. De maandelijkse afspraken met de politieadministratie om zijn geld op te halen worden stopgezet. Hij is eigenlijk vrij man.

In de liefde is het ook wat tumultueus. Martin heeft in een bordeel een prostituee opgedoken met wie hij het aanlegt. Mildred heet ze en ze woont in een woning in de buurt van het Scheepvaartmuseum. Martin en Mildred hebben een korte en stormachtige relatie. Op een gegeven moment heeft Mildred het helemaal gehad met hem en ze zegt dat hij moet vertrekken, haar huis uit. Martin belt Tonny om het te vertellen. Misschien weet hij nog ergens woonruimte? De twee spreken een moment af om de paar spullen van Martin in Mildreds huis mee te nemen. Mildred wil daar niet bij zijn en zegt tegen Martin dat ze even weggaat zodat hij in alle rust zijn troep bij elkaar kan zoeken. 'Als ik terugkom ben je vertrokken,' zegt ze.

Mildred gaat de stad in en Tonny rijdt voor met zijn wagen. Hij loopt met Martin door het huis als zijn oog ineens op een felrode lippenstift valt. In no time staan alle muren, spiegels, ramen, deuren en kasten volgeschreven met het woord 'schijthoer'. Overal waar je kijkt. Martin en Tonny hebben de grootste lol. Lachend sluiten ze de deur achter zich en rijden de straat uit.

In de tweede helft van 1983 besluiten Martin Hoogland en Tonny Hijzelendoorn samen naar Spanje te gaan. Maar het is geen vakantie van een paar weken, althans daar lijkt het niet op, want Hoogland laat zich uitschrijven uit Amsterdam en laat 'vow' aantekenen, oftewel Vertrokken Onbekend Waarheen. Zijn werkgever is hem liever kwijt dan rijk, ze zitten met hem in hun maag. Maar ontslaan is ondanks al deze misstappen nog steeds niet makkelijk. Er wordt weer een onderzoek naar hem gestart.

3

Vooral op zoek naar spanning

Sjaak

'Martin reed met een kennis van hem over de vrije trambaan op de Overtoom en ik had dienst. Ik denk dat het zo rond zijn ontslag was. Er iets voor of er net na. Werden ze aangehouden en gepakt tijdens een controle waar ik bij stond. Alle twee hadden ze te veel gedronken. Ik herkende Martin meteen. Ja, wat wil je, hij was mijn jeugdvriend van de basisschool. Die gast die achter het stuur van die auto zat moest mee, want hij wilde niet blazen. Die werd zo op de achterbank gezet en hop, meegenomen. Martin bleef daar achter en keek wat om zich heen. Hij had volgens mij nog niet eens door dat ik het was. "Martin, man, hoe is het met je? Waar moet je naartoe?" zei ik. Hij keek nog eens goed en herkende me toen ineens: "Sjakie, kerel, wat doe jíj nou hier?" Ik vroeg hem hetzelfde en toen moesten we allebei lachen. Ineens hadden we beiden door hoe belachelijk de situatie was. Martin moest naar de Prins Hendrikkade. "Nou, jongen, dan breng ik je toch even," zei ik, "stap in."

De Prins Hendrikkade moet je zien als een soort smoesje voor de Wallen. Je kunt daar in principe nog alle kanten op. Maar hij ging naar die kroegen en die meiden natuurlijk. Zag ik mijn oude schoolvriend ineens, na zoveel jaar, in zo'n toestand. Door hem ben ik bij de politie gaan werken. Ik had toen al gehoord van collega's dat hij in de fout was gegaan en dat hij ontslag had genomen, dat zong rond. Ik werkte in een ander deel van de stad dan hij, op de Van Leijenberghlaan. Ineens stonden we tegenover elkaar op die trambaan. Hij was overduidelijk niet helemaal bij de les. Ja, dronken of misschien had hij iets anders op. Je hoorde van alles over hem. Maar goed, ik deed het achterportier voor hem open en hij stapte in. Terwijl ik naar de Prins Hendrikkade reed, keek ik af en toe even in de achteruitkijkspiegel naar Martin. Ik zag hoe mijn oude maatje was afgegleden en het enige wat ik kon doen was hem een lift geven naar de plek waar hij wilde zijn.'

Een roerige tijd en een falende politie

Als Jeoffrey een weekendje bij hem is, neemt Martin hem mee naar de kroegen. 'Mijn vader vond het gezellig in de kroeg. Het kwam vaak voor dat hij aan het gokken was. Backgammon, lotto, gokkasten... In de Stadioncorner had je van die Random Runners. Als ik met hem mee was, zette hij me op een kruk naast hem en gaf me een zak met rijksdaalders. Dan bleven we urenlang achter die kasten tikken op zoek naar winnende combinaties. Mijn vader had ook een truc: op die Random Runners speel je met twee schermen. Eén boven en één onder. Als je volle bak hebt met het spel bovenin, krijg je tweehonderd punten. Die punten zakken dan naar de onderste rol. Maar die onderste rol is minder krachtig om mee te spelen dan die bovenste. Mijn pa ontdekte dat als je de stekker eruit trok op het moment dat je tweehonderd punten had, die tweehonderd punten bovenin bleven staan. Dan kon je dus bovenin blijven spelen en speelde je om grotere beloningen dan met de rol beneden. Beneden sprokkelde je bij wijze van spreken tien punten bij elkaar, maar boven speelde je om honderd punten. Even in guldens: beneden is een rijksdaalder, oftewel 2 gulden 50, boven is 25 gulden.' Volgens Jeoffrey stond in 't Biggetje ook zo'n kast.

Als er gegeten moet worden, gaan vader en zoon vaak naar De Nachtwacht. Het favoriete gerecht is tournedos. 'Die vond hij daar heerlijk. Ze werden geserveerd op zo'n houten plankje.'

Ze kijken in het weekend ook vaak video's. Als de videorecorder in de jaren tachtig doorbreekt naar het grote publiek, heeft Martin Hoogland er natuurlijk ook één. In de buurt van zijn woning zit een videotheek met een ruim assortiment. Op vrijdag slaan de mannen groot in: een stuk of vijf films nemen ze mee. Jeoffrey: 'Vaak Disney-video's. Die keken we dan allemaal in het weekend. Maar het is ook een keer voorgekomen dat mijn vader me voor de tv zette en zei dat hij nog even weg moest. "Kijk jij maar vast een stukje van *Robin Hood*. Ik ken deze al en dan haak ik zo aan, oké? Ben ik met een paar minuten terug." Maar toen die film afgelopen was en mijn vader nog steeds niet thuiskwam, begon ik toch wat ongerust te worden. Uiteindelijk kwam hij om 5 of 6 uur 's ochtends thuis. Was hij helemaal vergeten dat ik op hem zat te wachten. Ik was ontroostbaar natuurlijk.'

De verhoudingen in de Amsterdamse onderwereld staan ondertussen op scherp. Allereerst is er op 23 augustus 1983 een schietpartij in het centrum van Amsterdam, in de Wakkerstraat, tussen de op dat moment rijzende ster in de onderwereld Klaas Bruinsma en wat bekende namen uit het Amsterdamse milieu.

Een van hen is Piet Pieterse, een ex van Thea Moear, de compagnon van Bruinsma. Pieterse meent nog geld tegoed te hebben van Bruinsma en laat hem onder valse voorwendselen naar hem toe komen. Bruinsma heeft niets door en zegt tegen zijn bodyguard Geurt Roos dat hij wel alleen naar die meeting kan gaan. Wat Bruinsma dan nog niet weet is dat Piet Pieterse drie grote kerels op zijn bovenverdieping in de Wakkerstraat heeft klaarstaan. Als het gesprek tussen Bruinsma en Pieterse op geld aankomt, wordt de sfeer snel grimmiger. Op zeker moment loopt het zó uit de hand dat Bruinsma naar zijn vuurwapen grijpt. Daarop dreigt Pieterse met de drie mannen die boven zitten. Die stormen vervolgens de trap af en in het tumult dat ontstaat schiet Bruinsma de eerste man dood. Achter hem aan komt worstelkampioen Chris Dolman naar beneden, de ordebewaker bij Casa Rosso. Bruinsma schiet ook op hem, maar de kogel mist doel. Dolman weet Bruinsma te overmeesteren en in een houdgreep te houden tot de politie arriveert. Bruinsma moet drie jaar de gevangenis in voor deze schietpartij.

Nog geen drie maanden later worden in Amsterdam biermagnaat Freddy Heineken en zijn chauffeur Ab Doderer ontvoerd. Vanaf 9 november tot 30 november worden de twee vastgeketend gehouden in twee kale cellen in een romneyloods op De Heining, een industrieterrein in het Westelijk Havengebied. De Heineken-ontvoering is de niet mis te verstane aankondiging van een nieuwe generatie criminelen: Willem Holleeder en Cor van Hout zijn nog twintigers, Frans Meijer en Jan Boellaard zijn net dertigers en komen met een knal de georganiseerde misdaad binnen. De vier mannen waren tot dan toe eigenlijk nauwelijks in het vizier van de politie en konden in stilte werken aan de ontvoering. Na de ontvoering ontvouwt zich een kat-en-muisspel tussen de ontvoerders en de politie. Uiteindelijk bevrijdt de politie

Heineken en Doderer uit hun benarde positie en worden in de loop van de tijd alle ontvoerders gearresteerd en vervolgd.

Zestien dagen na de ontknoping van de Heineken-ontvoering dient zich alweer een nieuwe ramp aan. Deze treft Amsterdam in het hart. Midden op de Wallen woedt op 16 december 1983 een ongekende brand in Casa Rosso. Dertien mensen vinden de dood in dit kruip-door-sluip-door-etablissement. Een groep van elf mensen ziet niets meer door de verstikkende rook en vlucht op zoek naar de uitgang een kamer binnen. Ze zitten als ratten in de val, proberen de muren op te klimmen. De verticale strepen die de nagels van de mensen in doodsnood achterlaten, staan getekend op de zwartgeblakerde muren. De brand blijkt aangestoken door Joseph Lan, een oud-medewerker van Joop de Vries. Hij wordt in Haarlem gearresteerd.

Van eind augustus tot half december, in nog geen vijf maanden tijd, laat de onderwereld van Amsterdam op drie beslissende momenten van zich horen. In de eerste plaats door de schietpartij in de Wakkerstraat waar een dode valt, daarna door een ongelooflijk kat-en-muisspel tussen ontvoerders en politie tijdens de Heineken-ontvoering. Niemand heeft deze zaken natuurlijk zien aankomen, maar voor de politie is dit het sein om anders te werk te gaan. Ze wil meer zicht en greep op de onderwereld krijgen: wat speelt er, wie is met wat bezig? Daarvoor moet er actiever gerechercheerd worden. De politie moet haar voelsprieten veel dieper in de criminaliteit steken om te weten te komen wat er leeft. Het CID, de Criminele Inlichtingendienst, is hiervoor verantwoordelijk. Een van de hoger geplaatste personen daarbinnen is de al eerder genoemde Jan van Looijen, de man met een groot talent voor het opmaken van een proces-verbaal.

De politie ondergaat vanaf midden jaren tachtig een professionaliseringsslag met de uitbreiding van de CID, het vastleggen van de taken en werkzaamheden in de CID-regeling, maar bijvoorbeeld ook met een betere bescherming van de agent in het veld. Daarvoor wordt het kantoor Van Asperen, De Roos en Pen ingeschakeld. Dit advocatenkantoor werkt vanaf 1985 nauw samen met de APV, de Amsterdamse Politie Vakorganisatie.

Een advocaat van dat bureau zegt: 'Wij traden op als de politie in de shit zat, als een politieagent een advocaat nodig had. Wij werden de vaste advocaat van het korps. Als er bijvoorbeeld elf agenten betrokken waren bij een schietpartij, zorgden wij dat elke agent zijn eigen advocaat kreeg. Apparaatzorg. Wij moesten die agenten laten weten dat ze er niet alleen voor stonden.

"Maak je geen zorgen", zoiets. Met een advocaat erbij voel je je zekerder, veiliger. Heel vaak hebben verdachten, maar dus ook verdachte politiemensen, het gevoel dat ze bepaalde dingen niet mogen zeggen als er iets ergs gebeurd is. In driekwart van de gevallen is dat onzin. Als je vertelt wat er is gebeurd, dan helpt dat je juist. Mits je geen ruimte voor interpretatie overlaat en dus alles goed op papier komt te staan. De mensen moeten hun verhaal vertellen en dan moet het zo op papier komen dat je ermee uit de voeten kunt. Voor de Rijksrecherche is het ook heel prettig dat er dan iemand zit die van wanten weet.'

Dat leverde soms bizarre situaties op, volgens de advocaat: 'Ik heb krankzinnige dingen meegemaakt. Dat iemand iets vertelt tegen de Rijksrecherche en dat ik zeg: "Nee, dat moet anders. Het moet zó op papier staan." En dan tikt iemand anders dat meteen zo op, zoals ik het zeg, en dus niet zoals die agent het zei. In sommige gevallen was dat zelfs het omgekeerde van wat die agent daarnet zei. En dan vroeg de Rijksrecherche: "Klopt het wat je advocaat net zei?" En die man zei dan: "Ja, dat klopt. Zo ging het." En dat tikte hij dan zo op.'

De vraag dient zich aan of dit wel ethisch verantwoord is, of het doel niet veel te veel was om agenten uit de wind te houden, maar daar gaat het volgens de advocaat niet om. 'Nee, dit is gewoon goed. Het helpt. Dit betekent dat je als politieleiding aan je mensen laat zien dat als je ooit in zo'n penibele situatie terechtkomt, dat er dan iemand is die je kunt vertrouwen, iemand die van wanten weet en jou helpt.'

Maar van binnenuit werd hier iets opgetuigd dat agenten een soort vrijbrief geeft. Er moet nu wel heel veel tegenzitten wil een agent in de beklaagdenbank terechtkomen. In zekere zin kunnen agenten met deze 'apparaatzorg' nog steeds doen wat ze willen, zoals op Bureau Warmoesstraat halverwege de jaren zeventig, maar nu met een juridisch adviseur naast zich die ze niet alleen vertelt wát maar ook hóé ze het moeten zeggen.

Na het ontslag

‘Hij riep naar me op de Kinkerstraat. Ik liep daar mijn surveillance te doen toen hij me opeens zag. “Hé, Hansie!” Dat was Martin Hoogland, met wie ik op de Floriade had gewerkt,’ zegt Hans de Vriend. ‘Ik denk dat het net na zijn ontslag was. Hij had een griet bij zich: “Loop jij even door?” zei hij tegen haar. “Ik ga nu met Hans praten.” Ik geloof dat ze net uit een lingeriezaak kwamen. Toen die meid weg was, zijn we even op een bankje gaan zitten. Terwijl hij met trillende vingers een sjekkie rolde, vertelde hij dat hij gezeik had met de politie en dat ze hem aangehouden hadden in een bar ergens. Ook zei hij dat hij tegenwoordig een telefoon had in zijn auto, in die tijd was dat heel wat natuurlijk. “Maar weet je wat ze hebben gedaan? Ze hebben zelfs nu mijn autotelefoon afgeluisterd!” zei hij tegen me. “Dat kan toch niet zomaar?” Ik keek hem aan en zei lachend dat hij toch ook politieagent was? Als iemand het kon weten was hij het wel. Hij zag er slecht uit. Hij was bleek en onrustig, en zat de hele tijd om zich heen te kijken. Ja, ik vond hem wel wat paranoïde eerlijk gezegd.’

‘Martin zocht vooral spanning in zijn leven. Daar ben ik van overtuigd.’ Advocaat Jan Boone praat opgewekt en de hele tijd met een brede lach over zijn vroegere cliënt Martin Hoogland. Boone was van 1991 tot 2004 Martins advocaat. In dezelfde periode was hij overigens ook advocaat van de Joegoslaaf Sreten ‘Joca’ Jocic.

Als ik vraag wat voor type agent Martin Hoogland was, zegt hij: ‘Papierwerk en processen-verbaal schrijven aan het bureau vond hij maar niks. Hij was een echte Amsterdamse jongen die toevallig bij de politie was beland en wilde het liefst de hele dag door de stad banjeren. Hij schepte niet op over zijn daden. Maar hij vertelde wel dat hij zaken oploste door informatie te verzamelen. Dan ging hij de hele nacht van café naar café en praatte hij met

Jan en alleman om aan het begin van de ochtend helemaal lamlazarus in zijn bed te belanden. Maar dan wist hij wel precies hoe iets zat. Martin was een echte denker. Hij vertelde vaak met enige trots dat hij precies wist hoe de vork in de steel zat van een zaak. Daar was hij de hele dag mee bezig: proberen te achterhalen hoe alles was gegaan. Soms moest hij erg lachen als zijn collega's in het nieuws kwamen omdat ze zogenaamd een zaak hadden opgelost. Martin zei dan tegen mij dat de lezing van de politie volkomen quatsch was en dat alleen híj wist hoe het wél zat. "Al die figuren zoals de hoofdcommissaris enzovoort blazen zichzelf op," zei hij dan.'

Op 1 februari 1984 verlaat Martin Hoogland het Amsterdamse politiekorps. Het is anderhalve maand na de brand in Casa Rosso. De politie gaat schoon schip maken en begint al snel in het nieuwe jaar met Martin. Op zijn politiepersoneelskaart staat de reden van zijn ontslag een beetje schimmig omschreven: Martin wordt eervol ontslag verleend. 'Wegens het niet bezitten van de geschiktheid welke voor de dienst wordt vereist,' staat er.

De een ziet het als bewijs dat ze niks tegen hem konden vinden en dat hij gepiepeld is door zijn collega's en uiteindelijk eieren voor zijn geld heeft gekozen. De ander denkt dat het komt doordat het een zeer tijdrovende klus is voor de politie om iemand te ontslaan en dat daarom de leidinggevenden Martin de keus hebben gegeven: 'Of we gaan zoeken in je dossiers en dan vinden we wat en lig je eruit met niks, of je vertrekt eervol en je krijgt wat mee.'

Martin kiest uiteindelijk voor het laatste. Hij is er ook klaar mee. Martin Hoogland is officieel agent-af.

In *De Telegraaf* staat op een gegeven moment geschreven dat 'Martin H.' ontslagen is uit het Amsterdamse korps. Maar dat zijn de feiten dus niet. Martin heeft een keuze gehad en heeft er zelf voor gekozen om te gaan. Hij is eervol, met een zak geld op de koop toe, weggegaan. Die onjuiste berichtgeving irriteert hem. Gelukkig kent hij iemand uit de Sheherazade die journalist is. Het is Ton van Dijk, de man die alweer jaren geleden een scoop had voor *Nieuwe Revu* over corruptie binnen de Amsterdamse politie. Het artikel was een van de zaken geweest die Van Riessen en Kuiper sterkten in hun overtuiging om door te gaan met hun schoonmaakactie op Bureau Warmoesstraat.

Martin vraagt zijn kennis Van Dijk om hem bij te staan in het schrijven van een brief. Dat wil Ton wel. Ze kennen elkaar uit het nachtleven. Van Dijk switchte van de *Nieuwe Revu* naar de *Haagse Post* en had de taak op zich genomen om veel te schrijven over de donkere kant van Amsterdam. 'Ik stond soms om 2 uur 's nachts op. Dan kleedde ik me aan om rond 3 uur aan te komen bij tenten als 't Kompas of Sheherazade. Op dat uur spoelde daar het wrakhout van de stad aan om midden in de nacht biefstuk met stokbrood te eten. Daar hoorde ik de verhalen. Dat hoopte ik althans. Na vier uur zat de tent vol met ouwe penozemannen en een nieuwe generatie criminelen. Je hoorde van alles, maar er zat maar heel zelden iets bruikbaars tussen. Ondertussen dronk en snoof iedereen dat het een lieve lust was.'

Zo komt Ton ook in contact met Martin Hoogland. Een man die veel praat en weinig zegt, zo omschrijft Ton van Dijk hem. 'Een typische Amsterdammer dus. Ik kende hem best behoorlijk, alhoewel je dat nooit helemaal zeker weet met dat soort figuren natuurlijk. Je komt niet echt achter hun ware drijfveren en gevoelens.'

Volgens Van Dijk keek Martin best met een tevreden gevoel terug op zijn vrijwillige ontslag bij de Amsterdamse politie. Hij zag voor zichzelf niet veel toekomst bij de politie en hij leek dat hele ontslag niet zo erg te vinden. 'Hij had al vrij snel door dat hij zijn geld op een andere manier veel sneller kon verdienen dan als agent. Volgens mij was Hoogland snel besmet hoor.'

Dat is een uitspraak die vaker gedaan is door meerdere mensen. Nadat Martin eenmaal zag hoe het ook kan en proefde van de verboden vruchten, is het voor hem onmogelijk terug te gaan naar zijn oude stiel. Hij ziet zijn vriend Tonny Hijzelendoorn met geld smijten, terwijl hij als agent jarenlang moet ploeteren en sparen om dat te bereiken. De keus is dan snel gemaakt. En rigoureus. Omkijken naar zijn vroegere werk heeft geen zin meer. Maar wel eerst dat bericht in *De Telegraaf* rechtzetten.

Ton van Dijk: 'Ik ging bij hem zitten en zei dat het beste wat hij kon doen was een net briefje te schrijven dat ze verkeerd zitten met die bewering dat hij ontslagen is. Dat je dat kunt bewijzen en dat je graag wil dat ze dat rectificeren. Dit alles een beetje doorspekt met juridische termen en zo.' Van Dijk is natuurlijk al menigmaal in zijn loopbaan met dit soort brieven geconfronteerd geweest.

'W-wil je me niet effe as-assisteren daarin?' vraagt Martin. Dat vindt de journalist geen enkel probleem en het duurt niet lang of hij staat op een ochtend om een uur of elf voor het appartement van Martin. 'Hij woonde volgens mij in de Bestevaerstraat.' Met Van Dijk achter de typemachine en Hoogland dicterend hoe hij het zou zeggen en Van Dijk weer corrigerend hoe het beter kan, stellen ze samen in no time de brief op. Het is rond twaalven in de middag als het werk is gedaan en Van Dijk aanstalten maakt om zijn jas aan te trekken.

'Wil je een snuifje mee?' vraagt Martin.

In die tijd is Van Dijk er zelf ook niet vies van. Hij neemt weer plaats op de bank naast Martin. Maar die staat ineens op en wenkt hem met een lachend gezicht: 'Kom eens mee. Zal ik je even wat laten zien.'

Van Dijk loopt mee, achter de ex-agent aan, naar de badkamer. Boven de wasmachine staat een groot pak Omo-waspoeder van vier kilo. Hoogland pakt het pak en laat het Van Dijk zien: 'Die hele doos zat vol coke,' aldus de journalist. Terwijl hij op zoek gaat naar een lepel zegt Martin: 'Ja, ik verstop het hier. Volgens mij een su-super handige plek, want daar zoek-zoeken ze toch nooit. Ik moet alleen uitkijken dat mijn schoonmoeder geen wasje doet, want da-dat wordt een duur wasje dan.'

Ton van Dijk roemt de humor van Martin Hoogland. 'Je kon vreselijk met hem lachen. De eerste keer dat ik hem zag was in de Sheherazade-tijd denk ik, bij het verjaardagsfeest van de eigenaar van die tent, Dick Baruch, op 18 december. Dick nodigde iedereen uit in zijn huis in de Den Texstraat. Hij bestelde bij Kwekkeboom de mooiste slagroomtaarten, had alle soorten drank thuis en liet continu schalen met kaas en ossenworst met mosterd rondgaan. Ik had Martin al wel gezien, maar hij was niet iemand op wie je zomaar afstapte. Dat deed hij wel bij anderen. Hij had waarschijnlijk van iemand in de kroeg gehoord dat ik journalist was. Voor sommige mensen ben je dan meteen een mikpunt om te pesten of te testen. Het eerste wat hij dan ook zei in onvervalst plat Amsterdams was zoiets als: "Hé, Ton, jij als journalist, jij-jij weet wel wat van dingen af, toch?" Het werd even helemaal stil en iedereen keek naar mij. Ik trok een beetje mijn schouders op, knikte wat en lachte mee. Martin vroeg of ik wist waar hij lange tafels kon huren. Ik antwoordde iets van Bo-Rent of zo. Toen zei hij: "Ah, ja bedankt, ik wil met kekerst namelijk giraffe eten, maar mijn tafel is te klein." Iedereen lag helemaal in een deuk.'

De rectificatie in *De Telegraaf* waar Martin en Ton op mikten is er nooit gekomen, wel is de brief ingekort op de brievenpagina geplaatst. 'Daar was Martin heel tevreden over,' weet Ton van Dijk. 'Ze hebben nooit meer geschreven dat hij oneervol was ontslagen.'

Van Amsterdam West verhuist Martin in 1983 naar het gezellige Dapperplein. Het is bij toeval bijna hetzelfde adres als waar Willy Jonker heeft gewoond. Martin woont op nummer 22, Willy op 21.

Tonny Hijzelendoorn is ook verhuisd. Officiële politiedocumenten laten zien dat hij op de Hagedoornweg in Amsterdam-Noord zit. Dit klopt niet, maar hier zat wel de elektronicazaak van zijn vader. Tonny bewoont samen met zijn vrouw Daniëlle en dochter een prachtig gelegen bungalow in Landsmeer, in de Gouwe, ten noorden van Amsterdam-Noord. In de tuin is een zwembad. Drie straten verderop woont juwelen- en horlogehandelaar Evert. Dat schept toch een band. Zo krijgt Tonny een beetje het exclusieve gevoel waarnaar hij altijd op zoek is. Evert speelt daar handig op in door hem af en toe als eerste de nieuwste modellen Rolex te laten zien. Zo loopt Tonny nog steeds voorop.

Martin verdient goed geld met Tonny Hijzelendoorn. Ze worden veel samen gezien. Jules van der Linden, de mentor op de Linnaeusstraat, herinnert zich een hernieuwde ontmoeting met Hoogland, op 24 oktober 1984. 'Ik zat toen bij het observatieteam. We kregen een tip. Hijzelendoorn wilde een wapen hebben, hoorden we. Dus we gaan naar zijn woning toe. We positioneren ons daar en houden de omgeving in de gaten. Ineens zie ik Martin Hoogland verschijnen. Hij stapt bij Hijzelendoorn in de auto en ze rijden weg. Wij gaan er meteen achteraan. Ze komen na een rit bij een woning op de Hobbemakade. Daar vindt de deal plaats. Daarna rijden ze nog geen paar honderd meter, waarna ze aan de kant worden geslingerd door een arrestatieteam. Die heeft daar een gepantserde auto voor en zet hem zo schuin voor hun auto. Uit die gepantserde auto springen meteen agenten met getrokken pistolen. Ik zag dat Martin zijn handen op het dashboard legde. Ik moest toen nog een beetje lachen: dacht nog dat hij te veel films had gekeken. Maar ondertussen hadden ze wel dat vuurwapen bij zich, dus was hij de lul. Mijn overtuiging is dat Martin gewoon werd gebruikt door Tonny. Hij was in eerste instantie gewoon een loopjongen van Hijzelendoorn. Dat was een hele uitgenaste kerel.'

Naast de heroïne- en de cokehandel rippen ze af en toe andere drugshandelaren van hun stash. Wat rippen precies inhoudt, kan commissaris Van Riessen uitstekend uitleggen: 'Het rippen is een echte Nederlandse uitvinding. Je hebt mensen als Thea Moear en Klaas Bruinsma die een lijn opzetten. Wat je daar ook van vindt, er is wel een zekere handelsgeest en ondernemersmentaliteit voor nodig om zoiets goed te laten lopen. Een ripper gaat aan het einde van die lijn staan en steelt de boel. Het is de mentaliteit van: "Hoe kan ik het snelst aan mijn geld komen zonder te veel moeite?" Het is natuurlijk ook veel simpeler om het af te pakken van de mensen die het hiernaartoe hebben gebracht.'

Tonny en Martin tillen het rippen naar een heel ander niveau. Dat komt vooral doordat Martin zijn kwaliteiten en ervaring als agent nu inzet in de onderwereld. Zo gaan ze volgens politiemethoden eerst uitgebreid hun slachtoffers schaduwen om te zien wat hun gewoontes zijn. Ze brengen in kaart of het slachtoffer er bepaalde routines op nahoudt. Wat ze ook doen is afluisterapparatuur inzetten om te weten te komen waar drugs verstopt liggen. Een insider: 'Dan waren ze op een feest of een etentje of zo en dan stopten ze afluisterapparatuur in een bloembak of op een plek waar niemand het zag. Na een tijdje gingen Martin en Tonny weg en konden ze van een afstand meeluisteren wat die mensen zeiden. Over hen, maar ook over verstopplaatsen van drugs of wapens of geld.'

In deze periode zijn Martin en Tonny ook nog even eigenaar van café Molen De Victor, aan de Rozengracht. Drie maanden ongeveer. Ruud Hillegers moet lachen als hij terugdenkt aan dat café, en vooral aan eigenaar Jopie Mees. 'Dat was een Hagenees van ik denk 1 meter 50, maar die had een stem zo rauw als schuurpapier.' Ruud bevestigt het verhaal dat Tonny en Martin de eigenaren werden. 'Zo veel mensen hebben die zaak gekocht. Ik geloof wel tien man. Tonny en Martin dus ook – drie maanden. Dat ging nou eenmaal zo. Zat je in dat café een biertje te drinken en dan was het van: "Wat vraag je eigenlijk voor die tent?"

"Twee ton."

"Hier heb je een tonnetje, de rest komt wel." En ineens had die zaak een nieuwe eigenaar.'

Er zijn weekenden dat Martin het wat rustiger aan doet omdat zijn zoon Jeoffrey bij hem komt logeren. Jeoffrey heeft ook wel herinneringen aan het Dapperplein: 'Het appartement van mijn vader had verschillende kamers en toen ik een keer bij hem was, begon ik daar een beetje rond te lopen. Ik deed een deur open en zag allemaal vuilniszakken vol Spaanse bankbiljetten. Ik geloof wel tien of twintig zakken vol peseta's. Dat was zijn deel van het geld van de heroïne uit Spanje. We zijn dat weekend toen meerdere keren met z'n tweeën bij het Grenswisselkantoor geweest op het Centraal Station. Kwamen we elke keer terug met dikke stapels Nederlands geld.'

Martin gaat ook nog wel in zijn eentje op stap. Volgens Jeoffrey is het op zo'n moment dat hij een ontmoeting heeft die zijn leven zal bepalen. 'Volgens mij was het in Casablanca op de Zeedijk. Dat was toen een echte ochtendtent waar iedereen samenkwam. Mijn vader was heel oplettend en op een gegeven moment valt zijn oog op een groepje mannen. Ze zitten in de hoek van de Casablanca.'

Het zijn mannen waar iets vanaf straalt. Ze lachen en praten. Martin kijkt naar ze. Zijn politie-instinct zegt dat de man die een drankje gaat halen de leider is. De blikken van de man en Martin kruisen elkaar. Ze trekken de wenkbrauwen op als begroeting. Later komen ze elkaar tegen bij de bar. Ze groeten elkaar weer en schudden elkaar de hand.

'Martin.'

'Duja.'

Altijd maar weer Ingrid...

Plof. Ze had het horen vallen vannacht, maar ze dacht dat het een droom was. 'In de ochtend, toen ik naar de voordeur liep, zag ik 'm ineens liggen: een gouden Rolex.' Ze belt meteen Martin om te vragen of die klok van hem komt. 'Hij was 's nachts langs het huis van mij en Jeoffrey gereden en had dat klokkie door de brievenbus gegooid. Hij deed wel vaker dat soort dingen. "Is voor jou," zei hij dan,' aldus Ingrid.

In 1984, het jaar van Martins ontslag, verhuist Ingrid met Jeoffrey naar Amsterdam. Ze wonen eerst aan het Meerhuizenplein in de Rivierenbuurt en vertrekken twee jaar later naar de Cornelis Dirkszstraat in de wijk De Krommerdt.

Ingrid en Martin zijn elkaar na hun scheiding niet uit het oog verloren. Ze gaan regelmatig een kop koffie drinken of een vorkje prikken. Dan belt hij haar op en vraagt of ze komt, naar De Nachtwacht op het Thorbeckeplein of een ander restaurant.

Martin klaagt soms tijdens hun ontmoetingen tegen Ingrid over zijn vroegere collega's. Hij heeft het gevoel dat hij verraden is, maar als zij zegt dat hij ertegenin moet gaan, wuift hij dat weg. Ze bekijken het maar. Hij gaat daar helemaal niks aan doen. 'Daar was hij het type niet voor. Hij houdt de eer aan zichzelf,' zegt Ingrid. Zelf had ze dat anders opgelost. Ze had die gasten allemaal over de balie getrokken als zij vals beschuldigd zou worden van iets, maar Martin doet dat niet. 'Ze zijn volgens mij gewoon allemaal heel jaloers op hem geweest omdat hij altijd alles voor elkaar kreeg en die anderen niet. Hij was jong, knap, verzuimde nooit, kwam overal binnen en sprak met iedereen. Martin wist gewoon hoe je met mensen van allerlei rangen en standen en culturen moest omgaan. Hij zei altijd tegen me dat de man met de meeste macht in Nederland niet de premier is, maar de rechter. De rechter is de baas en maakt uit wat mag en niet mag in Nederland.' Jeoffrey: 'Mijn vader kon ook altijd heel goed omgaan met de eigenaren van de kroegen waar hij kwam. Hij ging altijd naar de grootste, de baas, toe.'

Een hardnekkig gerucht is dat Martin tijdens zijn politieperiode wekelijks duizenden guldens van goktenten kreeg. Het is een verhaal dat zijn oude maat Harry uit Zaandam ook vertelt, die zegt dat hij het met eigen ogen heeft gezien. Ingrid vindt het allemaal maar lariekoek. Zelf heeft ze ook nog agenten over de vloer gehad in de woning aan de Paukenhof. 'Ze kwamen bij mij langs om te kijken hoe we woonden. Ik vroeg toen nog aan die gasten: "Wat komen jullie hier nou eigenlijk doen?" Er was bij ons helemaal niks te halen.'

Ingrid zegt dat Martin in de omgang absoluut geen makkelijke kerel was, maar dat zij daar niet voor wegliep. 'Ik mocht dat wel en ik denk dat hij dat wel weer kon waarderen dat ik dat kon hebben. Dat zei hij ook tegen me.'

Martin heeft als hij in de bajes zit ook een koosnaampje voor Ingrid bedacht: Krokodil. Ze lacht er nu om. 'Ja, omdat krokodillen sterke beesten zijn die alles wel overleven. Hij wist waarschijnlijk dat ik niet snel in de stress zou schieten als er wat gebeurde, dat ik wel wat kon hebben.'

Martin steekt in de tijd na hun scheiding niet onder stoelen of banken dat hij loopt te rommelen met andere vrouwen. Sterker nog, hij heeft Ingrid weleens gebeld omdat hij klaar was met een of andere vrouw en wilde dat ze wegging uit zijn huis. Maar die dame wilde niet vertrekken. 'Ja, belde hij me op: "Dat wijf gaat mijn huis niet uit. Doe niet zo lullig en kom effe om haar eruit te halen. Ik word gek van dat wijf!" Had hij het dus over een of andere nieuwe verkering van hem. Ik moest dan lachen aan de telefoon en vroeg wat het mij zou opleveren. "Hahaha, jij bent gek!" zei hij dan. Maar ik hield mijn mond dicht, dus ineens zegt hij: "Oké, twee meiers." "Nee, drie," zei ik dan. Moest-ie enorm lachen. Dat vond hij prachtig.'

Ze weet dat niemand iets slechts over haar moest zeggen, want dan greep Martin in. 'Martin heeft een keer een griet gemolesteerd die kwaad over mij zat te lullen. Die zei door de telefoon tegen hem: "Die kankerhoer, die ex van jou!" Had ze het dus over mij. Is-ie langs allerlei tenten op zoek naar die vrouw geweest. Toen hij haar vond zei hij: "Wát zei jij?" En vervolgens sloeg hij haar helemaal de tering. "En als je aangifte doet dan vermoord ik je," zei hij ook nog tegen haar. Die griet is nooit meer op het Rembrandtplein geweest.'

De relatie tussen Ingrid en Martin is er een van pure liefde. Hij voelt dat wat ze hebben magie is, maar hij weet ook dat hij verder wil gaan in een leven waar zij hem niet in wil volgen. Tegelijkertijd weet zij dat ze dan wel gescheiden is van hem, maar toch verbonden blijft. Hij zit in haar bloed. Ze weet dat ze nooit meer van hem af komt. Zelfs als hij jarenlang achter de tralies verdwijnt, zal ze nog altijd contact met hem onderhouden. Ingrid is een van de weinigen die Martin blijft opzoeken in de bajes.

Zelfs nu nog mag er geen verkeerd woord geschreven worden over Martin, want dan zal ze verhaal halen. Ze verfoeit degenen die hem betichten van de moord op Klaas Bruinsma en heeft geen goed woord over voor mensen die hem hebben laten vallen nadat hij veroordeeld werd tot twintig jaar.

Als Ingrid vertelt over Martin en over de etentjes die ze samen hadden, staat er altijd een lach op haar gezicht. Ook als ze zich ineens herinnert dat Martin tijdens hun gezamenlijke momenten 'zijn blaffer' soms gewoon naast zijn bord tussen het bestek op tafel legt, tot ongenoegen van het personeel. Omdat Martin zich nergens aan lijkt te storen, wijst Ingrid op een gegeven moment naar zijn wapen. 'Houd dat apparaat eens effe bij je, man,' zegt ze tegen hem. 'Die ober kijkt er de hele tijd naar en wordt er hartstikke nerveus van.'

'O, ja, tuurlijk,' zegt hij en hij stopt het wapen snel weg in zijn jas.

In 1986 zullen Ingrid en Martin het toch nog een keertje met elkaar proberen. Ingrid woont dan net met Jeoffrey in de Cornelis Dirkszstraat. Jeoffrey zit op dezelfde school waar als zijn vader toen die klein was. 'Als ik op het speelplein stond, keek ik zo in de straat waar mijn vader was opgegroeid.' Het gezin is weer compleet en het gaat een tijdje goed, totdat er opnieuw kleine strubbelingen ontstaan. Die komen er vooral door het drugsgebruik van Martin.

Ingrid: 'Ik heb 'm er honderden keren op aangesproken, maar op een gegeven moment is het klaar. Dan moet hij het zelf maar weten. Maar ik zag nog wel regelmatig zo'n zak met poeder liggen of kleine zakjes. Ik heb ze weleens allemaal weggegrist en door de wc gespoeld. Razend werd-ie. "O, ik dacht dat het poedersuiker was," zei ik dan tegen hem. "Ben jij wel goed bij je harses?" vroeg hij me. En dan vroeg ik hem wat het dan wél was, ik deed net of ik gek was natuurlijk. Dan bond hij wat in en zei hij dat het coke was. "O, nou, dan haal je toch gewoon nieuwe?" zei ik dan. "Je denkt zeker dat het een snoepwinkel is of zo?" zei hij dan weer. Haha, ik lachen natuurlijk.'

Een portier die wat bijverdient

'Martin vond ik eerst nog een beetje een lulletje. In het begin kwam hij in Sheherazade altijd in zijn politie-uniform. Dat was eind jaren zeventig denk ik. Daarna ging hij om met Teun Vos en Willy Jonker. Die waren altijd 's nachts samen op pad. Martin was eerst nog vrij normaal eigenlijk. Later is hij doorgeslagen. Door die troep...' Dicky Baruch, eigenaar van Sheherazade en later Falcon Crest, wijst naar zijn neus.

'Wil je ook een sigaret?' vraagt hij.

'Nee, dank u, maar neem gerust hoor.'

'Ja, dat lijkt me wel. Dit is verdomme mijn eigen huis,' zegt Dicky Baruch terwijl hij een sigaret aansteekt en me over zijn brillenglazen aankijkt.

Ik zit bij de legendarische Amsterdamse horecaman thuis. We zitten aan zijn eettafel in de woonkamer. Er liggen enveloppen die nog geopend en kranten die nog gelezen moeten worden. Baruch sloft naar de keuken om een blikje cola te halen en als hij terugsloft heeft hij een pakje sigaretten in zijn handen. Hij heeft onlangs een beroerte gehad: 'Ik voelde het aankomen en dacht, daar ga ik dan, maar ik ben er nog, dus we rommelen maar door.' Hij steekt een peuk op.

In Sheherazade ging Martin in eerste instantie veel om met Teun Vos en Willy Jonker. Dat waren de mannen in die tijd. 'Ja, en je hebt er nog een paar zoals Arie Bruynes en Han Diets, hij is een goede vriend van mij geweest.' Met het geheugen van Baruch is helemaal niets mis. Hij somt zo de namen op die ik ook altijd voorbij hoor komen in gesprekken met agenten over die bewogen tijd. 'Die Willy Jonker was een cowboy. Die hield zich bezig met allemaal zaken die niet goed waren. Regelde ook overvallen. Willy zag er goed uit, was een echte bon vivant. Volgens mij ging hij veel met Turken om en is hij ook door een Turk doodgeschoten. Was dat niet 1980?'

Daar heeft Baruch het ook helemaal bij het juiste eind. De ouwe baas is scherp.

Baruch kent ook Teun Vos. 'Die kwam toch uit Monnickendam? Die was in het begin rustiger, net als Martin eigenlijk, maar ging later toch ook op de riptoer. Dan hielden ze mensen aan die net hun drugs hadden gekocht. Moesten ze alles inleveren bij die gasten en dan mochten ze gaan. Vervolgens verkochten zij het weer terug aan de dealers. Willy Jonker vertelde me aan de bar weleens over hun avonturen. Ja, dat moet dus wel eind jaren zeventig zijn geweest.'

Baruch herinnert zich van Martin dat hij heel makkelijk contact maakte. 'Hij lulde met iedereen. Dan kreeg hij bij mij aan de bar contact met een paar zware jongens en dat gaat dan met geven en nemen, hè? Je komt wat te weten, maar je moet ook wat vertellen. Martin kon in het begin goed en makkelijk babbelen, maar op een gegeven moment in de jaren tachtig raakte die door coke de weg kwijt.' Baruch lacht erbij. Hij is nu 81 jaar en heeft zelf ook flink huisgehouden met het witte spul in zijn neus. En alcohol, daar was hij ook niet vies van: 'Mán! Ik heb slóten whisky naar binnen gewerkt.' Hij zucht en lijkt moe te worden van alleen al de gedachte aan de hoeveelheden.

Zo'n beetje iedereen in zijn kroeg had een vuurwapen op zak. 'Ja, dat was een groot verschil met vroeger, toen een meningsverschil met de vuisten werd opgelost. Hoogland liep ook te zwaaien met een blaffer. Nee, die was daar niet voorzichtig mee, iedereen moest zien dat hij er een bij zich had. Vooral als hij zijn neus weer had volgestopt met die zooi. Martin Hoogland was in mijn ogen niet achterlijk, hij was slim, maar hij werd gek en roekeloos door die troep die hij in zijn neus stopte.'

Baruch weet dat Martin rond die tijd, eind jaren zeventig dus, ook omging met Tonny Hijzelendoorn. 'Ja, die Hijzelendoorn zat in een groepje dat alles deed om maar wat bij te verdienen. Ik ken hem als een rustige jongen, geen pitbull of zo. Ze waren eigenlijk allemaal wel aardige kerels, maar als ze aan de snuif zaten, was het over.' Over Hijzelendoorn weet Baruch nog te melden dat hij 'altijd wel hele grote, gouden klokken om zijn pols droeg'.

Een verhaal dat zowel door Baruch als Ton van Dijk wordt verteld is dat Martin op een avond in café De Krokodil in de Amstelstraat een woordenwisseling krijgt met een stel onbekende gasten. Het is druk en zweterig en warm, en als de woordenwisseling uitdraait op wat getrek en geduw is Hoogland het al snel zat. Hij wil korte metten maken en grijpt naar zijn broekband om zijn pistool te pakken. Dicky Baruch is daarbij: 'Martin wilde weer eens de held spelen en ik zag het al gebeuren dat hij in die overvolle kroeg zo dat wapen op die gasten zou richten.' Baruch duikt in een split second op de arm van Hoogland en pakt de loop van het wapen beet. Maar hierdoor valt plotseling een deel van het vuurwapen op de vloer. Waarschijnlijk was er iets losgegaan, maar het valt zo, droog, op de grond. De mannen met wie Hoogland een woordenwisseling heeft, zien het gebeuren, kijken naar wat er op de grond ligt en naar wat Hoogland in zijn hand houdt en rennen meteen weg, de deur uit. In een mum van tijd zijn alle lampen in de kroeg aan en zitten Martin Hoogland, Dicky Baruch, Ton van Dijk en nog wat vrienden op hun knieën te zoeken naar een ontbrekend veertje of palletje van een vuurwapen.

Ton van Dijk: 'Dat pistool van Martin zat waarschijnlijk niet goed vergrendeld of zo. Dus wij allemaal zoeken, maar niks hoor. Het was weg. Ik herinner me ook nog dat er een Perzisch tapijt op de vloer lag. Daarom is dat veertje waarschijnlijk ook nooit gevonden.'

Baruchs bar Sheherazade moet in de eerste helft van de jaren tachtig zijn deuren sluiten. Op een gegeven moment is de reputatie van de tent onhoudbaar geworden. Iedereen heeft het over een rovershol en om de haverklap komt de politie langs om te controleren. Als ze de tent betreden, liggen op de vloer in no time witte wikkeltjes coke die de gasten snel uit hun broekzak halen.

De politie pakt die wikkeltjes op: 'Is dit van u meneer?'

'Nee, agent, dat heb ik nog nooit eerder gezien.'

Het is misschien een tijdje leuk en spannend, maar na vier keer zijn de gasten er wel klaar mee. Die willen gewoon ongemoeid en rustig een biertje drinken en af en toe een snuifje nemen op de wc. Die hebben geen zin te wachten op de volgende politiecontrole. Langzamerhand gaat de loop een beetje uit de tent. Eigenaar Baruch probeerde nog te mikken op gasten uit het hogere segment door weer wat meer jazz te draaien, maar het mocht niet baten. Het is over en uit voor de legendarische jazztent die in 1960 werd opgericht.

Maar de Joodse Amsterdammer Baruch gaat niet bij de pakken neerzitten. Hij heeft zijn zinnen gezet op een pand in de Korte Leidsedwarsstraat. In 1985 opent Falcon Crest zijn deuren. Baruch beschouwt de periode in Falcon Crest als de mooiste tijd die er was. 'We hadden de humor. Op een gegeven moment had iedereen het over hondengevechten, bedachten wij een parodie met kattengevechten.'

Als Baruch hoort dat Martin Hoogland niet meer bij de politie werkt, biedt hij hem een baan als portier aan. 'Ik dacht echt dat het een slimme zet was.

Die man kende al die boeven natuurlijk vanuit zijn werk en hij zag agenten al van mijlenver aankomen. Dat waren namelijk zijn collega's geweest, dus met invallen was dit ook handig.' Maar Martin blijkt er aan de deur een handeltje naast te houden. 'Die man dealde coke bij het leven! Boven de deurpost bij de Falcon Crest had je een lijst. Die kon je omhoogtillen en daar lag zijn stash.'

Ton van Dijk bevestigt dat verhaal. 'Bij mijn afscheid van *Haagse Post* leek het de redactie een leuk idee als ze een feestje zou organiseren in de kroeg waar ik op dat moment veel zat. Dat was de Falcon Crest. Ik heb toen nog van al mijn collega's een heel mooie tekening gekregen van tekenaar Joost Roelofsz, dat je mij ziet tussen allemaal junks en gespuis, zogenaamd aan het werk. Die hangt nog steeds in mijn gang. Maar goed, bij mijn afscheidsfeest zat die hele tent vol met mijn collega's. Martin Hoogland stond toen als portier aan de deur, hij had voor iedereen wat van het witte spul meegenomen. Ja, die Martin deed die avond goede zaken.'

Dicky Baruch zag Hoogland ook wel samen met Joegoslaven: 'Ik kwam een keer mijn zaak binnen om een uur of zes 's ochtends. Je moest in de Falcon Crest een trap op om in het café te komen. Dus ik loop naar boven en doe de muziek aan en maak een bak koffie. Hoor ik Martin ineens met een stuk of tien Joegoslaven de trap oplopen naar mijn bar. Die waren natuurlijk de hele nacht doorgegaan en wilden bij mij verder. Terwijl ik mijn klusjes doe nemen zij plaats aan de grote tafel. Daar beginnen ze coke te snuiven met z'n allen. Totaal de weg kwijt. Ik sta daar broodje nuchter en begin te schreeuwen: "Wel godverdomme! Weg hier, stelletje teringlijers! Opsodemieteren!" Ja, ik had schijt aan die gasten hoor.'

Maar de aanvankelijke boosheid van Baruch maakt binnen een paar minuten toch plaats voor een glimlach omdat er geen land te bezeilen is met zijn bezoek. Iedereen is zo ver heen dat niemand in beweging te krijgen is om de uitgang op te zoeken. Baruch ziet er dan maar de humor van in: 'Een tijdje later ben ik bij hen aan tafel gaan zitten en heb ik zelf ook maar een snuif genomen. Ja, je moet toch wat,' zegt hij schouderophalend.

Baruch weet nog goed dat naast Martin een kerel zat die later veel furore zou maken in de Amsterdamse onderwereld. Zijn naam is Sreten Jocic (1962). Baruch: 'Op dat moment was Jocic nog de chauffeur en steun en toeverlaat van die Duja.' Duja wordt gezien als de baas van de Joegoslaven in Amsterdam. 'Eigenlijk is het vanaf het moment dat die Joego's binnenkwamen de foute kant op gegaan,' concludeert Baruch sip.

Duja en Martin

Een van de eerste echt bekende Joegoslaven in Amsterdam is Slobodan Mitrić, oftewel Karate Bob. Hij was geheim agent voor de Joegoslavische geheime dienst en moest in 1973 een moordopdracht uitvoeren in Brussel. Hij weigerde dat en vluchtte naar Nederland. In december dat jaar schoot hij drie geheim agenten van Rusland en Servië dood. Mitrić dacht dat ze het op hem hadden voorzien. Hij werd voor onder andere deze daad veroordeeld tot dertien jaar cel in Nederland.

Terwijl Karate Bob in de cel zit, volgen landgenoten zijn route. Vanaf 1980 beginnen steeds meer Joegoslaven in Nederland, en dan vooral in Amsterdam, op te duiken. Ze introduceren het balletje-balletjespel in de hoofdstad, waarbij argeloze voorbijgangers een man op een kleedje zien zitten met dopjes voor zich. Onder een van die dopjes verstopt hij een balletje, waarna hij de dopjes wild begint te verschuiven. Vervolgens mogen voorbijgangers raden onder welk dopje het balletje ligt. Maar eerst even geld inzetten natuurlijk. Om de man op het kleedje staan Joego's die het spel meespelen. Ze zetten in en winnen elke keer. Als voorbijgangers dat zien, willen ze ook weleens een gokje wagen. Maar wat ze niet weten: de winnaars zitten in het complot. De man op het kleedje beslist pas bij het omhooghalen van de dopjes waar het balletje ligt. Het is een truc waarmee heel wat mensen de mist in gaan. Geïntroduceerd door de Joego's.

Voor een groot deel heeft de komst van al deze mensen te maken met hun leider Tito, die dat jaar is overleden. Door zijn dood breekt er in Joegoslavië een nieuwe tijd van meer vrijheid aan. De teugels worden wat losser gelaten: inwoners kunnen makkelijker naar het Westen reizen. Maar met die nieuw herwonnen vrijheid komt ook het nationalisme op, bijvoorbeeld bij de Serviërs en de Kroaten. Uiteindelijk leidt dit tot de Balkanoorlog in de jaren negentig.

Eigenlijk kun je helemaal niet spreken van 'de Joegoslaven'. Je hebt meerdere groepen die uit Joegoslavië komen. Er zijn er grofweg vier. De belangrijkste is de groep rond Maruf 'Paja' M., een Bosniër die omgaat met Montenegrijnen en uiteindelijk ook bevriend raakt met de Amsterdamse criminelen Sam Klepper en John Mieremet, en de groep rond de orthodoxe Serviër Ljubinko 'Duja' Becirovic. Deze Becirovic is begin jaren tachtig in Nederland komen wonen, nadat hij eerder in Frankfurt en Offenbach heeft gebivakkeerd. Hij zou op jeugdige leeftijd betrokken zijn geweest bij knokploegen die actief waren in de straten van Belgrado, in de dagen dat maarschalk Tito dergelijke jeugdbendes gebruikte om zijn gezag in de Joegoslavische hoofdstad te handhaven.

Een kenmerk van de organisatie rond Duja is dat die vooral bestaat uit mannen van Servische afkomst. De Servische Duja vertegenwoordigt een volksdeel van Joegoslavië dat onderdeel is van een land dat borrelt van de regionale spanning – vaak terug te voeren op etnische twisten die al bestonden voor het communistische tijdperk.

De Joegoslavische gemeenschap is hecht, maar kent ook veel onderlinge verschillen. Naast de Servische clan van Duja, later opgevolgd door zijn vriend Jocic, is er dus ook een Bosnische groepering in de hoofdstad. Ze zijn geen vrienden.

Opvallend aan de Joego's is hoe nadrukkelijk ze aanwezig zijn in het Amsterdamse nachtleven, eigenlijk niet heel anders dan hun Nederlandse handlangers van die dagen. Terwijl de mannen van Duja veelal rondhangen in De Pijp, Centrum, Oud-Zuid en de Jordaan, wordt de Bosnische clan meer gezien in de Rosse Buurt en op de Nieuwmarkt, waar deze groep veelal actief is in de protectie van ondernemers.

De politie houdt de Joegoslaven om voor de hand liggende redenen in de gaten. Hoewel ze nog helemaal niet met zovelen zijn, laten ze zich goed gelden in het Amsterdamse milieu. Zo zijn ze betrokken bij afpersing, wapenhandel, witwassen, overvallen, ripdeals en liquidaties, zo blijkt uit de eerste studies. En daar komt behoorlijk wat geweld aan te pas. Er is wel een verschil tussen de groepen. De mensen van Paja zitten voornamelijk in de prostitutie, de Duja-groep meer in de drugs.

De politie weet dan al dat er ook in Duitsland en België soortgelijke misdaadorganisaties opkomen. Het gerucht gaat dat hun activiteiten zijn gelieerd aan het werk van veiligheidsdiensten in Joegoslavië en Roemenië (Securitate). Het uiteindelijke doel zou zijn: een dominerende criminele organisatie in West-Europa worden.

Het doet onderzoekers dan ook verzuchten dat het soms lijkt alsof deze crimebendes niet meer zijn dan fronttroepen. Soldaten gepositioneerd in het rijke Westen, met als doel het destabiliseren van de samenleving waarin zij zich bevinden. Bovendien lijkt het erop dat het Westen leeggeroofd moet worden, met als einddoel het versterken van de eigen achterban. Veel Serviers in Amsterdam hangen de gedachte aan dat de wereld beter af zou zijn met een Groot-Servisch rijk. De Joegoslavische machthebbers gebruiken zo een win-wintactiek: het tuig is van de Servische straat en zorgt buiten de landsgrenzen nog voor inkomsten ook.

Waar Hollandse penozetypes het breed laten hangen na het binnenharken van hun eerste winsten, bivakkeren de Joegoslaven, ook die in de hoogste echelons, in eenvoudige flatwoningen. Ze verschillen nauwelijks van de woonblokken waarmee een stad als Belgrado vol staat. Die nuchterheid en soberheid bevalt Martin wel.

De Joegoslaven zijn volledig op hun gemak in het Westen: een gevangenisstraf hier werkt dan ook weinig afschrikkend. Wat deze criminelen in eigen land gewend zijn qua straffen en gevangenschap, staat in geen verhouding tot wat ze in Duitsland, Nederland of België kunnen verwachten als ze in handen van de politie vallen. De gevangenissen in dit deel van de wereld zijn hotels vergeleken met de gevangenissen in de Balkan. 'De verwende zonen van Servische beroepsmilitairen – sommigen worden als kind per auto met chauffeur naar school gebracht – die voor een internationale criminele carrière hebben gekozen, beschouwen zichzelf als superieur. Zowel de Hollandse penoze als de politie is voor hun gevoel veel te zachtaardig om in de harde onderwereld van Europa mee te komen.' Aldus criminoloog Frank Bovenkerk in zijn boek *Misdaadprofielen* over de groep rond Duja. Mede daardoor is het de Joego's menens. Ze zitten hier en zijn niet van plan weg te gaan.

Het is niet één ding dat Martin naar Duja drijft, meer een combinatie van factoren. In de eerste plaats is er zijn onbedwingbare zucht om bij iets nieuws te horen. Bij wie hij zich ook aansloot, hij was altijd een passant: bij Piet Schutte, bij zijn collega's van de politie, bij Tonny Hijzelendoorn... Hij kan overal goed meekomen, maar nergens heeft hij het gevoel dat het van hem is, dat hij iets heeft opgezet. Hij is overal te gast. Overigens wel een graag geziene gast die humor, doorzettingsvermogen en trouw hoog in het vaandel heeft staan. Martin weet echt iets toe te voegen, dat zie je ook bij Hijzelendoorn. Het is waarschijnlijk ook een van de redenen waarom Tonny nooit gigantisch tegen de lamp is gelopen. Tonny laat Martin meedelen in de weelde en de rijkdom van dat succes, maar toch mist Martin iets. Hij mist iets van zichzelf en hij mist een groep. Zijn uiteindelijke doel is om ooit over Amsterdam te heersen, de grootste te zijn, maar met Tonny ziet hij dat niet gebeuren. Martin merkt tegelijkertijd dat de Joegoslaven zich steeds duidelijker beginnen te manifesteren in Amsterdam. Bovendien: Duja en hij liggen elkaar wel.

Tegen Ton van Dijk heeft Martin weleens verteld dat hij het leuk vindt om Duja een beetje op weg te helpen. Dat begint al in de vroege jaren tachtig, kan achteraf geconcludeerd worden. Ton van Dijk: 'Hij vond die mannen aardig en omdat ze geen woord Nederlands spraken hielp hij ze een beetje. Dat was zijn verhaal. In het begin zat hij zelfs nog bij het korps, dacht ik. "Ik ben natuurlijk van alles op de hoogte. Ze komen bij mij vragen of ze al in de opsporingsregisters staan bijvoorbeeld," zei hij niet zonder enige trots. Op alle vragen die bij die gasten leefden wist Martin de antwoorden. Of tenminste, dat deed hij hen geloven.'

Martin fungeert eigenlijk als een ideale tussenpersoon voor de Joegoslaven. Hij heeft verstand van de wet en kan hen daarbij assisteren. Daarnaast is hij de perfecte buffer tussen de Joegoslaven en de Nederlandse penoze. Martin kent namelijk iedereen in het Amsterdamse milieu. Jeoffrey beaamt dit: 'Er was geen naam in Amsterdam die voor hem onbekend was. Hij wist over iedereen in het milieu wel iets te vertellen. Een soort encyclopedische kennis van de onderwereld, ja.'

Was Martins gang naar de Joegoslaven ook uit nood geboren? Hij was tenslotte een echte Amsterdammer en op dat moment is de groep rond Klaas Bruinsma alomtegenwoordig. Het zou best logisch geweest zijn als hij bij hen aansluiting had gevonden.

'Nee, we moesten hem niet,' zegt een ex-lid van de groep Bruinsma over hem. 'Is toch logisch? Het blijft een ex-smeris en je weet wat ze zeggen: eens een smeris altijd een smeris.'

Halverwege jaren tachtig vinden er allerlei verschuivingen plaats binnen de groep van Klaas Bruinsma. Zo besluit Thea Moear, de boekhouder van de organisatie en bondgenoot van het eerste uur, uit de groep te stappen. Ze vindt dat de handel verhardt, zie bijvoorbeeld de schietpartij in de Wakkerstraat en de kring van zware jongens met wie haar compagnon Klaas zich de hele dag omringt. Bruinsma en Moear spreken een regeling af die onder andere inhoudt dat ze elke maand twaalfduizend gulden van hem krijgt. Haar plek in de organisatie wordt overgenomen door Ed Sweering. Ongeveer tegelijkertijd sluiten twee twintigers, die Martin Hoogland als jonge jongens uit zijn buurt kent, zich aan bij Bruinsma. John Mieremet en Sam

Klepper, van de Mercatorbuurtbende, weten in de organisatie van Bruinsma binnen te dringen. Zij hebben dan al een redelijke naam in criminele kringen. Ze krijgen binnen de Bruinsma-groep zeggenschap over de binnenlandse hasjhandel en nemen ook iets mee: de gokkastenbranche van Amsterdam, een bedrijfstak waarin de vader van Mieremet al werkzaam was. Uiteindelijk zullen ze horecaondernemers met soms harde hand bewegen gokautomaten van hen af te nemen en niet van een andere handelaar, waardoor Sam en John bijna het volledige monopolie op de Amsterdamse gokautomatenbranche krijgen.

Martin vindt geen aansluiting bij de groep rond Bruinsma en kiest dus voor de Joegoslaven die tegenover de Bruinsma-groep komen te staan: de groep van Duja. Onder het motto 'als wij dezelfde vijanden hebben, zijn we vrienden', sluit de groep rond de Bosnische Maruf 'Paja' M. zich aan bij de mannen van Bruinsma.

Martin en Duja worden echte vrienden en brengen veel tijd met elkaar door. Ze spreken vaak af in echte Joego-kroegen zoals Café Celia of Het Kasteeltje in Amsterdam-Zuid, waar ze samen op de gokkasten spelen, maar ze komen ook in de Falcon Crest van Dicky Baruch. De Amsterdamse horecabaas heeft ook de minder vriendelijke kant van Duja gezien. De kant die zomaar ineens de kop kan opsteken omdat Duja nogal licht ontvlambaar is. Vooral als hij het gevoel krijgt besodemieterd te worden, kan hij binnen een seconde omslaan.

Tonny Hijzelendoorn ziet ook steeds duidelijker dat Martin naar de Joegoslaven trekt. Hij vindt die ontwikkeling wat minder, is niet zo gecharmeerd van die Balkan-types. Zet Martin hem nou aan de kant voor een stel Joego's? Als Tonny Martin in een kroeg ziet, kan hij het niet laten om een beetje smalende opmerkingen te maken. De Amsterdamse afzeikhumor in *full effect.* Een insider en vriend van Tonny: 'Ja, Tonny was hem een beetje aan het irriteren. Wat dat betreft leek Tonny ook wel een beetje op Cor van Hout, die kon ook zo zuigen en mensen kleineren. Ik heb het weleens meegemaakt dat ik met Tonny in 't Narretje op de Rijnstraat zat toen er een paar kampers binnenkwamen met wie ik een beetje mot had. Ik vertelde dat tegen Tonny en die had iets van dertig gram coke in zijn binnenzak zitten. Dat legde hij zo op de grond neer in een dikke lijn, alsof er een streep lag. Toen sprak hij die kampers aan: "Hier, zie je die lijn? Mogen jullie niet overheen van mij omdat jullie mijn vriend lastigvallen." Zo was Tonny gewoon. Die had schijt aan reputaties, ook aan die van Martin.'

Jeoffrey: 'Mijn pa is een keer naar Antwerpen geweest met Duja voor een bruiloft. Gingen ze daarna naar het casino daar. Dat liep helemaal uit de hand omdat Duja boos werd omdat hij te veel geld verloor. Gooide hij zo die hele tafel om met fiches en al. Mijn vader moest dat toen sussen. Dat deed hij wel meer. Ik kan me herinneren dat mijn pa een keer met Duja in 't Biggetje zat. Die gaf toen vijfhonderd gulden aan Teuntje de barman om tien gram te gaan halen. Maar Teuntje kwam niet meer terug. Nou, dat pikte Duja natuurlijk niet en dan moest mijn vader dat weer oplossen.

Waar mijn vader vroeger Tonny meenam om mij op te halen, stond hij nu met Duja bij het schoolplein. Ik vond hem een heel lieve man. Duja was helemaal gek met mij. Na school gingen we met z'n drieën naar 't Schooltje, een heel dure en exclusieve kinderkledingzaak op de Overtoom. Mocht ik allemaal stoere trainingspakken en kleding uitzoeken. Ik werd volledig in de watten gelegd. Ook stopte Duja me geld toe. Ik werd zo verwend door die man. Echt soms gewoon duizend gulden. Ik kwam met dikke pakken geld thuis. En dan zeiden ze tegen me dat ik niks tegen mijn moeder moest zeggen omdat ik het anders kwijt was. Dus stopte ik dat allemaal onder mijn vloerbedekking. Maar als mijn moeder en ik in een financieel wat mindere periode zaten, gaf ik haar wat van dat geld hoor.'

Na Sheherazade moet ook Falcon Crest zijn deuren sluiten. De kroeg wordt steeds vaker en beter in de gaten gehouden door de politie en in 1985 is het klaar. Directe aanleiding is een inval van een paar undercoveragenten. Baruch: 'Er zaten vier stillen binnen. Allemaal gedoe en geschreeuw: "Handen omhoog, handen omhoog!" Toestanden. Wat bleek? Ik had twee gokmachines staan en daarachter hadden twee negers hun coke verstopt om uiteindelijk door te verkopen. Martin stond daar ook bij, dus ik zeg: "Lullekop, heb je dat niet gezien dan dat die negers daar zaten te dealen?" Was hem niet opgevallen. Nou, dat was de druppel. En het einde van Falcon Crest.'

Daarna zien Martin en Baruch elkaar niet veel meer. En dat is vervelend want Baruch krijgt nog geld van zijn oude portier. Anderen vertellen hem dat hij regelmatig in de Stadioncorner zit. 'Ik hoorde via via dat Hoogland in die tent een meevallertje had gehad: hij zou in een illegale lotto tachtigduizend gulden hebben gewonnen.'

Dat verhaal wordt bevestigd door Jeoffrey: 'Ja, mijn vader speelde mee met de lotto van Rob Neus. Hij wist tien wedstrijden uit de Bundesliga goed te voorspellen en kreeg toen tachtig ruggen.'

Voor Baruch is dat aanleiding om eens te bellen naar Hoogland. Martin neemt op en Dicky begint meteen over die lotto. 'Ik dacht: misschien kun je dat bonnetje met me verrekenen dat nog openstaat.'

'Wat? Godverdomme Dick! Bel je me daarvoor? Vuile oplichter. Ik schiet je zo overhoop hoor, vuile viezerd dat je er rondloopt!'

Maar Baruch laat zich niet intimideren en zegt dat Martin dan maar langs moet komen. 'Doorgesnoven gek! Wie denk je dat je bent om mij te bedreigen? Ik ben niet bang voor jou, hoor! Kom maar langs als je durft.'

Uiteindelijk komt Hoogland niet langs. Het gewonnen geld gaat op aan een vakantie naar Spanje.

Al die doorgesnoven gekken, een bedreiging, en toch beweert Baruch nooit echt bang te zijn geweest. Dat komt voornamelijk omdat hij altijd de back-up van de veiligheidstroepen van de eigenaar van Casa Rosso, Zwarte Joop de Vries, achter zich had staan. 'Iemand als Chris Dolman bijvoorbeeld, dat was toen wel een grote naam in het Amsterdamse nachtleven.' Dolman was het hoofd van de beveiliging van Casa Rosso. Hij en zijn ordetroepen zorgden dat het stuk Wallen van Joop de Vries er nog enigszins beschaafd bij lag. Hij was een bekende figuur in het nachtleven en je had hem maar beter aan jouw kant staan. Baruch herinnert zich een verjaardagsfeest, jaren later alweer, na de moord op Klaas Bruinsma: 'Chris Dolman was aanwezig op mijn feest en Martin was er ook. Die twee raakten met elkaar aan de praat en toen hoorde ik Martin iets zeggen van: "Ik heb je mooi geholpen, hè?"'

Ook Chris Dolman herinnert zich dit verhaal nog precies. 'Ja, dat zei Mar tin inderdaad ja. Hij zocht me toen echt op die avond, kwam de hele tijd naast me zitten. Ik dacht: wat moet die kerel van me? Hij zei: "Herken je me niet meer? Ik ben Martin. Ik heb op Bureau Warmoesstraat gewerkt. Je noemde me altijd McCloud, naar die tv-serie." Toen wist ik het weer. Dat was Martin Hoogland. Hij nodigde me die avond nog uit om met hem mee te gaan feesten met hoeren en snoeren en weet ik veel wat, maar daar had ik helemaal geen trek in. Hij was overduidelijk niet helemaal nuchter. Maar wat Dicky zegt klopt: op een gegeven moment komt-ie naast me zitten en zegt tegen me: "Hé, Chris, waar jij mee bent begonnen heb ik toch maar mooi afgemaakt, hè? Daar heb ik je wel even mee geholpen, hè?" Ik zei toen alleen maar: "Jij hoeft mij nergens mee te helpen jongen." Toen ben ik weggegaan bij hem, want ik had hier geen zin in.'

Als Dolman gevraagd wordt met wie Martin hem dan geholpen zou hebben, moet hij het antwoord schuldig blijven: 'Het ligt voor de hand om te denken aan Klaas Bruinsma natuurlijk. Door die schietpartij in de Wakkerstraat in 1983 wist iedereen dat Bruinsma en ik geen vrienden waren, maar ik weet dat niet zeker. Het is allemaal zo lang geleden...’

Stephanie en de wapenstash

Ze heeft wel iets weg van Whitney Houston, de zangeres die in 1985 doorbreekt met 'Saving All My Love For You' en 'How Will I Know'. Maar Stephanie heeft geen gouden keeltje, dus met zingen geld verdienen zit er niet in. Stephanie, niet haar echte naam, werkt als prostituee.

Ze hoort bij een groepje meiden dat een beetje rond zware jongens hangt, ze geven het Amsterdamse nachtleven wat kleur. Ingrid gaat regelmatig om met Stephanie. Ze gaan regelmatig met elkaar wat drinken en de stad in.

Stephanie heeft een vriend, Erwin Tra, een jongen die iets doet in de wiethandel. Hij staat bekend als een opgewonden standje omdat hij nogal eens mensen in het nachtleven bedreigt. Dan loopt hij tegen ze op en komt op luide toon verhaal halen. Zegt dat er een vlek op zijn blouse zit door de schuld van de ander en dat de stomerij nu betaald moet worden. Om die woorden kracht bij te zetten, mept hij erop los. Het slachtoffer graait meestal doodsbang in zijn zak en geeft wat geld af. Ja, Tra kiest zijn slachtoffers altijd zorgvuldig uit.

Als Stephanie Ingrid een keer komt ophalen op het Meerhuizenplein om samen de stad in te gaan, ziet ze daar Martin. Er gebeurt iets. Stephanie vindt Martin wel een leuke kerel. Martin vindt haar wel een lekker ding. Ze flirten wat en wisselen stiekem nummers uit.

Als Ingrid is verhuisd naar de Cornelis Dirkszstraat woont ze weer samen met Martin, maar samenwonen met iemand die steeds meer coke gebruikt is een uitdaging. Er is geen enkele afspraak met Martin te maken, hij blijft soms nachtenlang weg en als hij er dan een keer is, slaapt hij. Jeoffrey zegt dat zijn moeder op de gekste plaatsen spullen vindt: 'Mijn vader verstopte geld of zijn pistool meestal in de vriezer. Hij was ook heel trots op die verstopplaats:

"Zeg nou zelf: niemand kijkt toch in de vriezer als ze op zoek zijn naar geld of wapens?" zei hij altijd. Maar als mijn moeder een paar kroketjes in het vet wilde gooien, had ze ineens een revolver in haar hand.'

Het levert spanningen op in huis. Ingrid zit hier niet op te wachten. De spreekwoordelijke druppel komt onverwachts, als ze ergens naartoe moet en tegen Martin zegt dat ze een paar uurtjes weg is. Martin vindt het goed. De twee geven elkaar een kus en Ingrid loopt de deur uit. Ze is net een paar minuten buiten als ze bedenkt dat ze iets is vergeten. Snel terug naar huis om het op te halen. Ingrid steekt de sleutel in het sleutelgat, opent zachtjes de deur en loopt de gang in. Daar hoort ze geluid uit de logeerkamer. Ze loopt erheen en opent de deur met een zwaai. Martin zit op de grond. Om hem heen liggen meerdere soorten vuurwapens en munitie. Ingrid kijkt van de uitgestalde wapens naar hem.

'Hé, mop!' zegt hij met een blik in zijn ogen die totaal van de wereld is. Voor hem ligt een zak met coke. Onder zijn neus wit poeder. Hij probeert zo goed en zo kwaad als het kan nog een wapen onder het bed te verstoppen.

'Vuile klootzak, Martin, gek! Wat denk je dat je aan het doen bent? Wat gebeurt er als hier politie binnenvalt? Ik ga niet voor jou zitten hoor!'

Martin probeert haar nog te kalmeren en zegt dat hij ervoor zal zorgen dat het zo snel mogelijk weg is.

Ingrid hoort het amper. Ze is al weg en heeft de deur dichtgeslagen.

'Stephanie! Wat flik jíj me nou? Wat moet jij met mijn vent? En Martin, jij kunt ook de tering krijgen! Vuile klootzak!'

Laaiend is ze. Ingrid rijdt in een taxi door de De Clercqstraat en kijkt de Elisabeth Wolffstraat in. Daar ziet ze de grijze Jaguar Sport van Martin voor de woning van Stephanie. Hij staat dubbel geparkeerd. Wat doet hij daar? Ze laat de taxi stilstaan voor de Jaguar en stapt uit. Ze belt aan en als de deur wordt geopend, stormt ze naar binnen. Met haar snerpende stemgeluid met onmiskenbaar Zaans accent tiert, vloekt en scheldt ze hen de huid vol. Ze is bedrogen door haar vent, maar ook door haar vriendin. Ze loopt op de auto van Martin af. Ingrid heeft naaldhakken aan en plant die in het blik van de deur, in het spatbord en in de zijkant. Ze loopt zo een paar keer om de Jaguar heen tot er een indrukwekkende hoeveelheid kleine gaten in het blik getrapt zit. Daarna gaat ze naar huis.

Het is het einde van de tweede poging om met elkaar een gezin te vormen. Martin moet het huis uit en vindt onderdak bij Stephanie.

Jeoffrey gaat af en toe stiekem naar de Elizabeth Wolffstraat om Martin te zien. ‘Mijn vader zei tegen me: “Zeg maar niet tegen je moeder dat je hier komt. Dat vindt ze vast niet zo leuk. En dan begint ze weer te schreeuwen en zo...” Mijn pa vond dat mijn moeder te vaak tegen mij schreeuwde. Hij kende dat zelf natuurlijk ook en vond het verschrikkelijk als ze zo tekeerging tegen me. Dus ik heb daar nooit iets van gezegd, nee. We spraken vaak eerst af bij café Kalkhoven. Daar kwam mijn vader ook graag. En dan liepen we samen naar het huis van Stephanie op de Elizabeth Wolffstraat. Ik begrijp het ook best wel dat mijn moeder overstuur zou zijn als ze hoorde dat ik bij Stephanie zat. Ik heb Stephanie zelf wel altijd een heel aardige vrouw gevonden, ze was tegen mij heel lief, maar wat ze heeft gedaan is natuurlijk niet netjes. Ze heeft de man afgepakt van een vrouw met wie zij omging. Vandaar dat mijn moeder die auto van mijn vader in elkaar heeft getrapt met haar naaldhakken. Mijn pa ging, zeg maar, een beetje vreemd met een soort vriendin van mijn moeder. En ja, dan komt het natuurlijk nooit meer goed...’

De West-End-schietpartij

De West-End-bar aan de Jan Evertsenstraat heeft een geschiedenis die misschien wel te vergelijken is met die van de RoXY-bioscoop bij de Munt. Het zijn vooroorlogse gebouwen in art-decostijl. Ooit gingen honderden Amsterdammers er wekelijks naar de film, of bezochten er revuevoorstellingen met een hoge grapdichtheid, totdat de klad kwam in het bioscoopwezen. Rond 1980 leiden veel Amsterdamse buurtbioscopen een kwakkelend bestaan; de kleintjes vallen het eerste om. Zowel voor de RoXY als voor het West-End-theater – ook nog even Ambassade Theater geheten – geldt dat er op een gegeven moment alleen nog maar softporno- en knokfilms vertoond worden.

West-End in de Jan Evertsenstraat wisselt voortdurend van eigenaar. In de jaren zeventig neemt het echtpaar Henk en Bep de zaak over en begint er een tweedehands meubelhal; de naam van de bioscoop uit 1933 blijft. Het paar adverteert in die jaren wekelijks met kortjes in *De Telegraaf*: 'KOM IN DE WEST EIND KIJKEN'.

Maar de glorie van weleer is ver te zoeken in de 160 vierkante meter grote zaal, tussen de rotanstoelen, staande asbakken en glazen salontafeltjes. In 1979 volgt een opheffingsuitverkoop.

Daarna neemt een stel Amsterdammers het pand over. De art-decotrappen worden gerestaureerd. De muren ontdaan van lagen verf. De zaal wordt weer vrijgemaakt en er komt een lange bar aan het einde van de feestzaal. De West-End wordt omgetoverd tot een glimmende dancing. De West-End-bar ligt precies daar bij de Admiralenbrug waar Martin Hoogland ooit zijn schoolvriend Sjaak uitlegde wat het politiebestaan voor hem betekende, en wat het voor Sjaak zou kunnen betekenen.

Martin is veel te vinden in de West-End. Hoogland heeft inmiddels een naam voor zichzelf opgebouwd in het nachtleven als de ex-agent die niet bang is en altijd een vuurwapen op zak heeft. Ruud Hillegers: 'Martin had er eentje links en eentje rechts. Iedereen wist het van hem.'

Martin woont nu in bij Stephanie en die zorgt voor hem. Zijn eten staat klaar, zijn kleding wordt gestreken. De twee hebben afgesproken dat ze niet meer hoeft te werken. Martin vindt Stephanie mooi. Tijdens de seks kijkt hij naar de kleurverschillen van hun huid. Zwart en wit in een liefdevolle verstrengeling met elkaar.

Op rustige dagen zien rechercheurs en agenten Martin bij de deur van de West-End-bar vooral veel roken en met iedereen praten. De sigaretten of Van Nelle-shag schaft hij aan bij de ernaast gelegen snackbar Marja. Agenten zien dat Martin vriendschappelijk contact heeft met de Joegoslavische crimineel Duja. De Joego brengt regelmatig een bezoek aan de gelegenheid als Martin er ook is. Agenten zien hoe de flamboyante Duja zijn Porsche een uur half op de stoep voor de deur parkeert. Ze nemen waar dat de twee mannen naar de nabijgelegen Step In gaan, de tent die op de hoek zit van de Admiraal de Ruijterweg. Dat was de vaste hang-out van John Mieremet en Sam Klepper. 'Die tent was van Arie de Heer, de zakenpartner van John Mieremet en Sam Klepper, maar eigenlijk was die tent gewoon van hen,' zegt een ingewijde. 'De halve onderwereld van Amsterdam kwam daar.'

Maandag 8 december 1986, een donkere, grijze dag. De zon heeft zich overdag helemaal niet laten zien. De temperatuur blijft steken op een paar graden boven nul. De meeste mensen duiken diep in hun kraag. Sinterklaas is net weg. Het is de stilte voor de eerste, vroege kerstinkopen. Maar voor Martin is het *business as usual.* Hij zit in de West-End met Stephanie en terwijl de tent al een beetje vol begint te lopen, staat hij bij de deur nog even met iemand te kletsen. Daarna gaat hij naar de wc.

Precies op dat moment komt de amper 20-jarige Erwin Tra de West-End binnen. De ex-vriend van Stephanie is lichtelijk opgefokt dat zij het nu doet met, wat Tra noemt, een ouwe kerel van dertig. Erwin heeft al her en der in de stad slecht lopen praten over het stel. Tra weet zich die avond vergezeld van Berry Beekman, een man die acht jaar ouder is dan hij. Zowel Tra als Beekman doen iets in de coffeeshopwereld. Als Erwin Tra de ruimte van de West-End scant, ziet hij al snel zijn ex Stephanie aan de bar zitten. Ze is alleen. Hij loopt op haar af en begint van een afstandje tegen haar tekeer te gaan. Zij heeft duidelijk geen zin in gedoe en wendt zich van hem af. Op dat moment verheft Erwin Tra zijn stem. Het barpersoneel, getraind in het herkennen van dit soort situaties, ziet het gebeuren en probeert tussenbeide te komen. Martin komt van de wc, ziet van een afstandje dat Stephanie wordt lastiggevallen en versnelt zijn pas richting zijn vriendin. Hij ziet hoe een jonge vent tegen haar schreeuwt. Terwijl Martin steeds sneller op de situatie afloopt, voelt hij aan het pistool in zijn jaszak.

Op dat moment zegt Erwin Tra nog tegen Stephanie: 'Ja, en wat moet je nou met die ouwe vent? Je moet niet denken dat ik bang van hem ben omdatie een pistool...' Hij heeft de zin nog niet uitgesproken of hij ziet Martin van een paar meter afstand op hem afstormen. Martin richt zijn vuurwapen op Tra. Hij vuurt tweemaal.

Paniek breekt uit in de zaak. Eén kogel doorboort de knieschijf van Tra, de ander komt terecht in het lichaam van zijn kennis Berry Beekman. Iedereen stuift weg. Mensen rennen gillend de West-End uit, willen zo snel mogelijk weg van de plaats delict waar twee mannen op de vloer liggen te kermen. Politie en ambulance arriveren. De broeders beginnen meteen de twee slachtoffers te verplegen. Martin is dan al weggevlucht. Hij is de donkere stad in gedoken, bezoekt diverse kroegen en wordt die nacht ook nog in een seksclub gesignaleerd. Een dag later meldt hij zich bij de politie op het bureau Meer en Vaart, met een advocaat aan zijn zijde. De politie plaatst hem in een huis van bewaring.

De kranten wijden korte stukjes aan het voorval. Martin is nu de 'ex-agent' die is gepakt voor een schietpartij. Dagblad *Trouw* heeft een foto van hulpverleners met een brancard met een van de slachtoffers erop. Martin wordt uiteindelijk na een kort proces in 1987 tot vijftien maanden gevangenisstraf veroordeeld, op basis van enkele getuigenverklaringen en kruitonderzoek. Tegenover vrienden reageert Martin heel laconiek op de straf. 'Mooi toch? Kan ik even afkicken van de coke.'

Een straf van vijftien maanden voor een schietincident vinden we nu niet veel, toen was dat heel normaal. 'Martin vertelde mij bovendien dat hij die Tra even onder druk had laten zetten,' zegt Hans de Vriend, de collega van Martin op de Floriade. Ze komen elkaar twee weken na de schietpartij tegen, toevallig weer in de Kinkerstraat: 'Ik vroeg hem: "Hé, Martin, wat was dat nou met die schietpartij, man?" Hij begon te lachen en zei dat het gewoon een heel vervelend mannetje was, die Tra. "Maar mijn vrienden hebben even gesproken met hem en nu is het alweer klaar hoor. Hij heeft zijn aangifte ingetrokken." Iemand kan helemaal niet zijn aangifte intrekken, dat wist Martin ook wel, maar ik stond op straat met hem en had geen zin om daarover in een discussie te belanden, dus liet ik het maar zo. Het is vaak ook grootspraak,' aldus Hans de Vriend.

Hans heeft zelf Erwin Tra ook weleens voor zich gehad, zo vertelt hij: 'Ik hield hem ergens aan en begon hem te fouilleren. Toen ik bij zijn been aankwam was het van: "Au! Au!" Ik vond dat gek want die Tra was best een grote kerel. "Doe niet zo kleinzerig man," zei ik tegen hem. "Ik ben wel door een ex-collega van jou door mijn knie geschoten hoor!" zei hij vervolgens. Nou, toen wist ik natuurlijk meteen hoe het zat, hè?'

Erwin Tra overleeft dus de schietpartij met Martin, maar uiteindelijk loopt het niet goed met hem af. Hij wordt door bijna iedereen in de Amsterdamse onderwereld gezien als een lastpak, krijgt ruzie met de compagnon met wie hij een handeltje in speed heeft opgezet en bedreigt onder andere portiers van een bij Joegoslaven populair café. Daarnaast heeft Tra problemen met zijn ex, die van een woonwagenkamp afkomstig is. Het is allemaal wat veel voor de eind twintiger Tra. Op 20 december 1993 schiet een in het zwart geklede man Tra dood als hij uit de Churchillbar komt op de hoek Churchilllaan-Scheldestraat. Hij krijgt één kogel in zijn schouder die in zijn lichaam alles stukmaakt.

Hans vertelt dat hij het gevoel heeft dat die schietpartij in de West-End een soort kantelpunt was. 'De reputatie van Martin was bij zijn oud-collega's al op een dieptepunt.' Tegelijkertijd werd zijn reputatie binnen de onderwereld alleen maar sterker. 'Ja, die Tra begon een beetje te dreigen naar die meid en dat pikte Martin niet... Martin trok 'm toen gewoon. Vanaf dat moment stond hij niet alleen bekend als de ex-agent die altijd een of twee wapens bij zich had, maar ook als iemand die er echt mee schoot.'

Jeoffrey Hoogland is 8 jaar oud als hij hoort dat zijn vader de gevangenis in moet. 'Mijn moeder vertelde het me. Ik kreeg kort daarop een kaartje van hem: "Zoals je weet zit papa in de gevangenis." Dat schreef hij. Ja, ik vond het natuurlijk wel verschrikkelijk, maar ik besefte het op dat moment nog niet zo heel erg. Ik weet nog wel dat er in mijn klas meer kinderen zaten van wie de vader in de bajes zat. Sommige kinderen deden daar heel stoer over, maar ik deed dat niet.'

Het grootste gedeelte van zijn straf zit Martin in Leeuwarden uit. Omdat in die tijd er automatisch een derde van de straf af gaat, zit Martin effectief tien maanden in de cel. Als hij tegen het einde van zijn straf zit, mag hij al een paar keer op verlof. Jeoffrey: 'Toen is hij een keer gewoon niet teruggegaan. Hij had er geen zin meer in en vond het wel genoeg zo. Dat zei hij tegen me. Mijn pa dook onder, bij Stephanie, maar dat duurde niet lang. Ze hebben hem toen na een paar dagen alweer gearresteerd en toen moest hij alsnog het restant van zijn straf uitzitten.'

Overigens gebruikt Martin Hoogland de tijd in de bajes van Leeuwarden zeer goed. Hij neemt een schriftelijke cursus Joegoslavisch mee de gevangenis in. Hij oefent elke dag. Want je moet natuurlijk wel aan je toekomst denken.

Welkom bij de groep

Begin 1988 ontvangt een rechercheur van de dienst Ernstige Delicten die boven op de Duja-groep zit, een kogelbrief. Er is geen twijfel mogelijk: dit komt uit de Joego-hoek. De impliciete boodschap: 'Laat ons met rust.' Het is een overduidelijke provocatie. Dit zijn methodes die tot dan toe in Nederland niet gebruikelijk zijn. Maar de dreiging heeft nog succes ook: het Amsterdamse onderzoek naar de Joego-maffia wordt op een lager pitje gezet. Er zijn op dat moment andere prioriteiten, zoals de opkomst van de Turken. Maar gek is het natuurlijk wel, want aan de kant van de Joego's is er behoorlijk wat aan de hand.

De groep Joegoslaven in Amsterdam manifesteert zich steeds duidelijker. Er duiken meer en meer Balkan-voornamen op in de dagelijkse nieuwsberichten. Een van de eerste keren dat de alarmbellen afgaan, is na een roofoverval op een juwelier genaamd 'Facet', in de Molukkenstraat bij het Amsterdamse Flevopark. Dat is begin juni 1986. Hierbij komt de 39-jarige Herman Wijnschenk om het leven. Hij wordt beschoten, staande voor de kluis in zijn zaak. Een zoon en een oom zijn getuige van het gruwelijke voorval. Ze dienen in opdracht van de overvallers op de grond te gaan liggen. De daders weten te ontkomen en laten een vluchtauto achter bij het Amstelstation.

Hiervoor wordt de dan 24-jarige Servische Sreten 'Joca' Jocic opgepakt. Hij was ook aanwezig bij het feestje in de Falcon Crest waar Martin Hoogland en een stel Joego's coke gebruikten en eigenaar Dick Baruch dat aanvankelijk afkeurde. Door het onderzoek naar deze overval steekt de recherche wel iets op van de organisatie waarvan deze jonge Sreten Jocic uit Belgrado deel uitmaakt. Kort na Jocic' arrestatie wordt hij weer vrijgelaten, wegens gebrek aan bewijs.

Niet lang nadat Martin Hoogland zijn straf voor de schietpartij in de West-End heeft uitgezeten, komt voor het eerst nadrukkelijk bij politie en justitie naar voren dat hij zich heeft aangesloten bij een specifieke Joego-clan: die van Duja. Tijdens een van de observatiediensten naar de groep rond Duja staan twee rechercheurs bij het Italiaanse restaurant La Trattoria, een hang-out voor Joego's. Het restaurant wordt gerund door de Italiaan Alfredo Marcione. Het is een komen en gaan van types uit de Servische maffiagroep van Duja Becirovic. Er worden die avond door de politie heimelijk opnames gemaakt en op die beelden zien de rechercheurs een bekend hoofd: ex-agent Martin Hoogland.

De Amsterdammer is een van de gasten van de Servische gangsters in het restaurant, en naar het zich laat aanzien geen onbelangrijke. Een bron dicht op het onderzoek: 'Je zag het aan de manier waarop hij werd begroet. Dat ging heel hartelijk. Met veel schouderkloppen, zoenen, als een scène uit *The Godfather*. We hadden echt zoiets van: wat doe die mafkees van een Hoogland nou hier? Dat is raar. Aan de ene kant hadden we natuurlijk al wel opgevangen dat hij zakendeed met Joegoslaven, maar dat hij zo'n heldenontvangst zou krijgen... Daar keken we best van op.'

Een vermoeden dat al enige tijd leeft bij de Amsterdamse politie wordt met deze beelden concreet. Martin Hoogland maakt deel uit van de Joegoslavische crimescene in de hoofdstad. Hij weet zich er goed te redden: de paar woorden Joegoslavisch van voor de West-End-schietpartij zijn dankzij de taalcursus in de gevangenis volzinnen geworden. Die inspanning werpt zijn vruchten af. Hoogland lijkt heel makkelijk en natuurlijk in de groep te passen.

Zoveel jaar na dato is het nog altijd een wonder dat het Martin is gelukt. De Joego's staan, zeker in die dagen, bepaald niet bekend als een open organisatie. Martin kwam natuurlijk veel in hun kroegen en had een meer dan hechte vriendschap ontwikkeld met Duja. Martins goede vriend Dorus Kwarten heeft er met zijn neus bovenop gestaan: 'Die twee waren closer dan broers hoor.' Volgens Jeoffrey hebben Duja en zijn vader ook nog iets met bloed gedaan. 'Ja, ze maakten allebei een sneetje in hun hand en die drukten ze tegen elkaar aan. Zo gaven ze een handdruk. Dat betekent wel wat hoor. Door Duja kon mijn vader zich aansluiten bij de Joegoslaven. Mijn vader heeft bewezen dat hij een kerel was, dat hij niet bang was.'

Maar wie in zo'n goedlopende organisatie een positie wil bekleden, zal ook iets moeten betekenen voor de mannen van de Balkan. Hoogland weet zich op sommige terreinen overduidelijk te presenteren als iemand aan wie de Joego's wat hebben; hij is immers de agent die weet hoe de tegenpartij denkt.

John is ex-agent en zat een tijdje bij het observatieteam. Hij hield zich halverwege de jaren tachtig veel bezig met Joego's. 'We reden achter een paar van die mannen aan en Martin was daar ook bij. Je zag meteen zijn invloed. Hij lette heel anders op zijn omgeving, was beducht voor alles wat afweek van het normale, eigenlijk gewoon als een smeris. Daardoor had Hoogland ons zo in de smiezen. Op een gegeven moment waren we die Joego's ook nog eens kwijtgeraakt. Bleek plots dat ze achter óns reden! Nu lach ik erom, maar ik weet dat we aardig in de rats zaten op dat moment. Ze stonden als zeer gevaarlijk bekend.'

Martin Hooglands ster is rijzende sinds de schietpartij in de West-End. Hij heeft laten zien dat hij niet bang is en stalen ballen heeft. Daardoor krijgt hij respect van de mensen om hem heen. Dorus Kwarten: 'Iedereen was na West-End bang voor hem. Hij had niet alleen zijn pistool getrokken, maar was ook niet bang om dat te gebruiken! Daarbij stond Martin hoog aangeschreven omdat hij correct was en straight en to the point. Martin liet zich niet met een kluitje in het riet sturen.'

Voor Duja is Hoogland tegelijk een bron van informatie. Martin kent iedereen in de stad en is als geen ander op de hoogte van alle ontwikkelingen binnen de onderwereld. Hij fungeert als perfecte tussenpersoon en als een soort buffer. Dit zou kunnen verklaren waarom bepaalde kopstukken van de Joego-maffia gedurende de jaren tachtig relatief ongehinderd hun gang kunnen gaan. Een insider zegt hierover: 'Martin ging vooral met Duja om. Duja was een topper, die man had echt klasse. Martin wist alles van de wet en dat vond die Duja prachtig. Martin had Duja en Duja had Martin. Die voorzag Duja van allerlei tips en trucs... *Dat moet je zo doen en dat zo...* Martin is altijd een bemiddelaar geweest voor die Joego's.'

In een brief aan een bekende, wanneer hij vastzit voor de moorden op Bruinsma en Hijzelendoorn, heeft Martin het over een reis via Panama naar uiteindelijk Barranquilla in Colombia die hij begin 1990 heeft gemaakt. Wellicht heeft hij deze trip te danken aan zijn rol als tussenpersoon voor de Joego's. Het lijkt alsof Martin deze reis in zijn eentje heeft ondernomen, want niemand kan dit verhaal bevestigen. Als hij al iemand heeft meegenomen, moet dat Duja of Jocic zijn geweest. Duja is dood, en Jocic zit in Belgrado in de gevangenis zijn straf uit. Ik heb verschillende malen gebeld met de advocaat van Jocic, mr. Zdenko Tomanovic, en diverse berichten achtergelaten, maar het is niet gelukt om contact met hem te krijgen.

Martin maakt de reis waarschijnlijk om voor de Joego's op zoek te gaan naar een directe lijn om cocaïne naar Nederland te halen. Rond die tijd zijn de Joego's daar op meerdere manieren mee bezig. Daarbij is Martin altijd degene die het eerste contact legt. Het is tekenend voor Martins status binnen de groep van Duja dat hij eropuit wordt gestuurd om te onderhandelen met de Colombianen.

Dorus Kwarten herkent het beeld van Martin de bemiddelaar wel: 'Martin kende iedereen en was close met iedereen. Hij kon met iedereen overweg. Dan komen mensen vanzelf naar je toe als er wat geregeld of iets opgelost moet worden. Maar Martin was ook veel op zichzelf, hoor. Hij deed gewoon zijn eigen ding.'

Jeoffrey: 'Ja, mijn vader trad vaak op als bemiddelaar. Hij deed dat ook graag, maar hij was ook zo dat als hij iets oploste als tussenpersoon voor jou, hij op een dag bij je terugkwam. Dan vroeg hij jou weer om een gunst. Zo was hij dan ook wel weer. Voor wat, hoort wat.'

De asbak

De relatie tussen Martin Hoogland en Stephanie is na de schietpartij in de West-End vrij snel voorbij. Maar Martin is er niet de man naar om lang alleen te zijn. Hij heeft nu zijn zinnen gezet op Mandy Heeremans, een 20-jarige Amsterdamse schoonheid uit de Jordaan. Tien jaar jonger dus. Mandy woont met haar moeder Corry om de hoek van de Madelievenstraat. Dorus Kwarten regelt voor Martin een date met Mandy. Ze spreken af dat Dorus zich op moeder Corry richt zodat Martin werk kan maken van dochter Mandy. In no time is het geregeld en zijn Martin en Mandy een setje.

Mandy is het nichtje van Piet van der Mei en Piet heeft een kroeg, 't Biggetje. Deze kroeg in de Jordaan is midden jaren tachtig het middelpunt van Martins leven. Ook tijdens zijn detentie voor de moorden op Bruinsma en Hijzelendoorn speelt deze kroeg een grote rol. Hij belt er vaak naartoe om zoon Jeoffrey te spreken. 'Voor mijn vader was 't Biggetje een soort huiskamer.'

Het merendeel van de bezoekers speelt graag het dobbelspel seven-eleven, maar Martin zit graag achter de gokkast; ook hier staat een Random Runner. Omdat Martin in die tijd veel met Joegoslaven omgaat, neemt hij ze allemaal mee naar 't Biggetje. Zo zorgt hij er in zijn eentje voor dat het daar verandert in een onvervalste Joego-kroeg. Langzamerhand veranderde de clientèle van gewone Amsterdammers tot een mengeling van Amsterdammers en grote, breedgeschouderde kerels met zwart haar in de gel en zwarte, leren jassen. 'Ze spraken allemaal Joegoslavisch met elkaar,' zegt een bron die in die tijd veel in 't Biggetje kwam.

Eigenaar Piet van der Mei doet er alles aan om zijn klanten te binden. Zo formeert hij ergens in 1988, het jaar dat Oranje het EK wint, een vrij explosief voetbalelftal met een deel van zijn klanten, bestaande uit onder anderen Su-

Las Palmas, de mannen van Crazy Horse uit Zaandam op vakantie, 1976. Martin zit uiterst rechts.

Martin en zijn latere vrouw Ingrid op de kermis. Martin schiet natuurlijk raak.

Groep 4 van District 2 in Bureau Warmoesstraat, 1976. Martin: staand, vierde van links. De kale man naast Martin is Jimmy Nijman. Nico Nijp: staand, uiterst links. Foto eerder gepubliceerd in *De Telegraaf* van 3 april 2004.

Martin en zoon Jeoffrey (1 jaar) op de Paukenhof.

Martin en Jeoffrey bij Hanny en Henk Hoogland in Westzaan.

GEMEENTEPOLITIE TE AMSTERDAM
Centrale Recherche
C.I.D.Afdeling Observatieteam

Blad I

INFO FORMULIER

Naam: HOOGLAND
Lengte:
Voornamen: Martin
Postuur:
Geboortedatum: 8-9-56
Haar:
Adres: Paukenlaan 133 te Zaandijk
Bijzonderheden signalement:
Verblijfplaats: onb.

Contactadressen:

P-H-kade 121 II + huis café Pollux
1e Jan Steenstreet 2c Asd

merk: Mercedes 250
kleur: grijs
kenteken: 99-MJ-05

merk:
kleur:
kenteken:

merk:
kleur:
kenteken:

merk:
kleur:
kenteken:

1 I

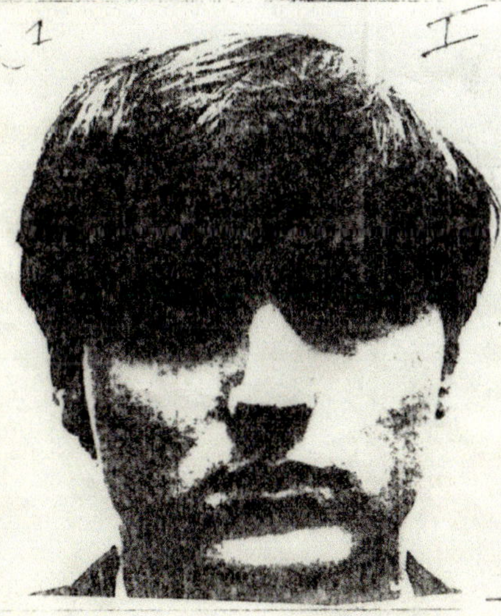

...oortedatum:
...orteplaats:

FOTO 2

R 223-1

Officieel politieformulier over het observeren van Martin Hoogland, die samen met Tommy Hijzelendoorn en Dirk de Goede vijf vuurwapens uit een pand heeft opgehaald, oktober 1984.

Tonny Hijzelendoorn in zijn woning in Wilnis, waar hij in 1992 vermoord zal worden.

Een trotse Tonny Hijzelendoorn bij zijn Rolls-Royce in Zwitserland. Deze foto is eerder gepubliceerd in *Panorama*.

Een zeldzame foto van Duja (rechts), met Martin, 1988.

Martin Hoogland met Sreten 'Joca' Jocic op een bruiloft in Antwerpen, 1989.

Martin en Stephanie in de woning van Hanny en Henk Hoogland in Westzaan.

Het elftal van 't Biggetje, 1989. Onderste rij, uiterst links Martin Hoogland, met naast hem Ljubinko 'Duja' Becirovic. Jeoffrey Hoogland ligt op de voorgrond.

De huiskamer van Valeriusstraat 126-hs, met de meubels van designer Herman van Haaften.

Martin in de zonnestudio van Ingrid, die de zaak kort ervoor van Thea Vincke had overgenomen, 1990.

Serge Miranovic, zijn zoon Jordi en Jeoffrey Hoogland in Artis, 1996. Serge draagt een overhemd van Versace, Jeoffrey heeft een Breitling om.

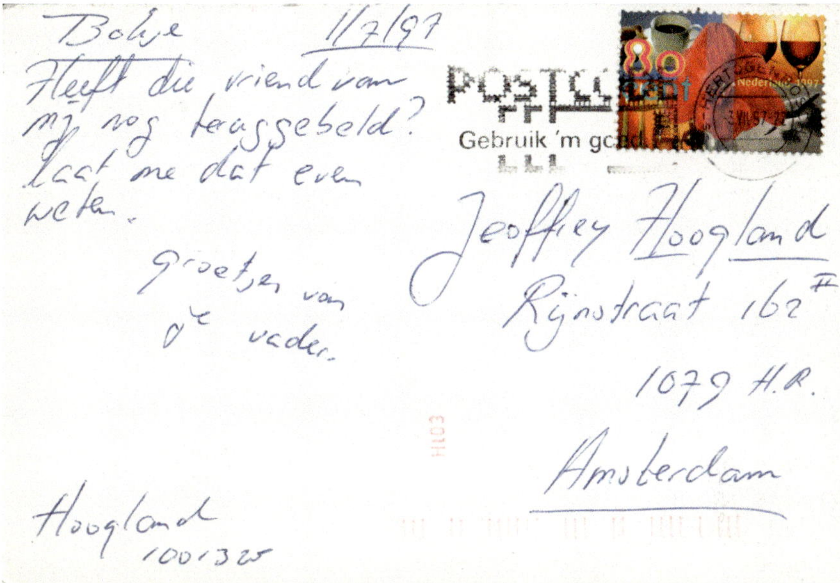

Achterzijde van een ansichtkaart van Martin aan Jeoffrey. 'Die vriend' is volgens Jeoffrey Sreten Jocic, 1 juli 1997.

Op bezoek bij vriendin Estrella in de Maystraat in Den Haag, met dochter Estrella op schoot, 2001. Martin draagt een Rolex met een Mickey Mouse-wijzerplaat.

De cel van Martin in Lelystad, 2003.

De blauwe parkiet is Perry.

Bij Thea Vincke in haar woning op het Leidseplein, tijdens een van Martins verloven, 2003.

Vader Piet Klijn en zoon Martin op de boot van Piet in Landsmeer, tijdens een van de verlofdagen van Martin, augustus 2003.

ZATERDAG reportages & achtergronden

De HELDEN van Vlaanderen pagina 15 — De 'fatale' VROUWEN van Frank de Grave pagina 17 — MEDESCHULDIG aan kindermoord pagina 19 — Henk De Velde GELUKKIG ALLÉÉN pagina 21

zaterdag 3 april 2004 — DE TELEGRAAF — T13

■ Het afgedekte dode lichaam van Martin Hoogland, kort nadat hij op donderdag 18 maart jl. in Hoorn onder vuur werd genomen. Inzet: Klaas Bruinsma, die op 27 juni 1991 voor discotheek Julina's door Hoogland werd vermoord. FOTO'S: ANP

■ onder: Ex-echtgenote Ingrid

„Martin leek onbewust aan te voelen dat er iets ergs zou gebeuren." EIGEN FOTO

Ex-vrouw Ingrid staat na liquidatie Bruinsma-moordenaar voor raadsel

„Hoe kon Martin zich zo laten verrassen?"

In het criminele milieu stond hij bekend als 'Martin de rechercheur'. In werkelijkheid was Martin Hoogland hoofdagent bij de uniformdienst van bureau Warmoesstraat in Amsterdam. Op verdenking van corruptie werd hij in '84 ontslagen, waarna hij diep in de onderwereld verzeild raakte. Op 18 maart jl. stierf Hoogland (47), die wegens het doodschieten van maffiabaas Klaas Bruinsma en drugshandelaar Tony Hijzelendoorn tot twintig jaar was veroordeeld. Een nog onbekende 'hitman' wachtte hem in Hoorn op bij de gevangenispoort en vuurde met een automatisch wapen minstens zeven kogels af. Zijn zoon en ex-echtgenote zitten vol vragen: Hoe kon Martin zich zo laten verrassen?

■ Martin Hoogland temidden van zijn collega's van dienstgroep vier van bureau Warmoesstraat. FOTO: ANP

door JOHN VAN DEN HEUVEL

AMSTERDAM, zaterdag

Ruim twee weken na de gewelddadige dood van ex-politieman Martin Hoogland in Hoorn is de rust nog niet weergekeerd in het leven van zijn ex-echtgenote Ingrid en hun zoon Jeoffrey. In haar luxe zonnestudio annex kledingboetiek ergens in het centrum van Amsterdam, kan Ingrid er met haar verstand niet bij. Jeoffrey Hoogland loopt druk bellend door de zaak. Er wordt getelefoneerd met advocaten en notarissen.

„Er moet nog zoveel worden geregeld", verzucht Ingrid „De erfeniskwestie, de spullen van Martin die nog bij de recherche liggen. We zijn nog amper toegekomen aan het verwerken van het verlies van de plotselinge dood van Jeoffry's vader. Weliswaar ben ik al jaren geleden gescheiden van Martin, maar we hadden nog heel regelmatig contact. Ik ben hem al die jaren ook gewoon blijven bezoeken."

De zaterdag voor zijn dood was Hoogland nog bij zijn ex-vrouw in de zaak. Ingrid „Het was gezellig, we dronken koffie en hij wilde even onder een gezichtsbruiner. 'Oh heerlijk', zei-ie toen hij in de relaxfauteuil voor dat apparaat zat. 'Alle stress valt even van me af. Als ik straks vrij ben, dan ga ik dit iedere week doen.' Later op de dag kwam-ie nóg een keer langs. 'Ik vond het zo gezellig bij jullie', zei Martin en bleef lekker hangen tot hij zijn andere zoontje Nick van voetbal moest ophalen. Nu heb ik heel sterk het gevoel dat hij die zaterdag afscheid kwam nemen. Alsof hij onbewust aanvoelde dat er wat ergs zou gebeuren."

Martin Hoogland was eind jaren tachtig een bekende naam in de Amsterdamse onderwereld. Hij maakte pijlsnel carrière in het criminele milieu, wat opmerkelijk mag worden genoemd voor een man die zijn loopbaan begon bij de Amsterdamse politie. Hij solliciteerde in '73 bij het korps, werd aangenomen en ging naar de politieopleidingsschool aan de Sloterweg in Amsterdam. De aspirant-agent heette toen overigens nog Martin Klijn, pas later nam hij de achternaam van zijn stiefvader aan. Na zijn benoeming tot agent volgde Hoogland nog een ME-opleiding en werd vervolgens geplaatst aan bureau Mosplein, een rustig buitendistrict in Amsterdam-Noord.

Politiefeestjes

„Ik leerde Martin kennen toen ik 17 was", vertelt Ingrid „Ik woonde in Koog aan de Zaan en werkte bij elektronicazaak Wastora. Martin was twintig. Het was een knappe, sportieve jongen en ik was meteen verliefd op hem. Na een jaar zijn we gaan samenwonen in Zaandijk en kort daarna raakte ik zwanger van Jeoffrey. Als ik er nu op terugkijk was het een onbezorgde tijd. Martin zat op een hele leuke groep, zeker toen hij na verloop van tijd werd overgeplaatst naar bureau Warmoesstraat. We gingen veel naar politiefeestjes en hij was populair bij zijn collega's. Martin was toen ook best een fanatiek agentje hoor."

Ingrid pakt uit een tas een paar fotoboeken en toont enkele herinneringen uit de tijd dat Martin Hoogland nog een eerzaam dienaar van de wet was. Zo is hij als ME'er te zien op foto's van de Nieuwmarktrellen in de jaren zeventig in Amsterdam en uit krantenknipsels blijkt dat Hoogland in die jaren zijn werk behoorlijk serieus nam. Hij arresteerde autodieven, bankovervallers en drugsdealers en uit beoordelingen van die tijd blijkt dat zijn superieuren tevreden over hem waren.

„Uw beoordelaars waren goed over u te spreken", schrijven brigadier Remkes en adjudant Bakker in een rapport in 9 december 1975. „U was niet bang om zaken aan te pakken en u wachtte niet af wat uw collega ging doen. U handelde echter niet ondoordacht. U was een opgewekte collega, u voelde zich op uw gemak in de groep en men mocht u graag. Ten opzichte van uw chefs was u correct, u stelde zich bescheiden op en was keurig in de benadering. Ook het contact met het publiek schuwde u niet, of het nu ouderen of jongeren betrof, u ging er op af", aldus de letterlijke tekst van het beoordelingsrapport.

Maar de ogenschijnlijk makkelijke manier waarop Hoogland contact maakte met 'het publiek' bracht hem uiteindelijk ook in de problemen. De overplaatsing van het rustige Amsterdam-Noord naar de *hotspot* op crimineel terrein, het beruchte bureau Warmoesstraat, was achteraf allesbehalve gelukkig. De nog jonge 'diender' vond het allemaal reuze interessant wat er in de misdadigste vierkante kilometer van de hoofdstad gebeurde en liet de scheiding tussen privé en werk steeds verder vervagen. Martin kwam in de ogen van zijn collega's in de verkeerde kroegen, raakte in contact met dubieuze figuren en leek de verlokkingen op het gebied van drank, drugs en vrouwen in de wijk niet te kunnen weerstaan.

Hoogland was prima politieman én crimineel...

Ingrid over die periode: „Ons huwelijk ging minder. Martin ging graag en vaak op stap in Amsterdam en ik kreeg daar de balen van. We groeiden uit elkaar. Op zijn werk kreeg hij problemen omdat we regelmatig in de toen beruchte nachtclub Femina op het Rembrandtsplein op stap gingen. Er kwamen verhalen de wereld in dat Martin van personeel steekpenningen had aangenomen. Hij was doodziek van die in zijn ogen onterechte beschuldigingen, maar er kwam wel een officieel onderzoek. Dat leidde overigens niet tot bewijzen, maar toch werd Martin in 1984 eervol ontslagen. Daar heeft hij een behoorlijke tik van gehad, vooral ook omdat Martin net bezig was zijn papieren te halen om brigadier te kunnen worden. Hij vond het allemaal heel onrechtvaardig."

Het is het begin van een hele turbulente tijd. Kort na zijn ontslag raakt Hoogland betrokken bij een geweldsincident in een obscure disco ('West End') in de Jan Evertsenstraat in Amsterdam. De ex-agent krijgt ruzie om een vrouw en schiet twee bezoekers neer. Hij komt er met een relatief lichte straf (vijftien maanden) vanaf, maar de reputatie van Hoogland is gevestigd. Zijn gevangenistijd gebruikt hij om Joegoslavisch te leren. De 'Joego's' worden zijn nieuwe vrienden en uit foto's uit die tijd blijkt dat Hoogland er alles aan deed om zelfs qua uiterlijk – kleding, haardracht – op zijn 'makkers in het kwaad' te lijken. Hij raakt goed bevriend met de leider van de 'Joego-maffia', Duja B., die in 1989 in opdracht van de ongekroonde koning van de Amsterdamse onderwereld, Klaas Bruinsma, wordt geliquideerd.

Joego's

Na de moord op zijn 'bloedgabber' wordt Hoogland al snel de vertrouweling van de nieuwe baas, Jotcha Sreten J. De spanning in de Amsterdamse 'scene' loopt hoog op, want de Joego's zinnen op wraak vanwege de moord op Duja. Martin Hoogland schaart zich helemaal achter hen. Door overmatig drank- en cocaïnegebruik brengt hij zichzelf regelmatig in grote problemen, zoals ook in de nacht van 27 juni 1991. In discotheek Juliana's loopt hij Klaas Bruinsma tegen het lijf en krijgt ruzie met hem. Een woordenwisseling wordt buiten voortgezet en plotseling vallen er schoten. Bruinsma wordt getroffen en overlijdt ter plekke. Martin Hoogland wordt kort daarna gearresteerd en later veroordeeld. De verklaringen van medecrimineel Steve Brown, aan wie Hoogland de liquidatie zou hebben opgebiecht, doen hem de das om. Hij krijgt in hoger beroep twintig jaar cel.

„Een vriend kwam me vertellen dat Martin was opgepakt voor de moord op Bruinsma", herinnert Ingrid zich. „Ik kon het gewoonweg niet geloven. Later, toen ik Martin in de gevangenis opzocht, heb ik het hem op de man af gevraagd: heb jij Bruinsma vermoord? 'Neen', antwoordde hij stellig, maar hij vertelde ook nooit wie het dan wel had gedaan. Over de moord op Bruinsma heeft hij dertien jaar lang gezwegen."

Jeoffrey Hoogland (24) zocht zijn vader al die jaren trouw op. „Ik ben heel Nederland doorgereisd. Vught, Maastricht, Lelystad, in alle gevangenissen waar mijn vader zat, ging ik op bezoek. Vooral de laatste tijd hadden we weer een goed contact. Hij belde sinds hij in Hoorn zat elke dag. We maakten plannen voor na zijn vrijlating. Hij wilde graag naar Spanje verhuizen, hij had het gezien in Nederland."

„Ach Jeoffrey, je vader kon helemaal niet zonder Amsterdam, hij was gek op die stad", zegt zijn moeder. „Net zoals hij gek was op zijn kinderen. Martin is nooit een modelvader geweest, maar hij hield wel van ze. Voor die kinderen vind ik het ook een drama. Ze hebben zó lang op hun vader gewacht en dan wordt hij net voordat-ie vrijkomt doodgeschoten. Ik vind het onmenselijk wreed."

Jeoffrey en zijn moeder Ingrid zeggen geen idee te hebben wie er achter de aanslag zit. „Martin dwong ook binnen de gevangenismuren respect af, maar heeft al die jaren ook wel mensen tegen zich in het harnas gejaagd natuurlijk", zegt Ingrid. „Hij liet ook regelmatig doorschemeren dat-ie met sommige mensen nog een appeltje had te schillen. Maar ik wil daar eigenlijk niet teveel aan denken. Neen, van zijn Joegoslavische vrienden hebben we niet veel meer gehoord. Ik heb wel eens tegen Martin gezegd: die Joego's hebben niet veel geluk gebracht in ons leven. Het enige waar ik nu naar verlang, is rust. Het dossier Martin Hoogland is gesloten, maar ik zal hem nooit vergeten."

■ Maffiabaas Klaas Bruinsma knalt er samen met zijn toenmalige bodyguard Charlie De Silva vrolijk op los in een schiettent op een kermis. FOTO: SBS6

■ Ook Martin Hoogland was een fervent schutter, hier samen met zijn vriendinnetje Ingrid bij een schiettent op de kermis aan het Stadionplein in Amsterdam. EIGEN FOTO

De Telegraaf van 3 april 2004 met een groot achtergrondverhaal naar aanleiding van de moord op Martin Hoogland. Twee dagen na dit artikel wordt de Delftse crimineel Marco Eijk doodgeschoten.

Hoorn, 18 maart 2004. Martin wordt twee keer in zijn rug geschoten. Terwijl hij op de grond ligt maakt de schutter van dichtbij de klus met een kogel af. Martin had geen schijn van kans.

De man op deze beelden van een beveiligingscamera is volgens het Openbaar Ministerie degene die Martin Hoogland heeft doodgeschoten. Mede op basis van deze beelden wordt in 2006 de Amsterdamse beroepscrimineel Boneka Belserang aangehouden. Na drie maanden moet de politie hem weer laten gaan omdat het bewijs te dun is. Eerder te zien geweest in *Opsporing verzocht*, 14 februari 2015.

In plaats van kaarten.

Zorgzaam, sterk
Humorvol, liefdevol
**** Dat ben jij ****
Ga nu maar lieverd
Je bent nu echt vrij

MARTINUS HOOGLAND
Martin

Amsterdam, 8 september 1956 — Hoorn, 18 maart 2004

J. A. Hoogland-Morison
H. G. Hoogland †

Kleinkinderen
verdere familie

De begrafenis zal plaatsvinden op woensdag 24 maart om 14.00 uur op de begraafplaats "Zorgvlied", Amsteldijk 273 te Amsterdam.

Bloemenadres: "Associatie Uitvaartverzorging"
Jan van Scorelstraat 9 te Zaandam

Geen toespraken.

Jarenlang heb ik op jou moeten wachten
Om met jou weer die band op te bouwen
die ze van ons toen hebben afgenomen.

Lieve PAPPA

mooie herinneringen
houd ik in gedachte.

Ik blijf altijd van je houden.

je zoon Jeoffrey

Ons plezier was te kort
Verdriet blijft over.

Lieve PAPA

Niets en niemand kan mijn gevoel voor jou tegenhouden.
Ik zal mijn leven lang aan je denken.

Je zoon Nick

Lieve MARTIN

Je wist dat je de tijd met Nick niet meer in kon halen maar, dat er zo weinig tijd overbleef...

Dikke kus

Mandy

Nooit meer

"REMY" MARTIN

Brenda

MARTIN HOOGLAND

Je was als een vriend voor mij.
Vaarwel gabber.

John Mieremet

Hanny en Henk Hoogland, Jeoffrey en Nick, Mandy en Martins laatste vriendin Brenda: met warme woorden eren ze Martin Hoogland. Opmerkelijk is de laatste groet van John Mieremet. Waren ze echt vrienden?

rinamers, Joego's en Nederlanders. Martin speelt mee als rechtsbuiten, Duja staat in de spits. Het komt vaak voor dat Martin Duja vrij ziet staan en een prachtige, splijtende pass geeft die de Joegoslaaf weet te verzilveren. 'Mijn passes zijn zo goed, je hoeft alleen je been er maar tegen te houden,' zegt Martin dan tegen de trotse Duja.

Het valt de politie op dat de Joegoslaven niet alleen in de criminaliteit vrij grof zijn. 'We hoorden dat ze soms in het Rembrandtpark voetbalden met elkaar, bij wijze van training,' zegt agent Jules van der Linden. 'Wij daarheen om te observeren. Zagen we Hoogland voetballen met al die Joegoslaven. Maar die gasten wilden helemaal niet tegen een bal aantrappen, die trapten elkaar gewoon compleet de vernieling in. Het leek net of ze aan het voetballen waren, maar ze schopten elkaar helemaal bont en blauw.'

Martin begint langzamerhand van uiterlijk te veranderen. Hij gaat meer en meer op een Joegoslaaf lijken. Hij kleedt zich ook steeds meer als hen: hij draagt steeds vaker een trainingspak of een joggingbroek. Ook laat hij zijn haar groeien en draagt hij een matje.

Al snel gaat hij samenwonen met Mandy Heeremans, op de Vier Heemskinderenstraat in de wijk Bos en Lommer. Als Mandy 21 wordt regelt Martin dat er in Het Generaaltje, een kroeg op de Lindengracht, een groot feest wordt georganiseerd. Jeoffrey Hoogland is daar ook bij: 'Zo'n honderd Joego's van een meter of twee in de hoogte en een meter breed liepen mee te zingen met Donna Lynton, een bekende zangeres die mijn vader had ingehuurd. Na dat feest werd ik weggebracht door mijn vader in zijn nieuwe Mercedes Sport, een SL was dat.'

Terwijl Martin geniet van zijn herwonnen vrijheid en het goed voor elkaar heeft, zit Tonny Hijzelendoorn zichzelf op te vreten. Hij had gekozen voor Martin. Hij had er zelfs zijn vriendschap met Rob van Eden voor opgeofferd. En nu zet Martin hem bij het oud vuil omdat hij nieuwe vrienden heeft gevonden in de Joego's. In het hoofd van Tonny ontstaat langzamerhand een spin die, gevoed door alcohol en overmatig cocaïnegebruik, steeds groter wordt. Het ongelooflijke tempo van de stapmarathons waarbij soms drie of vier dagen aan één stuk door wordt gefeest, gedronken en gesnoven eist zijn tol. Tonny en Martin raken niet alleen meer en meer van elkaar verwijderd, ze worden beiden ook steeds onhebbelijker. Hun cokegebruik versterkt de aangewakkerde paranoia.

Die paranoia heeft Rob van Eden zelf meegemaakt: 'Ik zat een keer ergens in een kroeg, komt Martin binnen. Hij gaat naast me zitten, is overduidelijk volledig van het pad af en begint tegen me te praten of ik wel goed bij mijn hoofd ben om hier te zitten. "Het zit hier vol met wouten, Rob! Zie je dat dan niet?" Ik keek achter me en zag wat volk aan tafeltjes. Rond de bar zaten mensen, maar absoluut geen agenten. Daar ontwikkel je echt wel een neus voor, hoor. Dus ik zei dat ik ze niet zag. "Je bent niet alleen niet goed bij je hoofd, maar nog blind ook Rob!" zei Martin en hij ging meteen weg.'

Martin en Tonny spreken met elkaar af om te proberen wat plooien glad te strijken, maar dat loopt volledig uit de hand. Volgens de overlevering wordt Martin door Tonny met een asbak of een bierglas in zijn gezicht geslagen.

Herman, niet zijn echte naam, was een heel goede vriend van Tonny Hijzelendoorn. Hij kende Martin Hoogland ook, maar met hem had hij minder innig contact. Herman kwam omstreeks 1986 met beide mannen in aanraking. 'Ik weet dat nog zo goed omdat mijn zoon dat jaar geboren is. De dag erna haalde ik een hele nacht door met Martin Hoogland. In elke kroeg waar we kwamen vroeg hij "De vlieger" van André Hazes voor me aan. Vanwege het zinnetje: "Mijn zoon was gisteren jarig..." Iedereen moest weten dat ik net vader was geworden. Ik vond Martin een aardige vent, maar Tonny was echt een vriend van mij.' Herman beschrijft Tonny als een rustige en sociale gozer die af en toe drankjes weggeeft in de kroeg, maar wel veel te veel coke gebruikt. 'Het verschil tussen Martin en Tonny is dat Tonny er wel goed tegen kon. Hij was niet zo van het schreeuwen en slap lullen en paranoia. Martin had dat wel. Tonny bleef altijd rustig. Dan pakte hij je beet en zei die: "Wat hebben we het gezellig, hè?" Martin liep meer in de rondte met die Joego's en droeg wapens en zo. Ik sprak hem daar een keer op aan en toen antwoordde hij: "Hou je bek, ik rij in een SEC." Daarmee doelde hij op de Mercedes SEC waarin hij toen reed, en daar was de kous dan mee af. Hij had wel humor, maar je kon niet echt praten met Martin.'

Herman vertelt dat de sfeer tussen de mannen 'redelijk' was op het moment dat hij ze leerde kennen: 'Tonny zat al wel af en toe te schelden op Martin. Zei dat hij een overloper was omdat hij naar de Joego's ging. Hij had woorden gekregen met hem en noemde Martin een idioot. Maar Tonny kon nooit echt lang boos blijven: na een uurtje hing hij weer om je nek. Hij was heel amicaal, heel sociaal, maar achteraf denk ik wel dat in de jaren die volgden de verwijdering tussen hen steeds groter werd. Ik heb ze ook niet veel meer samen gezien. Toen ik intensief met Tonny omging, was Martin echt uit beeld.'

Het gevecht tussen Tonny en Martin in 't Biggetje wordt bevestigd door deze Herman, maar hij kan niet zeggen wanneer het precies was. 'Ik denk iets na die tijd, dus in 1987, 1988 ongeveer. Ik ging met Tonny naar 't Biggetje en daar zaten Martin en Sreten Jocic aan een tafeltje samen. Die keken heel kwaad naar Tonny. Ik voelde dat er wat aan de hand was, dus vroeg ik het aan Tonny en toen zei hij: "Ik heb verleden week een asbak tegen zijn lip gegooid." Hij vertelde dat er allemaal Joego's omheen stonden maar dat hij er schijt aan had gehad en zo een asbak had gepakt en in zijn smoel gegooid. Ja, toen waren ze wel een beetje gebrouilleerd.'

Er verandert iets in de manier waarop Tonny Hijzelendoorn zijn leven leidt: hij gaat niet meer tot zo laat stappen in allerlei kroegen en is nog maar weinig in Spanje te vinden. Herman maakt het allemaal van dichtbij mee: 'Natuurlijk kende ik die verhalen van dat doorgaan in die nachthokken, maar bij mij ging hij altijd rond een uur of 9 of 10 naar huis. Dat wil niet zeggen dat hij rustig aan deed hoor. We gingen vaak om 12 uur in de middag lunchen bij de duurste restaurants en dronken daarbij de meest exclusieve wijnen. En dan kwam ook meteen die witte troep tevoorschijn. Dan reden we een paar tenten af in de stad en met etenstijd gingen we naar het Okura. Daar kwam Tonny graag. Hij leefde ver boven zijn stand en vulde het ene gat met het andere. Ik hoorde ook wel over dat gokken met Rob de Neus en zo, maar dat was allemaal een beetje voor mijn tijd. Ik heb dat zelf niet gezien. Tonny heeft het tegen mij ook nooit over de Spaanse Costa gehad.'

De tijden van het grote geld zijn een beetje voorbij voor Tonny Hijzelendoorn. Herman weet bijvoorbeeld ook te vertellen dat Tonny's Koerdische contacten rond 1988 stoppen met de heroïnelijn die ze met Tonny hebben opgezet.

Hoewel die heroïnelijn gestopt was, leefde hij er niet minder om. Herman: 'Als Tonny echt even niks had, dan verzon hij weer wat om geld te verdienen.' Het huis in Landsmeer met zwembad wordt verruild voor een woning op de President Kennedylaan in Amsterdam. Tonny heeft zowel met Daniëlle een relatie als met Monique, een prostituee met reuma uit de Larense seksclub Boccaccio. Ze zijn overeengekomen om met z'n drieën samen te wonen, met de dochter erbij. Dat gaat een tijdje goed, maar uiteindelijk besluit Daniëlle met haar dochter Tonny toch te verlaten.

Na het asbakincident is ook de vriendschap tussen Tonny en Martin voorbij. Maar Martin is daar niet rouwig om. De Joego's zijn nu zijn nieuwe vrienden. Hij heeft Tonny helemaal niet meer nodig. Hij heeft toch de power van de Joegoslaven achter zich?

Princess Tina

Al in een vrij vroeg stadium van het schrijven van dit boek krijg ik haar naam door: 'Tina uit Amsterdam moet je hebben. Zij werkte in de Princess, het bordeel waar Martin vaak kwam.' Als ik haar benader, houdt ze eerst de boot af. 'Heb je zijn familie al gesproken? Werken die mee?' vraagt ze.

Op dat moment heb ik nog geen contact met ze.

'Oké, kom dan maar terug als zij van dit boek weten,' zegt ze resoluut.

Ongeveer twee jaar later app ik haar weer. Dat ik nog steeds bezig ben met het boek over Martin Hoogland en dat ik ondertussen meerdere mensen heb gesproken en ook zijn zoon. Binnen een week zit ik aan tafel bij Tina, een mooie, charmante dame die me met vrolijke, groene ogen aankijkt en beschikt over een hartverwarmende eerlijkheid. Ze moet af en toe lang nadenken voordat ze antwoordt. 'God, ja, sommige dingen zijn ook zo lang geleden en ik snoof zelf ook weleens een lijntje, dus zo helder staat het me allemaal niet meer voor de geest.'

Halverwege de jaren negentig was ze gestopt bij de Princess. 'Ik had een drugslijn opgezet met coke van Panama naar Düsseldorf of Polen, en dan moest het in Amsterdam terechtkomen. Maar ik werd dus gepakt op een verklaring van een koerier en zat in Panama een straf uit van twaalf jaar, acht jaar met aftrek. Door het Verdrag van Straatsburg kon ik na vierenhalf jaar naar Nederland onder voorwaarde dat ik daar het restant van mijn straf zou uitzitten. Eind 1999 kwam ik vrij.'

Rond 1984 was ze begonnen bij de Princess, een wat modernere en eigentijdsere Amsterdamse club dan de tegenhanger Yab Yum. Waar de Yab Yum aan het Singel veel rood pluche kende en een wat kitscherige uitstraling had, zag je in de Princess aan het Westeinde vooral veel donkerblauw en beige of crèmekleurige accenten. 'Wij zagen er veel moderner uit.' Er waren nog wel meer bordelen in Amsterdam zoals Satyricon en El Dorado, maar Princess en Yab Yum hadden de grootste bekendheid.

Een van de bekendste klanten van de Princess is de Nederlandse rocker Herman Brood. Tina moet lachen als ze aan hem terugdenkt. 'Ja, Herman was nou niet echt wat je noemt een goede klant hoor. Hij kwam binnen en ging dan meteen naar mijn kantoortje. "Even bij moeders op schoot," zei hij dan en dan kwam hij ook echt even bij me zitten. Vaak vertelde hij op zo'n moment dat hij geen rooie cent had, maar dat hij graag een meisje wilde en voorstelde dan maar met een schilderij te betalen. Ik moest vervolgens met baas Willem Olieslagers bellen of dat oké was. Die vond dat vaak goed en dan kon Herman met een meisje naar de kamer. Hij had een eigen kamer waar het vol hing met zijn schilderijen. Daar had hij al zijn vorige bezoekjes aan de Princess mee betaald.'

Tina zegt dat Olieslagers ook heel goed contact had met Martin. 'Die man was afgestudeerd in de rechten en hij en Martin konden heel leuk praten met elkaar.'

Yab Yum en Princess waren twee aparte werelden. Klanten van de Princess kwamen niet vaak in de Yab Yum en andersom ook niet. Gelukkig niet, volgens Tina. 'Je hoorde altijd heel vervelende verhalen van die club. Had ook te maken met de mensen die er kwamen; jongens uit de groep rond Klaas Bruinsma. Die zagen Yab Yum als een soort clubhuis waar ze alles konden flikken. De eigenaar Theo Heuft had volgens mij niets te vertellen.'

Bij Princess ging dat anders. Dat komt voor een belangrijk deel doordat Tina daar achter de bar stond. 'Wij hadden regels. Er mocht niet geneukt worden met een pistool op de kamer. Dus iedereen die binnenkwam moest die dingen inleveren. Ik had een kastje met een slot en daar gingen al die vuurwapens in met een papiertje erop van wie die was. Je had toen ook nog van die enorme mobiele telefoons. Die mochten ze bij me afgeven en dan stopte ik die in het stopcontact. Werden ze gratis opgeladen. Ik kon de mensen vaak goed inschatten en had de mensenkennis om iedereen op de juiste wijze te benaderen. Soms kwamen er gasten binnen van wie je wist dat het psychopaten waren. Die zaten niet te wachten op een leuk verhaal of een aardig woord van mij. Daar deed ik dan ook kil tegen zodat ze zo snel mogelijk weg zouden gaan.' Dat waren in deze periode, de tweede helft van de jaren tachtig, toch vaak de mensen uit de groep van Klaas Bruinsma. 'Zo'n John Mieremet bijvoorbeeld. Die kwam binnen en zei dan tegen me: "Schenk eens wat in!" En dan na een tijdje ging hij weer weg. Zonder te betalen natuurlijk.'

Tina vertelt dat er ook vaak meiden van Yab Yum naar de Princess kwamen. 'Of ze alsjeblieft bij ons konden komen werken. Ze verdienden sowieso beter bij ons: wij deelden alles fiftyfifty. Maar het ging vaak niet eens alleen om het geld. Die meiden werden daar soms in elkaar geslagen door al die gekken die er zaten. Soms kon ik de blauwe plekken nog zien als ze bij me kwamen. Heel treurig.'

Als ze denkt aan Martin Hoogland denkt ze meteen aan een lieve en aardige man. 'Hij zat dan wel in die onderwereld, maar was toch een heel ander type. Dat zie je bijvoorbeeld ook aan wat hij zei tegen zijn vriendin Stephanie. Dat ze niet meer als prostituee hoefde te werken, dat hij wel voor haar zou zorgen. Martin was gewoon aardig.'

Tina had Martin al eens eerder ontmoet in tenten als Sheherazade en Femina. 'Martin gokte veel en zo kwam ik hem weleens tegen. We waren even oud.'

In de tweede helft van de jaren tachtig waren er periodes dat Martin bijna elke dag bij haar langskwam. 'Ik had de deur soms nog niet open, om half acht, of hij stond er al. Ging hij in mijn kantoor zitten. De meiden waren er niet eens, die kwamen vaak om half negen. Dan zat Martin er al een uur. Hij was kind aan huis. Hij kende die meiden ook allemaal. Als zij binnenkwamen was het van: "Hé, Mart, hoe is het?" Hij maakte met iedereen een praatje en informeerde en passant bij mij of er al nieuwe meisjes waren.

Martin was echt het prototype van een Amsterdammer. Vlot van de tongriem gesneden, maar wat hem zo uitzonderlijk maakte: hij kon ook om zichzelf lachen. Dat hebben veel criminelen niet, hoor. Die vinden zichzelf vaak heel goed en slim en hebben lange tenen. Martin niet. Die had veel zelfspot. Komt denk ik ook door dat stotteren. Daar maakte hij gewoon grappen over. Hij stotterde overigens niet als hij coke had gebruikt, dan was hij een soort spraakwaterval. Martin praatte veel maar vertelde weinig. Het was altijd heel oppervlakkig, liet nooit het achterste van zijn tong zien. Je wist nooit wat hem precies bezighield. Hij leek soms een beetje met zijn ziel onder de arm te lopen. Dan kwam hij zo vaak, elke dag, en altijd alleen. Martin kwam nooit met iemand, altijd alleen. In de club kwam hij wel bekenden tegen, maar hij kwam en ging vaak ook alleen. Hij had periodes dat hij langskwam maar geen cent te makken had. Dan was hij helemaal leeg. En als hij wel geld op zak had, maakte hij er echt een feestje van. Dan was hij heel gul. Ging hij uren naar de kamer met een meisje en kon het niet op.'

Tina begon bij de Princess precies in de tijd dat cocaïne populair werd onder het grote publiek. 'Ja, voor mijn handel was die coke natuurlijk geweldig omdat die kerels uren en uren konden doorgaan. Ik dealde niet in de Princess, maar het was er wel te koop. Je kreeg ze soms niet van de kamer af. En de meter tikte maar door natuurlijk. In die tijd kwamen ze niet veel voor een uurtje hoor. Om zeven uur in de ochtend klopte ik soms op de deur: "Jongens, het is afgelopen hoor."

"Nee, toch? Nog even, nog even..." hoorde je dan.

"Joh, je krijgt hem niet meer omhoog man... Al uren niet," zei ik dan. Maar die mannen dachten dat ze heel goed bezig waren, haha.'

Tina weet dat Martin in die tijd bij de Joegoslaven zat. 'Hij had een goede band met een deel van de Joegoslaven in Amsterdam. Met een ander deel had hij weer niet zo'n goede band. Maar het deel van Martin ging volgens mij echt door het vuur voor hem.'

Wat opvallend is: hij nam die Joego's niet mee naar de Princess. 'Nee, die heb ik nooit binnen gehad. Ik denk dat Martin de Princess graag zag als iets van hem. De club was een soort vast honk voor hem. Voor hem alleen. Een thuis misschien. Het probleem was alleen: hij gebruikte echt veel te veel van dat spul. Ik heb zelden gezien dat Martin niet onder invloed was. Het kwam weleens voor dat hij bijvoorbeeld al twee dagen wakker was en dan zat hij helemaal doorgesnoven aan de bar. Volledig van de wereld. Hij was een soort rupsje-nooitgenoeg. Dan zei ik tegen hem: "Hé, Mart, even dimmen nou man... Hoelang ben je al wakker? Kom op man, ga lekker naar huis." Maar dan dacht ik ook: wat is zijn huis? Is er wel een thuis? Het leek alsof hij bij mij even wilde bijkomen.'

Op die momenten sloeg vaak de paranoia toe. 'Dan zat hij bij me op kantoor, daar bracht hij veel tijd door voordat hij met een meisje naar boven ging. Of niet natuurlijk, want dat gebeurde ook weleens. Dan dronk hij alleen wat en hing een beetje rond. Maar als er werd aangebeld, stoof hij op en keek met grote ogen naar mij: "Wie belt er godverdomme aan?"

"Martin, het is een club," zei ik dan. "Er komen gewoon mensen langs en die bellen aan om naar binnen te kunnen..."

"Ja, maar wie dan? Kun je dat zien? Weet je wat, ik ga wel effe naar de wc..."

Hij was gewoon opgejaagd. Ja. Opgejaagd, dat is het woord.'

Tina heeft dan ook lang het gevoel gehad dat Martin gevaar liep. 'Als hij wegging zei hij vaak tegen mij: "Wil jij eerst even kijken buiten of je iets opvalt op straat?"

Maar misschien kwam dat paranoïde ook wel door zijn cokegebruik hoor. Toch had ik echt het gevoel dat hij gevaar liep en dat dit gevaar uit die Bruinsma-groep kwam, of juist van de Joego's die met die Bruinsma-groep samenwerkten. Hij werd gedurende de tijd dat hij bij ons kwam steeds opgejaagder. Hij maakte het zelfs zo bont dat ik op een gegeven moment niemand meer zomaar de club mocht binnenlaten. Martin moest zich helemaal voorbereiden. Hij ging dan naar het toilet zodat de nieuwe gast al lang en breed zat of aan de bar hing. Dan pas kwam hij weer tevoorschijn. Zo probeerde hij denk ik toch een beetje overzicht te blijven houden op de situatie.'

Tina heeft Martin nooit agressief meegemaakt. 'Nee, absoluut niet. Martin was altijd aardig voor mij en de meiden.'

Nog altijd Ingrid

Nu de relatie met Stephanie verleden tijd is, zien Ingrid en Martin elkaar weer regelmatig. Het dramatische van het bedrog met Stephanie is er een beetje vanaf. Martin is blij dat ze geen ruzie meer hebben. Daar houdt hij eigenlijk helemaal niet van.

Ingrid krijgt een relatie met een man die we hier voor het gemak George noemen. Hij is geen grote naam in het milieu, maar ook weer geen onbekende. George was een kennis van Tonny Hijzelendoorn. Martin en George kennen elkaar ook. Met George krijgt Ingrid in september 1989 een dochter. De relatie tussen Ingrid en George heeft helaas niet het eeuwige leven. Na de geboorte van hun dochter gaan ze uit elkaar. Na George krijgt Ingrid een relatie met een Amsterdammer die we Gerald noemen. Martin is een beetje jaloers, zo laat hij blijken tegenover Jeoffrey: 'Mijn vader vond die Gerald maar niks. "Zit je nou in de auto met die Gerald de hele tijd?" zei hij dan tegen me...'

Martin kan het niet goed hebben als anderen met zijn zoon aan de haal gaan. Tegen zijn moeder Hanny lucht hij zijn hart daar weleens over. 'Nou, is dat lekker? Rij ik langs een tramhalte, zie ik een andere kerel met mijn zoon staan.'

Jeoffrey: 'Dan zag hij me bijvoorbeeld met die Gerald op zondag terwijl we stonden te wachten om met de tram naar Artis te gaan.'

Ingrid gaat het zakelijk voor de wind. Ze is voor zichzelf begonnen en drijft vanaf 1990 zonnestudio Ibiza op de Bilderdijkstraat 197. Die naam is gekozen omdat Ibiza op dat moment voor Ingrid de heerlijkste plek op aarde is. Het pand heeft ze op de kop getikt via Thea Vincke, de vrouw van Piet Klijn, de biologische vader van Martin. Ingrid kon het pand onder gunstige voorwaarden van haar overnemen. De zaken gaan goed, want Ingrid weet de trend van een getinte huid feilloos aan te voelen: half Amsterdam loopt er net iets te bruin bij voor de tijd van het jaar. Ingrid: 'Ik had zonnebanken, zonnekanonnen, gezichtsbruiners... De zaken gingen zo goed dat ik op een gegeven moment aan de overkant van Ibiza een kledingboetiek begon met dezelfde naam. Mooie overhemden en satijnen jasjes voor de heren. Ik pakte zomaar dertig ruggen per maand.'

Martin komt af en toe langs om een kop koffie te drinken. Met in zijn kielzog Joego's. Ingrid heeft daar helemaal geen problemen mee, ze vindt het juist wel gezellig. Het zijn mensen met een vurig en temperamentvol karakter, eigenlijk zoals zij. Ze maakt ook af en toe van de gelegenheid gebruik om al die mannen van een vrijblijvend kledingadvies te voorzien. Binnen mum van tijd lopen grote en brede Joego-gangsters in glimmende satijnen jasjes door Amsterdam. Gekocht bij Ibiza.

Martin is trots op haar, dat ze iets voor zichzelf heeft opgebouwd. Hij gunt haar het beste en belt regelmatig even op om haar over te halen naar een of andere tent te komen. 'Dan zat-ie weer ergens met iemand die ik echt even moest ontmoeten omdat hij zo'n lol had met diegene. "Maak je effe op en kom hierheen, echt, doe nou. Je zult er geen spijt van krijgen..." Nou, dan ging ik maar weer en zat ik daar met een of andere idioot. Ja, soms was het wel grappig, maar vaker dacht ik bij mezelf: wat doe ik hier? Of hij kwam zelf langs, dat gebeurde ook weleens. Dronk hij even een kop koffie terwijl Mandy bij de kapper zat. Ja, die mocht daar dan weer niks van weten...'

Begin 1990 is Mandy in verwachting. Gerald en Ingrid gaan rond die tijd de stad uit. Ze huren een mooi huis in Landsmeer, de plek waar ook Tonny Hijzelendoorn een prachtige bungalow bewoont. Gerald en Ingrid wonen met Jeoffrey op Noordeinde 108. Een paar huizen verderop, op Noordeinde 122, woont Sam Klepper. Als Klepper doorkrijgt dat Gerald een man in bonus is – hij heeft bijvoorbeeld de West-End overgenomen met een compagnon – beginnen ze hem af te persen. Op een gegeven moment wordt Gerald zelfs neergestoken. 'De West-End is toen ook nog afgepakt door John Mieremet. Dat deden John en Sam gewoon. Die hadden op een gegeven moment zo veel horecatenten in Amsterdam: de Joppe, Amsterdamned. Noem maar op,' zegt Jeoffrey. 'En iedereen wist het en stond er zo bij te kijken.'

Martin en zijn Joegoslavische vrienden komen af en toe in zeer opgewonden staat langs in de zonnestudio op de Bilderdijkstraat. Ingrid: 'Kwamen ze aan en checkten ze eerst of er klanten waren. Als die er niet waren, kwam de rest van die groep binnen en moesten de luiken naar beneden. Ik deed snel de voordeur op slot want ik wilde door mijn klanten niet gezien worden met al die Joego's in de zaak. Dan was de vraag of ik een uurtje had. Ondertussen bestelden ze van alles: jus d'orange, koffie, thee, soms waren ze zelfs aan het zingen aan de bar. Hadden ze weer wat geflikt natuurlijk.'

Ingrid had maar één regel op zo'n moment: 'Die kanonnen moesten weg, niet op mijn bar, dat wilde ik niet zien. Ze hielden zich keurig aan die regel hoor. Duja zorgde daar wel voor, hij betaalde altijd en gaf dikke fooien. Duja was heel gul.'

Ze begrijpt heel goed dat Martin aansluiting vond bij de Joegoslaven, en dan met name de Serviërs: 'Die gasten hebben echt schijt aan reputaties, die zijn gek. Het is ook niet voor niks dat ze hebben huisgehouden van hier tot Tokyo. Veel van die mannen kennen alleen maar pure armoede, die hebben niks te verliezen. Als je ze moet vergelijken met Joego's uit Montenegro, dan zijn Serviërs boeren. Montenegrijnen zijn wat rustiger, willen ook niet de hele tijd met een blaffer op zak door de straten lopen. Je zou kunnen zeggen dat ze iets meer stijl hebben.'

Helaas voor Ingrid redde ze het zakelijk niet. Het verhaal doet snel de ronde dat het in die studio niet helemaal zuiver is. De politie houdt haar panden in de gaten. 'Er gebeurden in die zonnestudio heel andere dingen dan onder de zonnebank liggen,' zo vat een oud-agent het samen. Het was een komen en gaan van Balkan-types die er net zo wit naar buiten kwamen. In 1995 zegt ze de huur op van het pand waarin de kledingboetiek zit; in 2008 gaat zonnestudio Ibiza failliet.

Ingrid: 'Ik werd een beetje meegesleept in hun verhalen en dus ook in die ellende. Klanten liepen weg, dus ik verdiende na verloop van tijd niet meer genoeg. Ik moest er privégeld in stoppen. Mijn ouders hebben mij ook nog geld geleend. Uiteindelijk ging ik over de kop, maar ik kon het ook helemaal niet meer aan, joh.'

Voor Ingrid breken vanaf 1991 tropenjaren aan. Eerst komt Martin vast te zitten voor de moord op Klaas Bruinsma ('een man met een mooie lach', zegt ze), daarna de moord op Tonny Hijzelendoorn, en in 1992 krijgt ze een relatie met de Montenegrijn Serge Miranovic. Van hem krijgt ze in 1994 een zoon: Jordi.

Ruzies en conflicten

Eind jaren tachtig is de groep van Klaas Bruinsma alomtegenwoordig in Amsterdam. Klaas en zijn mannen bezitten coffeeshops, runnen hasjlijnen naar het buitenland en beschouwen sommige hoofdstedelijke pleisterplekken als hun eigendom. Bruinsma huurt in het Amstel Hotel een hele etage af en beschouwt het luxebordeel Yab Yum als zijn clubhuis.

De organisatie heeft een aanzuigende werking op veel boeven. Een van hen is de Haagse beroepscrimineel Stanley Hillis. Op 23 september 1988 is hij na een paar jaar gevangenisstraf voor een aantal gewapende overvallen weer vrij man. Hillis is niet van plan ooit nog in de gevangenis terecht te komen. Hij wil niet meer 'in die shit' zitten, zoals hij tegen een vriend zegt.

Stanley Hillis staat vooral bekend als bankovervaller en is berucht vanwege zijn spectaculaire ontsnappingen uit allerlei gevangenissen. Absoluut de bekendste is die in de winter van 1985 uit de Bijlmerbajes. Om die gevangenis heen loopt een gracht. Het lukt Hillis van een winkelwagentje, waarin boeken worden rondgebracht, een aantal spijlen te slopen en er een haak van te maken. Aan die haak bevestigt hij een touw en dan begint voor hem het lange wachten op de vrieskou. Als die vriesperiode zich eindelijk aandient in de winter van 1985, ziet de Haagse crimineel zijn kans schoon. De gracht rond de Bijlmerbajes is na twee nachten vriezen dichtgevroren. In een onbewaakt moment gooit Hillis tijdens het luchten de haak over de muur die vervolgens vast blijft zitten. Daarna klautert hij katachtig omhoog. Hij laat zich aan de andere kant van de muur aan het touw naar beneden zakken en glibbert over de bevroren gracht zijn vrijheid tegemoet. Na een geruchtmakend interview in het tv-programma van Sonja Barend waarin Hillis zijn beklag doet over de wijze waarop de politie op hem jaagt, wordt de Hagenees uiteindelijk toch opgepakt.

Als Hillis zijn resterende straf heeft uitgezeten, komt hij in de vroege herfst van 1988 vrij. Het duurt niet lang of hij krijgt contact met zijn oude gevangenismaatje uit Scheveningen, Charlie da Silva. Da Silva is een tijdje eerder vrijgekomen en doet wat klusjes voor de organisatie van Klaas Bruinsma. Hij zorgt ervoor dat Hillis in de organisatie van Bruinsma wordt opgenomen. Daar komt de Hagenees ook in contact met Robert Mink Kok.

De Amsterdammer Mink Kok is op dat moment een jong misdaadtalent. Hij begint als student een studie rechten, maar voelt zich er niet echt thuis. Eigenlijk weet hij niet precies wat hij met zijn leven wil. Hij komt een oude jeugdvriend tegen die hem introduceert in de kleine criminaliteit: de in die tijd zeer lucratieve handel in cheques en pasjes. Maar Mink Kok is een snelle leerling en belandt eind jaren tachtig in de periferie van de Bruinsma-groep. Hij leert mensen als Sam Klepper en John Mieremet kennen, grote namen in Amsterdam.

Stanley Hillis en Robert Mink Kok sluiten een monsterverbond. De samenwerking tussen de kleinere, oudere crimineel (1946) en de lange, jongere crimineel (1961) zal tot ongeveer halverwege de jaren negentig duren. Hillis en Kok dagen elkaar continu uit om geld te verdienen. Zo zijn ze verantwoordelijk voor een paspoortroof en maken ze samen een trip naar Libanon. Ze weten via Libanese hasjboeren een drugslijn met hasj, de zogeheten Rooie Libanon, op te zetten. Door hun successen klimmen ze steeds hoger in de hiërarchie van de organisatie van Klaas Bruinsma.

Maar met die organisatie is wel iets aan de hand. Steeds meer mensen binnen de groep beginnen zaken op eigen houtje te doen. Dat heeft te maken met hun baas – steeds vaker verliest die het zicht op de realiteit en hij neemt soms onnavolgbare beslissingen. De een zegt dat het komt door het overmatig cokegebruik van Bruinsma, de ander heeft het over de drank die hem parten speelde. De mannen van Bruinsma beginnen om hun baas heen te werken. Ook Stanley Hillis gaat dingen op eigen houtje doen. En het is uitgerekend Martin Hoogland die een rol gaat spelen in zo'n soloactie van Stanley Hillis.

In de nazomer van 1990 raakt Hillis in de Buggie, de coffeeshop van de organisatie van Bruinsma, aan de praat met Martin Hoogland. De Amsterdammer is er door zijn goede vriend Duja op uitgestuurd met de vraag of er zaken te doen zijn met leden van de Bruinsma-clan, met name in de cocaïne. Een insider vertelt dat Hoogland destijds Hillis benaderde omdat van hem bekend was dat hij af en toe coke rookte.

Het is overigens goed denkbaar dat de Joego's van plan waren Hillis te rippen of te weten te komen wie zijn contacten waren. Het gebeurt regelmatig dat leveranciers achter de rug om van de tussenpersoon een beter aanbod krijgen. Hoe dan ook, Martin de bemiddelaar krijgt de eer van Duja om die deal op poten te zetten. Hij zoekt contact met Stanley Hillis, van wie hij weet dat hij bij de Bruinsma-groep hoort.

Tijdens het gesprek tussen Martin Hoogland en Stanley Hillis gaat het er zakelijk, maar vriendelijk aan toe. Volgens een insider wil Hillis geld hebben voor een deel van de transactie, maar hij is ook geïnteresseerd in wapens.

'Kan geregeld worden,' zegt Hoogland. 'Ik zal het doorgeven aan Duja.'

De afspraak wordt gemaakt dat Hillis aan Duja laat weten wanneer de coke binnen is. Uiteindelijk komen ze er toch op uit dat het alleen om geld zal gaan; de wapens blijven achterwege. Duja geeft daarop aan dat het geld er zal komen.

Als Hillis niet lang daarna inderdaad laat weten dat de blokken coke er 's avonds zijn, is Duja in opperbeste stemming. Omdat afgesproken is te betalen in dollars, wisselt hij bij een wisselkantoor Zwitserse franken om in dollars. Maar dan komt er een minder leuk bericht van Hillis: het gaat die avond toch niet helemaal lukken. Er was iets verkeerd gegaan en de koopwaar laat wat langer op zich wachten, is de boodschap. Duja zal nog even geduld moeten hebben. Die is op dat moment al des duivels, maar wordt nog woester als er allemaal vreemde verzoeken komen.

In het boek *De dominee* van Bart Middelburg verwoordt Geurt Roos, destijds Bruinsma's bodyguard, het als volgt: 'Duja werd steeds maar aan het lijntje gehouden. Dan weer moest hij die partij betalen in lires, dan weer in dollars, en dan weer in guldens. Op een gegeven moment had Duja dus al een kapitaal gespendeerd aan al dat gewissel, maar had hij nog geen gram coke.'

De trotse Duja is het op een gegeven moment zo zat dat hij in de stad op jacht gaat naar Stanley Hillis. Midden op straat op de Haarlemmerdijk, pal voor de woning van Hillis, stapt Duja op hem af en roept hem ter verantwoording. Duja trekt daarbij aan de kraag van de Hagenees. Die pikt dat niet en slaat Duja's hand weg. Er ontstaat een vechtpartijtje. Met de nodige verwensingen en beschuldigingen naar elkaar nemen de mannen afstand.

Een insider: 'Duja had die Ouwe een paar beuken gegeven. Ik weet dat nog heel goed, want ik zag Duja een paar minuten nadat dit gebeurd was. Ik zag aan de kop van Duja duidelijk dat er iets aan de hand was.'

De spanningen in de Amsterdamse onderwereld lopen door dit akkefietje hoog op. Want Duja ziet Hillis als een adjudant van Bruinsma en houdt dus de organisatie van Bruinsma verantwoordelijk voor deze ellende. De Joego's, met Duja voorop, lijken daarbij hun momentum perfect aan te voelen. Eerder dat jaar heeft Klaas Bruinsma namelijk een enorme zeperd te verwerken gekregen. Het drama met de Grote Berg.

Klaas Bruinsma had plannen om uit de onderwereld te stappen en met pensioen te gaan. Hij wilde tussen de salamanders en de schildpadden gaan leven. De Lange was er klaar mee. Het enige wat hij nog wilde, was de grootste lading ooit met zwarte Pakistaanse hasj naar Nederland halen: de Grote Berg. Vijfenveertigduizend kilo met een straatwaarde van ruim vierhonderd miljoen gulden. Voor een groot deel voor de export, naar andere Europese landen en de Verenigde Staten. Met het geld dat dit zou opleveren wilde Bruinsma afzwaaien en een nieuw leven beginnen. De dagelijkse leiding van zijn imperium zou overgenomen worden door onder anderen zijn rechterhand Etiënne Urka en nog een paar mensen. Dat was het plan. Alleen, dat plan heeft nogal wat haken en ogen. Vooral omdat de mensen rondom Bruinsma de grote baas een beetje zat zijn. Er is eigenlijk niets meer over van de scherpe geest van de maffiabaas. Hij is verworden tot een lastpak voor zijn directe omgeving en erger nog, voor de handel.

Het verhaal van de Grote Berg gaat ondertussen als een lopend vuurtje door de onderwereld. Iedereen heeft het erover. Ook de politiedienst hoort van het transport. Het lijkt de pakjesboot van Sinterklaas wel.

Op zaterdag 24 februari 1990 wordt de Grote Berg dan ook ontdekt door een team van de politie van Dordrecht, in een loods bij Leusden, vlak bij Amersfoort. Snel daarna steekt de politie bij de Afvalverwerking Rijnmond de Grote Berg in de fik. Zo gaan vierhonderd miljoen gulden en het plan van Bruinsma om uit de onderwereld te stappen in vlammen op.

Misschien voelde Duja zich hierdoor gesterkt. Dit is natuurlijk hét moment om de organisatie rond Bruinsma te benaderen, omdat ze verzwakt is. De baas wil ermee ophouden, maar dat kan niet omdat er een transport is mislukt.

Duja eist een gesprek met Bruinsma. Samen met Sreten Jocic gaat hij naar de Buggie toe om daar met de baas en Etiënne Urka een gesprek te hebben over de gebeurtenissen van de afgelopen tijd.

Duja houdt tijdens dat gesprek Bruinsma verantwoordelijk voor het debacle rond de cocaïnetransactie met Hillis. 'Het zijn jouw mensen die dit hebben geflikt, dus ik wil een miljoen van je hebben,' zegt de Joego-baas. En hij zegt er nog bij dat Bruinsma moet opschieten met betalen omdat het anders 'zwei Million' zou worden.

Het opleggen van dergelijke boetes is heel gebruikelijk binnen de onderwereld. Het is een soort schadevergoeding. Je kunt natuurlijk niet naar de politie of de rechter om voldoening te eisen. Je laat de tegenpartij letterlijk boeten door het betalen van een bedrag. Maar het stelsel van die boetes is al een tijdje aan uitholling onderhevig. Daar is voor een groot deel Klaas Bruinsma verantwoordelijk voor en het is ook een van de redenen dat zijn mensen zich van hem afkeren. Bruinsma begon voor van alles en nog wat boetes uit te delen omdat hij in het nauw kwam te zitten door een onbestuurbare organisatie en doordat het transport van de Grote Berg onderschept werd. Iedereen om Bruinsma heen kreeg aan de lopende band boetes opgelegd. Hij werd niet meer de Dominee of Lange Frans genoemd, maar de Politieman.

Klaas Bruinsma is niet erg onder de indruk van het theater van de Joego. Hij beweert niets te hebben geweten van die coketransactie, en dat hij dus niet verantwoordelijk kan worden gesteld voor het mislukken ervan. Hij spreekt Duja aan op zijn mannelijkheid en zegt dat hij het maar lekker zelf moet oplossen. 'Wees een man en vecht het met elkaar uit,' zou hij hebben gezegd. En dat is precies wat er gebeurt. De spanning tussen de Joego's van Duja en de mannen van Bruinsma stijgt tot een hoogtepunt. Joego-hoofdman Duja rijdt op 27 augustus 1990 samen met zijn steun en toeverlaat Sreten Jocic in een auto langs een café bij het Van Tuyll van Serooskerkenplein. Daar zitten mensen die gelieerd zijn aan Sam Klepper en Johnny Mieremet, en dus aan de Bruinsma-groep waar ook Hillis bij zit. Als de twee Joego's voorbijrijden, wordt vanuit het café op hun wagen geschoten.

Amper een maand later, op 24 september, gaat de telefoon bij Duja in zijn woning aan de Hoofdweg in Amsterdam-West. Zoals de Joego-gangster altijd doet, klemt hij de hoorn tussen schouder en kin, pakt het toestel op en loopt al pratende naar het raam. Voor zijn huis staat een auto met vier mannen erin. Eén richt zijn wapen op de telefonerende Duja bij het raam en schiet.

Een andere versie van deze aanslag is dat er een BMW voorgereden komt die tweemaal toetert. Doorgaans is dat de wijze waarop mannen van de organisatie van Duja zich melden voor zijn huis, maar deze keer zijn het niet zijn mannen. De Joego hoort het getoeter, veert op en loopt naar het raam. Hij is nieuwsgierig, want hij is even daarvoor afgezet bij zijn woning, dus wat zou er aan de hand zijn? Als hij door het raam naar buiten kijkt, wordt hij met meerdere kogels beschoten. Het verhaal gaat dat de kogels met een bepaald gif behandeld waren. Omdat er in ieder geval één kogel door zijn alvleesklier gaat, wordt Duja vergiftigd. Hoewel hij beschoten is, vindt Duja nog de kracht om naar buiten te gaan. Hij rent vanuit zijn woning de straat op en probeert zijn belager terug te pakken. Al schietend zijgt hij midden op straat neer.

'Mijn vader kwam me van school halen,' herinnert Jeoffrey zich. 'Hij reed toen in een BMW 5-serie, dat weet ik nog goed. Ik verheugde me erop dat hij zou komen, maar toen ik hem zag, wist ik meteen dat er iets was. "Ik moet je wat ergs vertellen Jeoff," zei hij. "Ze hebben Duja in zijn buik geschoten." Hij vertelde me dat Duja in het ziekenhuis lag en dat het er slecht voor hem uitzag.'

Justitie is er altijd van overtuigd geweest dat het de Joegoslaaf Milos 'Bato' P. was die vanuit die auto de trekker overhaalde. Bato behoorde tot de rivaliserende groep Joego's die zich rond Maruf 'Paja' M. ophield. Bato moest zich voor een Nederlandse rechter verantwoorden voor de moord op Duja, maar die vond het bewijs te dun en de Joego kwam vrij. Meerdere onderwereldbronnen geven toch toe dat Milos 'Bato' P. achter de aanslag zat, en dat het in opdracht van Sam Klepper is gebeurd.

Duja ligt enkele dagen in coma en krijgt al snel bezoek van zijn mannen, onder wie Sreten Jocic en natuurlijk Martin Hoogland. Met een sombere blik en zijn hoofd naar beneden gekeerd brengt hij de Joego-voorman een bezoek. De politie houdt de bezoekers nauwlettend in de gaten en krijgt zo toch weer iets meer zicht op de onderlinge verhoudingen in de Joego-scene.

Duja overlijdt aan een infectie die hij door de kogelinslagen heeft opgelopen. De Joegoslavische godfather sterft op 27 oktober 1990 in het ziekenhuis. Er is nog steeds niemand veroordeeld voor deze moord.

Jeoffrey: 'Mijn vader heeft me weleens verteld dat hij toen elke dag bij Duja langsging. Nachtenlang hield hij de wacht. Na een tijdje kwam hij me weer ophalen en zei hij dat Duja was overleden. Ik vond dat heel erg, ik moest huilen. Toen ik opkeek, zag ik ook tranen in de ogen van mijn vader. Daar schrok ik van. Ik had dat nooit eerder gezien.'

Volgens de Joegoslavische traditie duurt een rouwperiode rond een overleden dierbare één jaar. Exact een jaar na de moord op Duja staat er een rouwadvertentie in *De Telegraaf* voor Duja van Sreten Jocic: 'Ti si bio i ostajes moj najveci drug'. Wat betekent: 'Je bent en zal altijd mijn allerbeste vriend blijven'.

Mandy bevalt op 6 november 1990 van een zoon. Zijn naam: Nicky Duja Hoogland.

Jocic als koning

Sreten 'Joca' Jocic neemt de plek van zijn goede vriend Duja over. Er is eigenlijk niemand binnen de Joego-groepering die daar raar van staat te kijken, maar binnen politiekringen is men wel verbaasd. Dat Sreten Jocic zal uitgroeien tot de belangrijkste leider van de Amsterdamse Joego-scene is door geen enkele rechercheur voorzien – misschien is dat juist iets wat Martin Hoogland als insider wel eerder doorheeft. Hij lijkt vrijwel moeiteloos zowel met Duja als met Jocic om te kunnen gaan. Toch verandert er iets: Duja was tenslotte echt een vriend van Martin. De band tussen Jocic en Martin is zakelijker.

Jocic valt niet heel erg op tussen alle andere criminelen van Joegoslavische komaf. Hij communiceert makkelijk en heeft een Nederlandse vrouw, waardoor hij ook weer makkelijker communiceert met andere criminele Nederlanders. Hij is daardoor misschien wel Nederlandser dan Duja.

Cruciaal in het streven van Jocic om de top van de misdaadpiramide te bereiken is niet eens zozeer zijn sterke band met partijen in het Servische achterland, maar meer zijn vermogen om de verhoudingen binnen de Amsterdamse onderwereld goed in te schatten. 'Jocic is een schaakspeler,' zo vat een bron bij de recherche het samen. 'En een poos lang wist hij heel Amsterdam als een soort simultaan-schaakgrootmeester om de tuin te leiden.' Daarmee doelend op de Amsterdamse topjaren van de 'grootmeester' in de vroege jaren negentig.

In de periode na de dood van Duja breekt de Joego-clan van Jocic oude records, zowel in zakelijk als in moorddadig opzicht. In oktober 1991 zijn er in één maand zelfs drie liquidaties.

Volgens bronnen bij de politie speelde Jocic vrijwel zeker een rol in het 'bestellen' van een moordploeg uit België om de daders van de moord op Duja te wreken. Deze moordploeg wordt door de politie van straat gehaald.

Zakelijk gezien wordt in het 'post-Duja-tijdperk' groter gedacht. Er wordt niet langer op een miljoen meer of minder gekeken. De periode van de 'ordinaire' overvallen is voor deze groep voorbij. Dit hangt samen met het feit dat er vanuit Colombia veel belangstelling is om zaken te doen met Joegoslavische groepen in West-Europa. Uit latere verklaringen van spijtoptante Bettien Martens (in 1992 in Italië gearresteerd) komt naar voren dat het Colombiaanse Cali-kartel eind 1990, na de dood van Duja dus, nadrukkelijk contact zoekt met de erven van de doodgeschoten Joego-koning. Ze komen via bemiddeling uit bij het duo Jocic en zijn rechterhand Ile 'Uka' Priescu. De rol van Hoogland op het gebied van drugshandel lijkt daarmee uitgespeeld. Hij maakt nog steeds deel uit van de Joego-clan, maar niet meer zo in het zicht. Dat is opmerkelijk omdat hij in zijn brief aan Tina melding maakt van zijn reis begin 1990 naar Panama en Barranquilla in Colombia, die volgens ingewijden in het teken van maar één ding kan staan: het witte poeder.

Jocic groeit in korte tijd uit tot een van de machtigste gangsters van Amsterdam, vandaar zijn bijnaam 'Joca Amsterdam'. 'Iedere crimineel in Amsterdam heeft met die man te maken. Of omdat ze samenwerken, of omdat ze nog een appeltje met hem te schillen hebben,' aldus officier van Justitie mr. W. Franken van Bloemendaal over Sreten Jocic. De Joego blijft voornamelijk in Nederland en woont in een appartement in de Laing's Nekstraat in Amsterdam-Oost, en aan het Hygiëaplein in Amsterdam-Zuid, niet ver van het Van Tuyll van Serooskerkenplein, waar hij samen met Duja in de auto is beschoten door mensen van John Mieremet.

Martin woont begin jaren negentig met Mandy en zoon Nicky in een prachtig huis in de Valeriusstraat in Amsterdam-Zuid. De woning is helemaal opgeknapt en ingericht met meubels die bij elkaar een fortuin hebben gekost. Ze hebben twee honden: een grote donkere Amerikaanse Pitbull en een klein Maltezer Leeuwtje. Het ziet er van buiten allemaal prachtig uit. Desondanks gaat Martin nog steeds naar de bordelen en nachttenten en doet hij zich te goed aan coke. Hij krijgt meer dan ooit last van paranoïde waanbeelden en denkt dat iedereen het op hem heeft gemunt. Dat concludeert ook ex-collega Hans de Vriend van de Floriade: 'Ik hoorde van mijn collega's op de Koninginneweg in Zuid het verhaal dat Martin op een nacht zwetend en met grote ogen het politiebureau op de Koninginneweg binnen was gekomen. "Jullie moeten me helpen nu, godverdomme..." Hij klampt zich vast aan de balie en kijkt met verschrikte ogen naar de agenten. Die vragen hem wat er aan de hand is. "Ik ben Martin Hoogland. Ik heb een groot probleem. Volgens mij willen ze me kapotmaken. Ik woon hier vlakbij op de Valeriusstraat. Op het moment dat ik mijn straat in rij, zie ik een paar gasten in een auto zitten. Colombianen. Die wachten me op en willen me afschieten...!"'

Volgens Hans reageren de collega's vrij kalm. 'Die veronderstelde dreiging werd niet echt serieus genomen. Bij het korps kenden de meeste mensen Martin Hoogland wel. Ze wisten ook hoe hij eraan toe was. Maar het neemt natuurlijk niet weg dat het best zo zou kunnen zijn natuurlijk. Met zijn levensloop behoort dit allemaal tot de mogelijkheden.'

Volgens Hans hebben zijn collega's even gekeken en Martin gerustgesteld dat er niets aan de hand was. Dat hij gewoon naar huis kon gaan.

Terwijl de Joego's van Jocic begin jaren negentig gebruikmaken van een directe lijn met de Colombianen, die waarschijnlijk door Hoogland is opgezet, staat Amsterdam aan de vooravond van een grote onderwereldoorlog. Daarbij laat de ene na de andere crimineel – soms Joego, maar ook criminelen met een andere afkomst – het leven. Martin lijkt dit allemaal vanaf de zijlijn te bezien en brengt vooral veel tijd door in kroegen. In de eerste helft van 1991 ziet hij Dorus Kwarten vaak. Dorus gaat al een hele tijd met Willy, een vriendin van Ingrid. Dorus: 'Martin noemde me altijd Dexter van *Dynasty*. Ken je die serie nog? Die had zijn haar altijd zo mooi naar achter geföhnd, net als ik.'

Dorus woont dan in de Vechtstraat. 'Iedereen kwam altijd bij mij een afzakkertje halen. Ja, en er waren ook meiden, hè? Het was bij mij soms drukker dan in de Princess hoor!' zegt de oude Kwarten. Martin en Dorus rijden ook vaak samen door de stad langs kroegen en nachttenten. Dorus herinnert zich een tent waar Martin veel kwam om te gokken op een illegale gokkast. 'Dat was op de Admiraal de Ruijterweg. Martin wilde altijd naar die illegale kast omdat je die kon opvoeren. Zo noemde hij dat. Die kasten mochten eigenlijk helemaal niet in cafés staan. Martin gooide daar dan wel zo'n zeventien of achttien meier in, en dan kon je weleens met een paar goede beurten op de 30.000 punten terechtkomen. Nou, een normaal mens tikt dan op uitbetalen, want niemand durft door te drukken met dubbel of niks, maar Martin had schijt. Die drukte gewoon door en nog een keer als het moest. "BAM!" zei hij dan. Soms verloor hij alles en soms won hij het dubbele. Stond die kast een uur lang te tikken. Kwamen er zomaar vier of vijf ruggen uit.'

In die tijd ziet Martin Johan Verhoek nog met enige regelmaat, ook een goede bekende van Dorus: 'Johan heeft hier bij mij nog eens drie weken ondergedoken gezeten toen hij gezocht werd.' Hij zegt ook dat de politie Martin in de gaten houdt. 'Ze achtervolgden hem altijd. Hij kon nooit eens ergens zitten of ze kwamen er alweer aan. Waar hij ook heen ging. Daar werd Martin weleens misselijk van hoor...'

Voor Dorus was geen berg coke te hoog. Jeoffrey: 'Dorus heeft in de loop van de jaren een heel groot drugsprobleem ontwikkeld. Mijn vader vond Dorus wel een mooie kerel om mee om te gaan. Hij kwam die mannen allemaal tegen in de Stadioncorner en in Van Dijk. Daar was de handel en gokten ze hele dagen door.'

Dorus en Jeoffrey kennen elkaar ook goed. Jeoffrey heeft een tijd bij Dorus thuis gewoond toen zijn vader in de bak zat. Dorus: 'Martin nam Jeoffrey ook overal mee naartoe. Sommige mensen keken daar vreemd naar: zo'n jochie in de kroeg, maar Martin vond het gezellig. En niemand moest iets verkeerds over hem zeggen hoor. We zaten een keer in een tent op de hoek van de Bilderdijkstraat en de Helmersstraat en toen zei een kerel uit een groep van een man of tien iets over Jeoffrey. "Wat moet dat kind hier?" of zo. Martin dook er meteen op en vroeg of die kerel soms een probleem met Jeoffrey had. Dat liep zeer hoog op. Die man daagde Martin nog een beetje uit maar die maakte sussende gebaren en zei: "Is goed. Komt goed." Dus die kerel laat het erbij zitten en gaat weer naar zijn groep vrienden toe. Ongeveer op datzelfde moment stopt een busje voor die kroeg. De deur van het busje zwaait open en er komen iets van tien man uit gelopen, sommige hebben bivakmutsen op, andere hebben uzi's in hun hand. Ze schreeuwen wat door de tent en kijken naar Martin. Die wijst naar die ene vent van dat groepje mannen die wat over Jeoffrey zei. Al die gasten zaten natuurlijk met zúlke ogen te kijken naar het schouwspel dat zich voor hun neus voltrok. Dit hadden ze even niet verwacht. De groep Joegoslaven boog naar de groep mannen toe en meer specifiek naar de man met wie Martin mot had. Die wist niet waar die moest kijken en terwijl hij op zijn stoel zat begon hij zo in zijn broek te zeiken van angst. Hij liet alles lopen. Martin zag dat ook gebeuren en zei toen tegen die Joego's: "Laat het zo maar. En bedankt." Op dat moment keerden die Joego's om en liepen weer naar buiten, stapten het busje in en reden weg.'

Jeoffrey: 'Dat is wel power, toch?'

In deze periode komt Richard uit Zaandam, de man die Martin had aangeraden bij de politie te gaan werken, hem tegen op de Zeedijk: 'Hij reed in een dikke Mercedes en ik liep in mijn uniform op straat. Ik werkte net in Amsterdam en had natuurlijk wel al wat verhalen over Martin gehoord, maar agenten laten ook weinig los over andere agenten. Ineens rijdt hij langs me. Hij heeft zijn raam naar beneden gedraaid. Terwijl hij langs me rijdt, zegt hij: "Er zit een kalasjnikov in mijn achterbak." Ik zag meteen dat het Martin Hoogland was, maar hij zag volgens mij niet dat ik het was, haha. Het was gewoon een geintje van hem natuurlijk, of misschien ook niet. Je weet het nooit precies bij die gasten. Ik hoorde 'm nog lachen toen hij verder reed.'

Wie gaat er mee naar Juliana's?

In de vroege ochtend van 27 juni 1991 ontmoeten Klaas Bruinsma en Martin Hoogland elkaar in Juliana's bij het Hilton. Er speelt iets tussen de twee. Dat is overduidelijk. Acht maanden eerder is Duja doodgeschoten. Niemand twijfelt eraan dat dit is gebeurd door iemand uit de Bruinsma-groep. Neemt Martin Klaas Bruinsma iets kwalijk? Of zoekt hij misschien juist aansluiting bij hem?

Martin Hoogland loopt in ieder geval, als hij Bruinsma op de trap naar buiten tegenkomt, achter hem aan. Hij lijkt aandacht van de maffiabaas te willen hebben en de maffiabaas lijkt niet genoeg aandacht te willen geven.

Bruinsma en Martin kennen elkaar al een tijdje. Dorus Kwarten vertelt dat dit komt door Johan Verhoek. 'Die heeft Martin geïntroduceerd bij Klaas. Martin kende Johan veel langer dan dat hij Klaas kende. Johan en Klaas waren eerst concurrenten van elkaar, maar op een gegeven moment heeft Johan Klaas totaal overvleugeld. Dat kon Klaas niet uitstaan. Hij begon toen allerlei gemene streken uit te halen. Bruinsma was echt een heel vals kreng. Maar Johan was weer veel te slim om toe te happen. Klaas Bruinsma probeerde in die tijd van iedereen geld te krijgen door ze te beboeten, maar Johan deed daar niet aan mee.'

Hoogland geeft tijdens zijn verhoor na de moord op Bruinsma toe een akkefietje met hem te hebben gehad over een eerdere dienst die hij hem heeft bewezen. Tijdens het hoger beroep vraagt de rechter wat die klus dan is. Martin wil er verder niets over zeggen omdat hij, naar eigen zeggen, al genoeg problemen heeft.

Bijna iedereen die ik voor dit boek spreek zegt dat het klusje waar Hoogland het over heeft waarschijnlijk gaat over de liquidatie van Ferry Koch, in 1989. Ferry wordt door iedereen die ik spreek omschreven als de koning van het rippen. Sommigen noemen hem zelfs de bedenker ervan. Een van de brutaalste acties van Ferry is ongetwijfeld die van het politiebusje. Koch had een bus omgebouwd tot politiebus en bijpassende uniformen geregeld. Het busje parkeerde hij met zijn vrienden voor een drugspand om vervolgens binnen te vallen en met grof geweld iedereen tegen de muur te zetten. Omdat de 'agenten' zogenaamd in een goede bui waren, werden de handelaren niet gearresteerd maar moesten ze al hun drugs en hun geld afgeven. Daarna verdwenen ze weer net zo snel als ze waren gekomen. Maar zoals het gaat bij rippers: op een dag komen ze de verkeerde tegen en als diegene ook nog eens Klaas Bruinsma heet, kan het weleens fout aflopen.

In 1989 wordt Ferry Koch verdacht van betrokkenheid bij de diefstal van een partij drugs. In de stad gonst het van de geruchten dat hij Bruinsma zou hebben bestolen, waarmee hij zijn eigen doodvonnis zou hebben getekend. Goed ingevoerde criminele bronnen vertellen dat aan de dood van Koch een ragfijn spel van intimidatie en desinformatie voorafging. Want er zit een raar luchtje aan die zaak. Dat Bruinsma een partij lichter is gemaakt, staat volgens die bronnen vast. Maar het zou gaan om een partij die doelbewust is achtergehouden om Koch in een kwaad daglicht te plaatsen. Martin Hoogland zou de partij hebben verplaatst en Koch hiermee een spreekwoordelijke 'sigaar uit eigen doos' hebben gepresenteerd. Hoogland en Koch kenden elkaar uit het Amsterdamse milieu.

Martin Hillegers beaamt dat Hoogland een rol speelde bij de liquidatie van Ferry Koch. Martin Hillegers is een Amsterdamse beroepscrimineel, en zoon van Ruud Hillegers, de oude penozeman die zowel Martin Hoogland als Tonny Hijzelendoorn goed heeft gekend. Martin Hillegers en Martin Hoogland hebben elkaar vooral leren kennen in de gevangenis, waar Hillegers verschillende straffen voor meerdere delicten uitzat. Hillegers ging veel om met Sam Klepper. Over Klepper en Martin Hoogland zegt hij: 'Ik heb erbij gestaan dat Martin door Sam Klepper betaald werd om een klusje te doen. Martin kreeg tachtig ruggen van Sam en later vertelde Sam mij dat dit geld was om Ferry te doen. Dat is volgens mij in 1987 geweest. Hij kreeg dat geld in Het Admiraaltje, op een zaterdag.'

Op 6 oktober 1989 wordt Ferry doodgeschoten. Saillant detail: de dag dat Ferry Koch werd doodgeschoten, was de verjaardag van Klaas Bruinsma. Wat een cadeautje. Martin Hillegers beweert dus dat de liquidatie van Koch is uitgevoerd door Martin Hoogland en dat Sam Klepper de opdrachtgever zou zijn geweest. Maar van Sam is bekend dat hij de hele tijd met iedereen spelletjes speelde. Mensen fucken, noemde hij dat. Hillegers beaamt dit. 'Maar ik vertel alleen maar wat Sam mij vertelde.'

In die nacht van woensdag 26 op donderdag 27 juni 1991 bij het Hilton Hotel loopt Martin Hoogland achter Klaas Bruinsma aan. Hij wil aandacht van Bruinsma, maar die is niet echt geïnteresseerd. Hij probeert Martin af te schudden, zo lijkt het, maar Martin blijft maar plakken. Er ontstaat ergernis, een wat ruzieachtige sfeer. Dat is bevestigd door meerdere getuigen. Ook Martin geeft toe dat er tussen hem en Bruinsma woorden vielen, al zegt hij juist weer dat het niets om het lijf had. Bruinsma praatte nu eenmaal hard, richtte zich tot alles en iedereen in zijn omgeving en leek nauwelijks rekening te houden met zijn eigen veiligheid, getuige de opmerking van Martin over zijn beveiliging.

'Het is juist heel slim om af en toe onvoorzichtig te zijn,' antwoordde Klaas quasi-snugger.

Maar op een gegeven moment vindt Klaas Bruinsma het genoeg, zoveel is duidelijk uit de volgende zin die hij uitspreekt: 'Dat je vroeger politieman bent geweest, wil nog niet zeggen dat ik bang voor je ben.'

Martin zegt dat die opmerking bijna binnen is gemaakt, bij de garderobe van Juliana's; meerdere getuigen zeggen dat het buiten was, bij de taxi, na sluitingstijd.

Niet lang daarna klinken vier schoten in de nacht: 'BAM! BAM BAM BAM!'

Na de moord op maffiabaas Klaas Bruinsma is er één theorie die vrijwel overal wordt geopperd. Bruinsma zou vermoord zijn in opdracht van de Joegoslavische crimineel Sreten Jocic. De dood van Bruinsma zou een vergelding zijn geweest voor de moord op Duja. Boone heeft als advocaat zowel Jocic als Hoogland bijgestaan en zegt hierover: 'Jocic had helemaal geen belang bij de dood van Bruinsma. Het waren dan wel concurrenten, maar Bruinsma had wel meer concurrenten. En weet je, die criminele organisaties willen helemaal geen moorden. Dat zorgt alleen maar voor aandacht en daar zitten ze helemaal niet op te wachten.'

Koos en Johan

Koos Reuvers geeft de langste verklaring over de nacht waarin Bruinsma werd vermoord. Op 10 juli, dus ruim twee weken na Bruinsma's dood, zegt hij dat hij in de avonduren van woensdag 26 juni 1991 met een vriend, Johan Verhoek, naar Amsterdam is gegaan. 'Johan had een afspraak met een man, genaamd Klaas Bruinsma,' aldus Reuvers. 'Ik kende Klaas Bruinsma ongeveer twee jaar. Samen met Johan ontmoette ik Klaas destijds in een jachthaven. Het klikte toen eigenlijk direct tussen ons. Het contact is sindsdien altijd gebleven.'

Hij zegt dat Johan zijn auto had geparkeerd op de Rozengracht. Vervolgens reden ze samen in de Porsche van Reuvers naar het Hilton Hotel. Daar parkeerde hij zijn wagen naast het hokje van de portier. 'Ik parkeerde mijn auto op die plek omdat de portier dan goed zicht heeft op mijn wagen. De neus van mijn auto stond in de richting van het hotel en de achterzijde stond in de richting van de Apollolaan.'

Als ze Juliana's betreden, zien ze Klaas aan de linkerkant van de zaak zitten. Hij praat met twee mannen. 'Na ongeveer tien minuten kwam Klaas naar ons toe en begroette ons. Klaas vertelde dat die twee mannen bij de politie zaten of hadden gezeten. Klaas kwam op mij vrij zorgeloos over. Hij had het volgens mij behoorlijk naar zijn zin.'

Koos, Johan en Klaas gaan vervolgens achter in de zaak zitten, in het zitje naast het toilet. Reuvers: 'We hebben een tijdje gedrieën zitten praten. Tijdens dit gesprek maakten we geen contact met andere bezoekers van Juliana's. Op een gegeven moment kwam er een gezelschap de bar binnen. Dit gezelschap bestond uit ongeveer tien personen. Ik begreep later dat dit gezelschap de verjaardag vierde van Piet Broerse.'

Het gezelschap komt in hun buurt zitten. 'Johan en ik werden voorgesteld aan Broerse. Ik heb zelf nog een gesprek met Broerse gevoerd over oldtimers.' Reuvers zegt ook dat hij Klaas Bruinsma soms even kwijt is, dat Klaas naar de bar loopt en korte tijd weg is. Maar ook dat hij Klaas heeft zien dansen met de dochter van Broerse, terwijl Johan met de kleindochter van Broerse op de dansvloer staat.

Wat een beeld moet dat zijn geweest: de twee druglords Klaas en Johan die samen laten zien wat ze op de dansvloer waard zijn ten overstaan van twee dames.

Als de rest van het gezelschap van Broerse weggaat, blijven de twee vrouwen achter. Reuvers: 'Inmiddels was Johan aan de bar gaan staan. Ook Klaas en ik begaven ons naar de bar.'

Reuvers vertelt dat Bruinsma geen rust heeft en regelmatig heen en weer loopt en kort met mensen praat. Dat rusteloze is typisch het gedrag van iemand die met z'n neus in de cocaïne zit. 'Aan de bar stond ook uw collega Jan de Boer,' zegt Reuvers in zijn verklaring. Hij heeft het over de agent Jan de Boer, die eerder is aangesproken op normafwijkend gedrag. Een agent vertelt dat De Boer vaste klant was van Juliana's en dat hij de kogelgaten in de muur opvulde wanneer er weer eens geschoten was. De Boer was aannemer die ook werd ingehuurd door criminelen; Reuvers had hem al eens eerder ontmoet. Op een gegeven moment is Jan de Boer weg, volgens Reuvers. Hij heeft hem in ieder geval niet zien vertrekken. 'Klaas was op dat moment, volgens mij, nog steeds in een goede bui.'

Als Juliana's rond 4 uur in de ochtend gaat sluiten en Reuvers, Bruinsma en Verhoek gebruik hebben gemaakt van de laatste ronde, merkt Reuvers op dat zij een van de laatsten zijn. Reuvers denkt dat Klaas Bruinsma ongeveer tien meter voor hem liep op de trap naar buiten: 'Op het moment dat ik boven aan de trap arriveerde, zag ik dat Klaas al bij de stoeprand stond. Johan stond eigenlijk tussen mij en Klaas in.'

Er vormt zich een groepje mensen bij een gereedstaande taxi. Bruinsma zit al half in de taxi en voert een gesprekje met de chauffeur tot Johan voorstelt dat Klaas met hen kan meerijden. Reuvers: 'Hij zei zoiets van: "Laat zitten die taxi, laat gaan. Rij maar met ons mee." Het viel mij op dat Klaas vrijwel direct akkoord ging met het voorstel van Johan. Ik hoorde hem zeggen: "Ja, oké." Vervolgens liep ik in de richting van mijn auto.' Klaas Bruinsma loopt met hem mee. Johan heeft de taxichauffeur nog wat geld gegeven voor de mazzel en loopt enkele meters achter de mannen aan.

Terwijl ze bijna bij het hokje van de parkeerwachter zijn en dus ook bij de auto van Reuvers, draait Klaas Bruinsma zich plotseling om. Reuvers: 'Klaas liep geïrriteerd terug in de richting van Juliana's. De irritatie maakte ik op uit de bewegingen van Klaas en de wijze waarop hij terugliep. Het was duidelijk dat hij terugliep naar een persoon. Ik heb nog steeds geen idee naar wie hij eigenlijk liep. Ik hoorde dat Klaas zijn stem verhief tegen die bepaalde persoon. Klaas passeerde Johan op weg naar die onbekende. Ik herinner mij nog dat ik Klaas luid hoorde zeggen: "Hé! Hé! Hé!" Op dat moment keek ik in de richting waar Klaas naartoe was gelopen. Ik stond bij het linker portier van de Porsche. Direct na dat "Hé! Hé! Hé!" hoorde ik een aantal harde knallen. Ik denk tussen de drie en vijf knallen. De knallen kwamen uit de richting van het donkere stukje tussen de ingang van de bar en het parkeerwachtershokje. De knallen vielen kort achter elkaar. Ik zag vervolgens Johan naar me toe komen rennen. Johan riep iets van: "Weg, weg, weg, ze schieten die Lange neer!"' Reuvers merkt op dat moment op dat hij de parkeerwachter ziet kijken naar de plek waar de schoten vandaan komen. 'Het viel me op dat hij bleef kijken in de richting van de plaats waar Klaas werd neergeschoten.'

Als Reuvers met Verhoek in de auto de parkeerplaats af wil rijden, blijft de slagboom gesloten. Daarop zegt de parkeerwachter dat ze de parkeerplaats ook aan de andere kant kunnen verlaten. Reuvers keert de Porsche en rijdt aan de andere kant van de parkeerplaats weg, in eerste instantie met gedoofde lichten.

Koos Reuvers laat de politie nog weten dat hij buiten de stemverheffing van Klaas niets heeft gehoord en ook niets heeft gezien van degene naar wie Klaas zo geïrriteerd liep. Johan Verhoek zei in de auto alleen dat hij iemand had zien wegrennen, verder niets. Ze zijn direct na de schietpartij weggereden omdat ze zelf ook 'enige angst hadden. We wisten namelijk op dat moment niet of de schutter ons ook moest hebben,' aldus Koos Reuvers.

Tien dagen daarna bevestigt Johan Verhoek in grote lijnen het verhaal van Koos. Hij voegt nog een paar details toe. Zo is het kort na het middernachtelijke uur dat zij beiden arriveren in Juliana's en Verhoek beweert dat Klaas en de taxichauffeur een woordenwisseling hebben gehad. Verhoek zegt dat de chauffeur aan het 'mopperen' was. Waarschijnlijk omdat Klaas dronken was en onbehouwen tekeerging met de deuren van de auto. Voor het ongemak heeft Verhoek de chauffeur een tientje of 25 gulden gegeven. Johan heeft het er in zijn verklaring niet over dat Klaas hem nog schuin passeerde voordat hij drie keer 'Hé!' riep in de richting van de latere schutter.

Er is niet zo veel af te dingen op deze verklaringen. Ik heb via een bevriend contact van Johan Verhoek gevraagd of hij interesse heeft om eens met mij te praten over deze avond en over die tijd, maar helaas: Johan liet weten dat hij daar geen behoefte aan heeft. Dat is jammer, want ik had hem graag willen vragen wie van de drie grootheden in de Nederlandse misdaad opgevouwen achter in de Porsche van Reuvers zou hebben gezeten.

Martin en Mandy

Op vrijdag 28 juni 1991 om 11.35 uur verschijnt Martin Hoogland vrijwillig op het hoofdbureau van politie. Hij wordt daar verhoord door hoofdagent Hans van Lent. Volgens het proces-verbaal doet Van Lent dit in z'n eentje. Dat is opmerkelijk omdat alle processen-verbaal in het dossier-Bruinsma door twee agenten worden opgenomen. Het is ook opmerkelijk omdat later naar voren komt, tijdens de rechtszaak tegen Hoogland, dat Jan van Looijen bij een verhoor van Hoogland heeft gezeten. In ieder geval begrijpt Martin heel goed dat de politie hem een paar vragen wil stellen naar aanleiding van de dood van Klaas Bruinsma.

Hij zegt dat hij rond 03.50 uur met zijn Golf aankomt bij het Hilton om een vriend te ontmoeten in Juliana's. Die vriend blijkt er uiteindelijk niet te zijn. Hoogland verklaart dat hij halverwege het trapje naar beneden naar Juliana's Bruinsma tegen het lijf loopt. Om Bruinsma heen lopen wat oudere mensen. Pieter Broerse, de man die een kennis is van Bruinsma's vader, en zijn gevolg. 'Klaas zei tegen mij dat dit belangrijke mensen waren die hij even naar hun auto moest brengen. Die auto was een hele grote Amerikaan, een soort "town car". Het merk en kenteken weet ik niet. Ik dacht een Lincoln of mogelijk een Cadillac,' zo zegt Hoogland.

Opvallend is dat hij meeloopt met Klaas Bruinsma en zijn gevolg. Hij zegt niet dat hij wordt uitgenodigd mee te lopen, maar het lijkt erop dat hij zelf besluit mee te wandelen. 'Ik liep met Klaas met die oude mensen mee naar het parkeerterrein voor het Hilton Hotel, waar die auto geparkeerd stond. Tegen de man in het portiershokje zei Klaas dat de mensen niet mochten betalen. Ze moesten zonder te betalen van het parkeerterrein. Ik gaf Klaas een geeltje [25 gulden], dat Klaas weer aan de portier gaf. Hierna zijn de mensen weggereden,' aldus Hoogland.

Martin vertelt niet dat Klaas Bruinsma 'Huurmoordenaar!' roept naar de portier. Martin vertelt wel dat Klaas vriendschappelijk zijn arm om hem heen heeft geslagen terwijl ze teruglopen naar de club. Eenmaal binnen hebben ze vijf minuten aan de bar staan praten. Martin zegt dat hij niemand kent van de vijf tot tien personen die op dat moment nog in Juliana's zijn.

Dat is opmerkelijk omdat Martin Hoogland en Johan Verhoek elkaar vanaf eind jaren zeventig kenden. Hoogland zegt wel dat hij Jan de Boer kent, met hem heeft hij nog even staan praten. Volgens Martin gaan Klaas en hij tegelijk weg. 'Klaas peilde nog even of ik hem wilde wegbrengen, maar daar ben ik niet op ingegaan. Ik ken hem en ik weet dat hij toch een taxi neemt. Klaas bleef vervolgens in de garderobe hangen en ik ben weggegaan.'

Martin zegt dat Klaas in de garderobe nog knikt naar een man die Martin niet herkent. Het is een man met een bril, een jaar of 38, stevig postuur. Martin zegt dat hij eerst dacht dat het de bodyguard was van Klaas, door wie hij zich altijd laat vergezellen. 'Maar gisteren was hij zonder bodyguards. We hebben daarover nog even met elkaar gesproken. Klaas zei me dat het juist slim was om soms onvoorzichtig te zijn. Klaas filosofeerde namelijk vaak. Ik begrijp niet precies wat hij ermee bedoelde, maar zo was Klaas nou eenmaal.'

Buiten ziet hij dat er wat mensen rond een taxi staan. Een man of zes. Martin loopt naar zijn auto en vergist zich bijna omdat er een andere Volkswagen Golf geparkeerd staat. Hij rijdt naar eigen zeggen naar huis en kruipt bij zijn vriendin Mandy in bed. Om 11.30 uur de volgende dag hoort hij van iemand die bij hem langskomt dat Klaas is doodgeschoten.

Als laatste zegt Martin Hoogland in zijn verklaring dat Klaas wist dat hij een politieman was geweest. Voordat ze de club in gingen zei Klaas iets in die richting. 'Ik heb altijd in gedachten gehouden dat je een ex-politieman of ex-rechercheur bent, maar ik ben toch niet bang voor je. Dat zei Klaas naar aanleiding van het feit dat ik kort geleden een klusje voor hem had gedaan. Klaas bedoelde dit op een goede, joviale manier. Hij bedoelde daar niets kwaads mee.' De precieze woorden weet Hoogland niet meer, maar wat hij wel zeker weet: 'Ik heb gisteren absoluut geen ruzie met Klaas gehad.'

Hij ondertekent zijn verklaring.

Twee dagen later verhoren twee rechercheurs hem weer. Het is dan zondag 30 juni, half elf 's ochtends. Hoogland heeft de pest in. Hij had nu in Spanje kunnen zitten met Mandy. Dat was het plan, samen met Mandy naar Spanje om even te relaxen. Hij houdt het die dag kort: 'Ik heb u niets te verklaren. Ik heb mijn verhaal al verteld. Ik wil eerst met mijn advocaat praten. Wel kan ik u nog vertellen dat ik die bewuste nacht gekleed ging in een blauwe combinatie en een wit T-shirt. Volgens mij droeg ik ook de schoenen die ik nu aanheb. U vraagt mij naar het tijdstip dat ik die donderdagmorgen thuiskwam. Dit moet tussen 04.00 uur en 04.15 uur zijn geweest. Toen ik thuiskwam lag mijn vrouw te slapen, maar ze werd wakker van mijn thuiskomst. Mijn zoontje lag bij haar in bed. Meer kan ik u op dit moment echt niet zeggen. Ik ben niet van plan mijn verklaring te ondertekenen.'

Dat laatste, dat hij niet ondertekent, is een teken dat Martin zich aan het ingraven is. Hij weet dat dit weleens een heel lange rit kan gaan worden en pakt de weinige vrijheden die hij nog heeft om te laten zien dat hij over zichzelf beslist.

De verhoorders zeggen dat Martins schoenen in beslag zijn genomen en naar de hoofdinspecteur van politie, chef van bureau Bijzondere Zaken, zijn gestuurd. Die blijven daar in bewaring.

Diezelfde dag komt Mandy Heeremans op het bureau, om 13.00 uur. Zij zegt dat Martin op de bewuste dag om een uur of tien 's avonds is weggegaan en dat ze geen idee heeft waarheen. Ze gaat zelf om kwart over twaalf naar bed en wordt gewekt door Martin die omstreeks kwart over vier thuiskomt. Haar zoontje Nick ligt op dat moment naast haar. Daarmee bevestigt ze Martins verhaal, zoals ze ook beaamt dat Martin blauwe kleding en een wit T-shirt aanhad. Ze zegt dat haar niets opviel aan Martin. Ze zegt dat hij weleens nerveus overkomt en de laatste tijd veel trilt. Het nieuws van de dood van Bruinsma werd volgens Mandy de volgende ochtend rond 12.00 uur door ene Gerrit gebracht, die zei dat 'die Klaas om het leven was gebracht. Wat hij exact verteld heeft weet ik niet, omdat ik daar niet bij was. Hij is maar heel even geweest. Volgens mij wist Martin nog van niets totdat deze Gerrit met de mededeling kwam.'

Ze zegt nog dat ze in de middag de deur is uitgegaan om wat boodschappen te gaan doen voor de vakantie en om haar nagels te laten verzorgen. Daarna ontmoette ze Martin in de Stadioncorner en zijn ze samen naar huis gereden. Mandy ondertekent haar verklaring.

Tijdens het schrijven van dit boek kom ik via een zeer betrouwbare bron in contact met een man van in de zestig die vroeger een café heeft gehad in Amsterdam-Zuid. Als deze man hoort dat ik bezig ben met een boek over het leven van Martin Hoogland wil hij mij via dat betrouwbare contact wel een verhaal vertellen. Dat verhaal heeft deze man nog nooit tegen iemand verteld. Het is het verhaal over Martin in de uren ná de dood van Klaas Bruinsma. Deze man beweert dat hij Martin Hoogland die nacht heeft opgevangen. 'Ik kende hem. Hij kwam weleens bij mij wat drinken en ik was die nacht ook nog in Juliana's geweest. Ik heb daar ook nog even met Martin gesproken. De politie heeft mij nooit gehoord als getuige in deze zaak. Niet lang na het gesprek met Martin ben ik weggegaan, naar mijn eigen café in Zuid dat zou gaan sluiten. Toen ik daar in mijn eentje bezig was met het afsluiten van de dag, hoorde ik ineens geklop op de voordeur. Ik had de rolluiken al naar beneden gedaan, dus ik kon niet door de ramen zien wie het was. Gelukkig had ik ook een camera hangen, dus ik zag op mijn beeldscherm achter de bar wie voor de deur stond. Dat was Martin Hoogland. Waarschijnlijk had hij nog gezien dat er licht bij me brandde. Ik deed open. Hij was alleen en maakte een rustige indruk. Ik schonk iets te drinken voor hem in en hij is ongeveer drie kwartier gebleven. In die tijd werd hij onrustiger. Hij begon steeds vaker even op het beeldscherm te kijken of er iemand aankwam. Toen zijn drankje op was is hij weggegaan.' Volgens de man wist Martin Hoogland toen al wat er was gebeurd met Klaas Bruinsma. Dit is saillant omdat Martin altijd heeft gezegd dat hij meteen van Juliana's naar huis is gegaan en pas de volgende dag hoorde dat Bruinsma was doodgeschoten. Gevraagd naar bewijs van dit verhaal zegt de zestiger dat hij de beelden van Martin voor de deur van zijn café diezelfde nacht nog, toen Martin eenmaal vertrokken was, heeft gewist.

Het wapen

In de ochtend van donderdag 27 juni 1991 arriveert Sjaak Kist, de oude schoolvriend van Martin Hoogland, op het hoofdbureau aan de Elandsgracht. Hij en zijn collega werken daar aan de moordzaak op een Joegoslaaf in Amsterdam. Het is een uur of zeven en er heerst volledige stilte in de ruimte waar zij aanwezig zijn.

Op datzelfde moment komen Pieter de Niet en Vincent Cornelis Corver, twee rechercheurs van de afdeling Ernstige Delicten, bij de plaats delict aan. Zij zijn daar om 6.45 uur heen gestuurd door hun chef, en beginnen de situatie die ze aantreffen te registreren. Sjaak Kist zit met zijn collega in de stille kamer van Ernstige Delicten. 'Er was helemaal niemand. Dat vond ik heel vreemd. Na een paar minuten begint het al wat drukker te worden met collega's en ik zit net aan mijn bekertje koffie of er komt een belletje binnen: Bruinsma is doodgeschoten. Op dat moment breekt er totale paniek uit. Er speelde natuurlijk van alles rond Bruinsma met die IRT en zo. Iedereen moest ineens op eieren lopen.'

De naam van Martin Hoogland is dan nog niet gevallen.

Een half uur of drie kwartier later komt Jan van Looijen binnen op het hoofdbureau. Om half negen volgt er een bespreking. Kist is daarbij: 'We hebben het zo over wat er precies gebeurd is, zegt Van Looijen ineens uit het niets: "Ik ben net langs de woning van Martin Hoogland gelopen op de Valeriusstraat in Zuid. Hij woont daar op de begane grond en vanaf de straat kon ik zo op de salontafel een wapen zien liggen." Martin wordt op deze manier als eerste door Van Looijen genoemd in de zaak rond de moord op Bruinsma,' aldus Kist.

De ex-politieman vindt het maar een vreemde gang van zaken als hij er dertig jaar na dato nog een keer over nadenkt: 'Ik vind het nog altijd waanzinnig waarom Van Looijen op dat moment niet heeft besloten om naar binnen te gaan. Op basis van de Vuurwapenwet mag dat, daar heb je een machtiging voor. Je kunt er ook op dat moment een melding van maken en dan komt er een autootje langs en haal je 'm zo op en neem je hem mee naar het bureau. Dan had je een ronde zaak gehad. Nu besloot Van Looijen door te lopen, het te melden tijdens de bespreking met iedereen erbij en Martin de volgende dag te ontbieden op het hoofdbureau voor een gesprek. Dat is natuurlijk waanzin.'

De vraag is waarom dit zo is gebeurd. Kist: 'Het heeft volgens mij maar één doel gehad en dat is het framen van Martin Hoogland als de dader van de moord op Klaas Bruinsma. Elke collega had dat nu ingeprent gekregen.'

Sjaak denkt dat Martin Hoogland niet verantwoordelijk is geweest voor de moord op Bruinsma. Dat komt voornamelijk omdat het zo vol politie zat die avond in Juliana's. Even voor 12 uur in de nacht komt hoofdagent Dirk Bunk samen met een kennis van hem, Hans de Kok, de zaak binnen. Er zijn dan nauwelijks mensen aanwezig. Hij kent Bruinsma, heeft in het verleden beroepsmatig contact met hem gehad. 'Samen met Klaas ben ik vervolgens aan een tafeltje gaan zitten. We spraken uitvoerig met elkaar over die oude zaak.' Hij vertelt in het proces-verbaal met zijn verklaring ook dat hij twee mannen de bar ziet binnenkomen. Dat zijn Johan Verhoek en Koos Reuvers. Bunk zegt Bruinsma gedag en gaat weer naar zijn kennis De Kok. Om half een 's nachts verlaten zij Juliana's.

En naast Dirk Bunk is er dus ook nog Jan de Boer, van de Zedenpolitie. Kist: 'Uit alle verklaringen blijkt dat het in Juliana's een komen en gaan van politiemensen was. En dan zou Martin even vier keer de trekker overhalen? Dat gaat er bij mij niet in.'

Overigens wordt Sjaak Kist in 2006 zelf opgepakt en verdacht van het lekken van geheime dossiers naar criminelen. Hij zou die dossiers volgens het Openbaar Ministerie hebben doorgespeeld naar Willem Holleeder. Sjaak is na een lange procedure uiteindelijk veroordeeld, maar houdt nog steeds vol onschuldig te zijn. Hij heeft er een boek over geschreven: *Onder de pet* (2018).

The show must go on

Op 1 juli 1991 arresteert de politie Hoogland voor de dodelijke aanslag op Klaas Bruinsma. Martin zit dan al drie dagen in hechtenis. Hij had op vakantie willen gaan, maar nadat Martin wordt ontboden om op het bureau zijn getuigenverklaring af te leggen over de gebeurtenissen, arresteert de politie hem als verdachte. Terwijl hij in voorarrest zit, probeert zijn advocaat Jan Boone hem vrij te krijgen. Er wordt in de media dan al veel geschreven over de moord op Bruinsma. Dertig jaar na dato staan er nog steeds vragen open.

Uit de verhalen rond de dood van Bruinsma komt naar voren dat Klaas al lang en breed veilig in de taxi zat. Waarom koos hij er toch voor om uit te stappen en met Johan Verhoek naar een Porsche 911 te lopen? Bruinsma werd vanuit de veilige taxi weer de nacht in getrokken richting iemand die met een vuurwapen op zak liep. Kon Verhoek dat weten?

Sommige agenten die ik voor dit boek sprak, denken dat de moord op Bruinsma een opzetje moet zijn geweest van de politie: laat het door drank en drugs aangewakkerde akkefietje tussen Bruinsma en Hoogland uit de hand lopen. Zo wordt Bruinsma gedood en kan die foute ex-agent Martin opgepakt worden. Zijn ze in één keer van twee problemen af. Wat tegen die gedachte pleit: er was een heel team van politiemensen uit diverse regio's dag en nacht met Bruinsma bezig, het zogeheten Interregionaal Recherche Team (IRT). Deze eind jaren tachtig opgerichte organisatie maakte gebruik van omstreden opsporingstechnieken (het doorlaten van drugs) en werd in 1993 opgeheven. Klaas en zijn clan werden continu in de gaten gehouden door dat team, dat bestond uit rechercheurs van politiekorpsen uit onder andere Utrecht en Amsterdam. Dat IRT-team had volop plannen met de maffiabaas en zijn organisatie. Door de dood van Bruinsma viel opeens alles in het water.

Een logische vraag die opkomt is: hoe kan het dat in die fatale nacht niemand van de politie Bruinsma in het oog hield? De politie is zo gebrand op hem dat ze een speciaal team samenstellen dat Bruinsma in de gaten moet houden, maar in die nacht, op dat uur en op het moment dat hij doodgeschoten wordt ziet niemand de schutter schieten. Er is ook geen enkel technisch bewijs. Als iemand met een vuurwapen schiet, is er altijd een zogeheten 'schiethand', een deel van een mouw van een jas of trui waar kruitresten op achterblijven. NRC-verslaggever Hans Moll vraagt tijdens de rechtszaak nog aan Jan van Looijen hoe het zit met die schiethand van Martin. Moll: 'Hij reageerde heel kortaf en keek een beetje meewarig naar me dat ik dat vroeg.'

En het vuurwapen waarmee de dodelijke schoten zijn gelost? Dat is er niet in deze zaak. Dat is extra wrang omdat Jan van Looijen in het verhaal van Sjaak Kist het wel heeft over een vuurwapen dat hij zag liggen op de salontafel in de Valeriusstraat. De politie moet het doen met getuigen van die avond. En juist het werken met die getuigenverklaringen wordt een bende.

In eerste aanleg vindt de rechter het werk van de politie zelfs zó slecht dat ze het Openbaar Ministerie het recht ontzegt om Martin Hoogland verder te vervolgen voor de moord op Klaas Bruinsma. Hoogland moet onmiddellijk in vrijheid worden gesteld. Er zou sprake zijn geweest van tunnelvisie: de agenten waren zo verheugd om Martin Hoogland nu eens te pakken te hebben dat ze geen of te weinig rekening hielden met het feit dat er ook anderen verantwoordelijk voor de moord zouden kunnen zijn. Johan Verhoek bijvoorbeeld, of Koos Reuvers. De politie was helemaal gefixeerd op Martin Hoogland. Volgens de rechter dachten de rechercheurs eindelijk eens af te kunnen rekenen met hun ex-collega die was overgelopen naar de andere kant.

Martins advocaat Jan Boone komt erachter dat op twee manieren is gerommeld met getuigenverklaringen. Allereerst met de getuigenis van Ed Sweering, de man die de rol van Thea Moear had overgenomen toen zij de organisatie van Bruinsma verliet. Rechercheurs hebben de man wel ondervraagd, maar hadden hem niet verteld dat het een getuigenis zou zijn. Een vormfout.

De klap op de vuurpijl is de ontdekking van Boone dat er iets niet klopt met de verklaring van de portier van Juliana's, Toon Verberne. Die is dubbel opgenomen in het dossier: als ontlastende verklaring op naam en als zeer belastende verklaring anoniem. Die laatste verklaring werd opgenomen via de CID, de Criminele Inlichtingendienst, waar Martins oude bekende Jan van Looijen op dat moment werkt. Volgens een rechercheur had portier Verberne om anonimiteit gevraagd. Maar als de portier op zitting komt en de rechter hem dit voorhoudt, ontkent hij hierom te hebben gevraagd.

Boone: 'Dat was voor de rechter de druppel. Het OM werd op de vingers getikt. Hoogland kwam vrij door deze dubbeltelling. Ze hadden een anonieme tipgever en de persoon achter de verklaring als twee afzonderlijke personen aangezien. Stomtoevallig dat ik dit ontdekte. Daardoor kon de rechtbank niet veel anders doen dan het bewijs dat het Openbaar Ministerie had aangedragen niet-ontvankelijk verklaren. Bovendien zei de rechter dat het OM zijn recht om Hoogland te vervolgen had verspeeld. Martin was dolblij. Dat was de allereerste keer dat een cliënt van mij me spontaan begon te zoenen.'

Hoogland had dit nooit verwacht. Hij had bijvoorbeeld zijn spullen nog in het huis van bewaring laten liggen. Hij zegt tegen een journalist van het *Algemeen Dagblad* dat hij meteen naar huis gaat. 'Die spullen komen wel. Misschien gaan ze nu de echte daders eens zoeken,' zegt hij nog net voordat hij uit het zicht verdwijnt.

Op 25 oktober 1991 staat Hoogland weer buiten.

De gang van zaken leidt tot grote verontwaardiging in het land. Leider van het onderzoek hoofdinspecteur Willem Woelders verklaart tegenover de rechtbank dat het hem zwaar valt, deze uitspraak. De kranten laten in hun commentaren niets heel van het Openbaar Ministerie en fileren het onderzoek: 'Een blamage voor justitie dat juist snel en voortvarend dacht te kunnen handelen in deze veelbesproken moordzaak.'

Boone beleeft zijn finest hour: de advocaat zegt het vonnis te beschouwen als 'een eerste stap op de weg terug uit het diepe dal waarin de Nederlandse rechtspraak is verzeild geraakt'.

Het Openbaar Ministerie beaamt dat het veel netter had gemoeten, maar bestrijdt het idee dat het zijn recht op vervolging van Hoogland heeft verspeeld.

De bekende politiewoordvoerder Klaas Wilting zegt dat de korpsleiding de 'beschadiging van de reputatie' van het korps zeer hoog opneemt. Er wordt een intern onderzoek ingesteld.

Ook de inzet van anonieme getuigen wordt kritisch onder de loep genomen. CDA-minister van Justitie Hirsch Ballin wil onder bepaalde voorwaarden de inzet van anonieme getuigen toestaan, maar de Nederlandse Orde van Advocaten vindt dat de minister daarmee op de verkeerde weg zit. Het zogeheten Kostovski-arrest wordt aangehaald. Het Europees Hof had zich over de Kostovski-zaak uitgesproken en verklaarde dat mensen niet veroordeeld kunnen worden op basis van anonieme getuigen. De verdachte en zijn raadsman moeten tijdens de zitting de gelegenheid krijgen om een getuige adequaat te ondervragen.

Uiteraard spant het OM hoger beroep aan tegen de uitspraak van de rechter dat ze hun recht op vervolging van Martin Hoogland hebben verspeeld. Boone merkt smalend op: 'Als de officier per se een oorvijg wil, moet hij dat maar doen.' Tot het moment van de uitspraak in hoger beroep staat Martin buiten als vrij man.

Een van de eerste dingen die hij doet is zijn zoon Jeoffrey ophalen en naar de Stadioncorner gaan. Via een bevriende Joego uit het kamp van Jocic heeft Martin de beschikking gekregen over een zwarte Corvette. Jeoffrey vindt het prachtig om in de sportwagen rond te rijden.

Samen cruisen ze een beetje door de stad. 'Het was in de tijd dat Freddie Mercury van Queen zo ziek was. Aids. Mijn vader was natuurlijk fan van Hazes, zoals elke Amsterdammer, maar hij vond de muziek van Queen ook echt geweldig en toen die zanger Freddie Mercury doodging, was hij daar kapot van. Ik weet nog dat hij de hele tijd dat nummer "The Show Must Go On" op had. Zo reden we door de stad: keihard dat nummer op en meezingen.'

Chaos

Er breekt een periode van totale chaos aan. De onderwereld is op drift geraakt na de dood van Klaas Bruinsma. Al vrij snel komt naar buiten dat een groot deel van de voormalige bendeleden van Bruinsma al een tijdje rondliep met het idee hun baas 'met pensioen' te sturen. Alleen niet richting salamanders en schildpadden, maar met een kogel naar een heel andere wereld. Bruinsma was onhandelbaar geworden en een gevaar voor zijn omgeving. Hij hield de zaken eerder tegen dan dat hij van toegevoegde waarde was. Volgens insiders waren het de coke en de drank die hun verwoestende werk deden. Het was niet de vraag óf Bruinsma naar de andere wereld zou worden geholpen, maar wanneer en door wie. Er moest alleen nog om getost worden wie het klusje zou gaan opknappen.

Ineens hoefde dat niet meer. Ineens was hij al doodgeschoten. Het bizarre is dat degene die de dader zou zijn geweest, wordt vrijgesproken in een geruchtmakend proces waar de Amsterdamse politie niet goed in naar voren komt.

Het zijn op dat moment zware tijden voor de politie. Ze zitten in de hoek waar de klappen vallen. Het IRT, dat eind jaren tachtig speciaal voor Bruinsma is opgericht, ziet met de dood van hun *prime target* dat al die jaren werk en al die geïnvesteerde miljoenen helemaal voor niets zijn geweest.

En waar is Martin? Hij loopt vrij rond in de stad, maar misschien is zwalken een beter woord. Hoogland struint de nachttenten nog steeds af en gebruikt veel te veel cocaïne. Hij is niet meer bij de les, is ronduit onvoorzichtig en gaat om met mensen die over het algemeen een treetje lager staan in de hiërarchie van de onderwereld.

Terwijl hij juist nú scherp moet blijven, doet Martin gekke dingen die ingegeven lijken door de paranoia als gevolg van overmatig cokegebruik. Bijvoorbeeld die keer dat hij met iemand op de Hoofdweg in Amsterdam loopt. Ineens duikt hij weg achter een auto. Martin trekt de kennis mee en wijst naar een wagen verderop in de straat: 'Kijk, zie je dat? Er zitten vier man in die auto te wachten. Ik vertrouw het niet. We wachten tot ze wegrijden of uitstappen.'

Er gaat een kwartier voorbij, nog een kwartier, een half uur en nog een half uur... 'We zaten allebei anderhalf uur achter een geparkeerde auto naar een andere wagen te turen, maar er gebeurde niets,' zo vertelt de bron. Martin besluit verdekt de auto van achteren te naderen. Zo kan hij ze verrassen, is de gedachte. De bron: 'Op een gegeven moment zitten we achter de auto waar het om gaat. We spreken een teken af waarop we aan weerszijden van de auto opspringen. We hadden een blaffer klaar, maar verdekt, in onze jaszakken. We zaten wel op de Hoofdweg, hè? Vervolgens geeft hij een teken, en we springen op en staan links en rechts van de auto. We kijken naar binnen en zien... niks. Het blijkt dat we anderhalf uur naar de hoofdsteunen hebben zitten kijken. Er zat verder helemaal niks of niemand in die auto...'

Ook raakt Martin verwikkeld in een gevecht in de Stadioncorner als hij daar met zijn zoon Jeoffrey op de gokkast speelt. Een goede vriend van Martin heeft ruzie gekregen met een kickbokser. Martin ziet het van een afstandje gebeuren en vindt het na een tijdje wel genoeg geweest. Hij loopt rustig naar zijn auto, haalt er een honkbalknuppel uit en loopt terug naar de Stadioncorner waar zijn vriend een paar rake klappen ontvangt. Jeoffrey: 'Mijn vader begint ineens met die honkbalknuppel in te hakken op die kickbokser. Hij slaat die vent helemaal in elkaar.'

Als de kickbokser afdruipt is het voor Hoogland tijd om maar weer eens verder te gaan. Misschien even naar 't Biggetje? Daar raakt Martin geïrriteerd als een paar gokkers hem lopen te jennen over geld. Ze spelen seven-eleven en Martin zit op de gokkast. De dobbelaars proberen Martin over te halen om mee te dobbelen, maar hij heeft er geen trek in. Martin blijft achter de gokkast en de gasten blijven al dobbelend wat snerende opmerkingen maken.

Dorus: 'Ze maakten wat denigrerende opmerkingen over Martins financiële situatie en dat ging zo een tijdje door, maar ineens was hij het zat. Hij loopt naar buiten, naar zijn auto. Opent zijn achterbak en haalt er een grote vuilniszak uit. Hij gooit die open zak zo, hup, naar binnen in 't Biggetje. "Hier. Geld. Pak het maar," zei hij erbij. De hele kroeg is binnen één seconde gevuld met dwarrelende, kleurige briefjes van 250, 100, 50, 25, 10 en 5 gulden. Er was ook her en der een briefje van 1000 gulden te zien. Niemand durfde het geld op te pakken van de grond. Niemand waagde eraan te komen,' vertelt Dorus.

In de rechtszaal had Martin al tegen de rechter gezegd: 'Ik word niet van zomaar iets beschuldigd.' Hem wordt de dood van een zeer machtige maffiabaas in de schoenen geschoven. Martin denkt hardop dat er vast mensen zijn die niet blij met hem zijn. Het is dus zaak om bij de les te blijven, maar het lijkt erop dat Martin juist het tegenovergestelde doet. Hij denkt dat hij door die vrijspraak onaantastbaar is.

Op 17 januari 1992 behandelt het gerechtshof het hoger beroep van het Openbaar Ministerie om Martin Hoogland tóch te mogen vervolgen voor de moord op Klaas Bruinsma. Het gaat hier dus niet om de inhoudelijke zaak, maar alleen om het recht Martin te mogen vervolgen. Hij is bij de behandeling van die zaak aanwezig en krijgt het daarbij aan de stok met hoofdinspecteur Willem Woelders. Die verklaart op een gegeven moment voor het gerechtshof dat er tijdens het onderzoek fouten zijn gemaakt, maar dat er geen kwade opzet in het spel was.

Hoogland schiet uit zijn slof bij de woorden 'kwade opzet': 'Dat heb je wel! Mij moesten jullie hebben!' sneert hij naar zijn vroegere collega. De voorzitter van het hof grijpt in: 'Heren, u bent hier bij het hof en daar worden hoffelijke termen gebruikt. Emoties leiden niet tot een betere waarheidsvinding.'

Twee weken hierna, op 31 januari, is de uitspraak: er zijn fouten gemaakt, vergissingen begaan en misverstanden geweest, maar er is volgens de voorzitter geen sprake van kwade opzet. Het hof vindt dan ook dat door de ernst van de daad – er is iemand doodgeschoten – de zaak terugverwezen moet worden naar de rechtbank. Martin Hoogland mag dus vervolgd worden voor de dood van Bruinsma.

Alsof Martin het voorvoelde: als hij aanwezig zou zijn kon hij meteen gearresteerd worden, maar hij is er niet. Het Openbaar Ministerie kan de rechter vragen hem te arresteren, maar dat gebeurt niet. De rechter kiest ervoor Martin het proces in vrijheid te laten afwachten. Dat is het moment dat journalist Ton van Dijk, die Martin nog kent van de Sheherazade en Falcon Crest, in actie schiet omdat hij een primeurtje ruikt. 'Ik wilde nou wel eens horen van Martin hoe het zat met die moord op Klaas Bruinsma. Even kijken of ik het verhaal uit 'm kon lospeuteren.' Van Dijk zoekt contact met Hoogland en die nodigt hem op een doordeweekse dag om een uur of elf in de ochtend bij hem thuis uit, in de Valeriusstraat. 'Ik belde aan en toen hij opendeed zag hij eruit alsof hij net uit zijn nest kwam,' aldus de journalist. Er komen twee bakken koffie op tafel en Ton probeert een opening te zoeken om het gesprek op Bruinsma te brengen. 'Maar dat lukte niet echt. Martin zei dat hij een leuk nieuwigheidje had – en toen haalde hij een cokemolentje tevoorschijn. Dat is een soort potje met twee dekseltjes. Daar doe je een brok cocaïne in en dan sluit je dat potje af.

"En als je dan aan dit slingertje draait dan wordt die coke helemaal fijngemalen tot mooi poeder. Kijk!" zei Hoogland tegen me terwijl hij naar een tuitje wijst waar poeder doorheen valt in een bakje "Moet je ook wat?" vroeg hij. Ja, ik zei geen nee natuurlijk. Alles voor een goed verhaal, dus we zaten voor het middaguur alweer te snuiven. Ik probeerde na een tijdje weer een vraag te stellen maar Martin had dat meteen door. Hij zei dat hij geen publiciteit wilde: "Je gaat van mij helemaal niks horen over die zaak-Bruinsma, Ton, echt niet." En toen zei hij: "Van bekennen is nog nooit iemand wijzer geworden." Dus met een half uurtje stond ik weer buiten.'

Niet lang daarna, een uur of acht in de ochtend, gaat de bel bij Ingrid thuis. Er staat een kerel voor haar deur. 'Mevrouw Martin, ik ben gestuurd, wilt u alstublieft komen?'

Ingrid vraagt wat er is.

'Martin zit in de kroeg. Hij is helemaal naar de klote.'

Ingrid zegt dat ze meegaat, maar maakt zich wel eerst even op. Dat is zijn ding tenslotte. Als ze dan eindelijk aankomt bij de kroeg, ziet ze het meteen. Hij draagt een gigantisch pistool bij zich. De eigenaar van de kroeg staat achter de bar en die durft zich niet te bewegen.

Ingrid loopt op Martin af.

'Wat kom jij hier nou doen?' zegt hij.

'Wat kom jij nou doen? Waar ben je mee bezig, man? Laat die mensen hier toch met rust. Die willen naar bed.' Ze kijkt rond en iedereen is gespannen, er hangt een sfeer om te snijden.

Martin probeert nog een beetje te zeuren en tegen te stribbelen.

'Niks mee te maken mafkees, we moeten weg hier,' zegt ze en ze belt een taxi.

Als die komt opdagen, wil de chauffeur hem helemaal niet meenemen omdat hij een wapen bij zich heeft. Martin weigert het af te geven.

Ingrid gooit het op een akkoordje met die chauffeur: als hij belooft dat pistool bij zich te houden en er niet mee te lopen zwaaien of wat dan ook, brengt die taxi hem naar huis. Martin gaat akkoord, loopt de zaak uit en stapt in de gereedstaande auto. Achter hem doet de eigenaar van het café meteen zijn deur op slot.

Een cokestuip

Tussen Mandy en Martin botert het ondertussen al een tijdje niet meer zo. Zij hoorde tijdens de behandeling van die rechtszaken alle verhalen van hoeren en snoeren, en bordelen en seksclubs en trekt haar eigen plan. Ze zit alleen in het mooi verbouwde en stijlvol ingerichte huis aan de Valeriusstraat, terwijl Martin op verschillende adressen verblijft. Hij gaat ook Amsterdam een paar keer uit op zoek naar rust en belandt in Den Haag, waar hij een tijd woont in de Maystraat. Maar Martin komt daar niet terecht in wat je een harmonieuze situatie zou noemen. Hij logeert bij Estrella. Ze zou hebben gewerkt als prostituee in een club waar Martin regelmatig kwam. Zo zou Estrella ook kennis hebben gemaakt met de Joego-kopstukken Duja en Jocic. Estrella heeft in die tijd volgens diverse bronnen te kampen met een zware drugsverslaving en het appartement in de Maystraat staat in de buurt bekend als drugshol. Estrella's broer Raymond, in wiens huis ze woont, is een echte crimineel die ook met een paar vooraanstaande leden van de Amsterdamse onderwereld omgaat. Hoewel Martin vaak de nacht doorbrengt in Den Haag, heeft hij ook nog zijn adresjes in Amsterdam. Zo slaapt hij geregeld een nachtje in de Valeriusstraat. Hij pendelt als het ware heen en weer tussen de hoofdstad en de hofstad.

Vermoedelijk door zijn overmatige cokegebruik schiet Martin op een gegeven moment in een soort stuip. Een vriend is daar getuige van. Hij zegt dat hij gezien heeft hoe Martin in zijn eigen huis in de Valeriusstraat op de bank met een wapen aan het spelen is en lijkt te spreken met de geesten van overledenen. Hoogland wordt in allerijl naar het AMC gebracht, maar het lukt niet om hem daar onder te brengen. Dat leidt tot ergernis. Hoogland zou vervolgens het personeel hebben bedreigd met een vuurwapen om toch geholpen te worden. De oplossing wordt geboden door de psychiatrische instelling

Valeriuskliniek, vlak bij zijn woning in de Valeriusstraat. Daar wordt Hoogland op een brancard naartoe vervoerd en krijgt hij middelen toegediend om te ontspannen.

Er ligt al iemand in de kamer waar Martin met bed en al wordt binnengerold. Het is Frank, een man die zijn gefnuikte balletcarrière probeert te verwerken met veel uitgaan, drank en drugs. Maar op een gegeven moment breekt het lijntje en na weer een weekend vol middelen wordt Frank opgenomen in de Valeriuskliniek. Daar ligt hij in een apart kamertje aan een infuus bij te komen als er iemand wordt binnengereden. 'Dat was dus Martin Hoogland. Ongeveer even oud als ik en net zo compleet in de war als ik.'

Frank ziet Martin ontwaken. 'Hij keek een beetje verwilderd en leek niet goed door te hebben waar hij was. Ik zei: "In de Valeriuskliniek." Hij antwoordde toen: "Lekker dicht bij huis." Ik begreep dat eerst niet zo, maar later kon ik uit zijn woorden opmaken dat hij in de Valeriusstraat woonde. Hij vroeg aan mij waarom ik daar lag, dus ik doe mijn verhaal en gedurende dat verhaal kijkt hij me aan. Toen vroeg ik aan hem wat er met hem was. Hij keek meteen weg en zei: "Ik heb iets te heet gegeten gisteravond." We moesten allebei lachen.'

Het blijft daarna een hele tijd stil. 'Op een gegeven moment draait hij zich met zijn rug naar me toe en begint tegen de muur te praten. Maar de enige die het hoorde was ik. Hij zei dat hij angst had voor de toekomst. Hij had zorgen over zijn honden. Hij had er twee, een grote en een kleine, zei hij. Hij was ook bang dat iemand hem iets zou aandoen. Hij begon over zijn kinderen. Hij zei dat hij twee kinderen had, twee jongens, en dat hij bang was dat hij die niet zou zien opgroeien. Hij was ook bang om zijn familie achter te laten. "Wie gaat er voor hen zorgen als ik er niet meer ben?" vroeg hij hardop. Daarna viel hij in een diepe slaap.'

Niet lang daarna zakt ook Frank weg. Als hij de volgende ochtend wakker wordt, is Martin verdwenen.

Voor de rechter vertelt Hoogland later een andere versie van de cokestuip in de Valeriusstraat. Hij beweert die dag alleen last te hebben gehad van een fysiek probleem dat hem al tijden parten speelt. 'Het is niet zoals sommigen beweren dat ik stijf stond van de coke. Ik gebruikte het wel, maar niet iedere dag en niet zoveel: maximaal een halve gram op een dag. Die donderdag ben ik in de middag naar de kliniek gebracht. Mijn kaken slaan soms dicht. Mijn huisarts zegt dat het geen epilepsie is. Hij heeft er geen naam voor. Ik ben er ook een keer voor bij de psychiater geweest. Ook heb ik eens een EEG laten maken en ben ik bij de neuroloog geweest. Die middag hebben ze mij platgespoten omdat ik anders mijn tong zou afbijten. In het VU-ziekenhuis kwam ik weer bij m'n positieven. Daar ging ik echter aan een infuus en raakte ik weer weg. In de Valeriuskliniek kwam ik weer bij, om een uur of tien de volgende dag.'

Die volgende dag is vrijdag 20 maart 1992, de dag van de moord op Tonny Hijzelendoorn.

Tonny's dood

Tonny Hijzelendoorn is 39 jaar als hij in de nacht van 20 op 21 maart 1992 wordt afgeslacht in zijn prachtige huis in Wilnis aan de Korenmolenweg. Maar liefst zestien kogelgaten zitten er in zijn lijf. Sommige kogels zijn er in- en daarna weer uitgegaan. Hij wordt de volgende dag door zijn vriendin Monique gevonden.

'Degene die dit op zijn geweten heeft moest echt iets afsluiten voor zichzelf. Die heeft echt zijn woede laten spreken. Dit moet wel een persoonlijke afrekening zijn geweest,' zegt Martin Hillegers.

'Mijn vader heeft Tonny niet gedaan. Ze waren misschien niet echt meer de vrienden die ze vroeger waren, maar ze hadden geen slaande ruzie. Twee of drie dagen voor die moord heb ik mijn vader nog ontmoet en toen liet hij een klokkie aan me zien. "Kijk, heb ik van Tonny gekregen. Mooi, hè?" zei hij toen tegen me. Dat zou Tonny toch niet doen als hij overhoop zou liggen met mijn vader?' zegt Jeoffrey.

Later tijdens de rechtszaak wordt uitvoerig stilgestaan bij een opmerking die Martin al dan niet over Hijzelendoorn zou hebben gemaakt. Volgens rechercheur Jan van Looijen zou Martin Hoogland tijdens een verhoor in de zaak-Bruinsma hebben gezegd: 'Ik pak Hijzelendoorn nog wel.'

Martin Hoogland verklaart in de rechtszaal dat Van Looijen helemaal niet bij dat verhoor aanwezig was en deze uitspraak verzonnen heeft. Het is dezelfde Van Looijen die altijd bereid is om even een proces-verbaaltje op te stellen met iets 'wat hij heeft gehoord uit het milieu...' Alles om een zaak rond te krijgen.

Maar in de tijd waarin deze zaak speelt, wordt er nog veel waarde gehecht aan een verklaring onder ede van een politieman. Bovendien toont Van Looijen zich bereid schriftelijke stukken van het verhoor te overleggen.

Daarbovenop verklaarden verschillende getuigen, onder wie Monique, de vriendin van Hijzelendoorn, dat Tonny zich bedreigd voelde. Enkele dagen voor de moord zou Hijzelendoorn nog tegen haar hebben gezegd: 'Die Martin is gestoord. Die zit zijn blaffer steeds tevoorschijn te halen, hij is gek.'

Een paar dagen voor zijn dood hadden Martin en Tonny nog een afspraak in 't Biggetje. Martin Hoogland zegt daarover voor de rechter dat Hijzelendoorn hasj wilde kopen op krediet. Daar gaat Martin niet in mee: 'Ik wilde boter bij de vis.'

De spanning is te snijden op 20 maart 1992 in het huis in Wilnis. Tonny probeert overal waar hij kan geld los te peuteren. Hij heeft 50.000 gulden nodig. Daarnaast krijgt hij ook nog gigantische ruzie met zijn vriendin. Ze loopt weg die avond. Later belt Monique nog wel even op. Ze maken het weer goed over de telefoon. Morgen komt ze terug, spreken ze af. Daarna gaat Tonny verder met zijn zoektocht naar geld.

De dag erna vindt Monique het lijk van Hijzelendoorn. De politie start een onderzoek. In Amsterdam hoort Herman van de moord op zijn vriend Tonny. 'Ik reed meteen naar Wilnis. Toen de politie klaar was met het onderzoek, mocht ik het huis binnen. Ik zag de plaats delict. Tonny is denk ik, terwijl hij op de bank zat, beschoten. Toen is hij vanaf de bank over het kleed gekropen of getrokken, dat was een Chinees kleed en zat onder het bloed. Ik zag bebloede handafdrukken en een krasspoor van zijn nagels in de bank. Daarom denk ik dat ze hem weggesleept hebben. Het was een verschrikkelijk gezicht. En overal bloed. Er zijn veel mensen binnen geweest want de asbakken zaten vol met peuken en sigaren. Je zag ook overal wikkels liggen met coke. Tonny was natuurlijk niet neer te krijgen door die troep. Vandaar dat ze meerdere keren op hem geschoten hebben.'

Herman had tot aan Tonny's dood contact met hem. Een paar maanden ervoor had hij nog een zeer emotioneel moment met hem meegemaakt. 'Hij woonde toen nog op de Kennedylaan. Ik kwam daar en Monique zei dat Tonny niet goed was en in de slaapkamer op bed lag. Ik ging naast hem zitten en toen hij me zag, greep hij mijn hand: "Had ik jou maar veel eerder ontmoet," zei hij emotioneel. Er kwam ook een traantje bij kijken. Ik vroeg wat er aan de hand was. "Het zijn die kankerratten, ik ben zo teleurgesteld in de mensen," zei hij. Heel zielig was dat. Ik vergeet dat nooit meer. Tonny zat er toen helemaal doorheen.'

Op de avond voor z'n moord belt Tonny meerdere keren naar Herman. 'Ik zat in een restaurant met mijn vrouw en hij belde zo tussen zeven en acht uur. "Wat denk je wat? Die idioten willen langskomen hier en zoeken ruzie...!" zei Tonny. Hij vertelde nooit precies wat er aan de hand was en fantaseerde er soms ook wel wat bij, dus ik was in eerste instantie niet zo geschrokken.'

Herman denkt dat Tonny doodgeschoten is vanwege een volledig uit de hand gelopen ruzie met een stel Joegoslaven. 'Volgens mij heeft Tonny geld geleend of uitgeleend aan een van die gasten en hebben ze ruzie gehad en is die ruzie geëscaleerd. Ze waren ook altijd daar aan het zuipen en aan het snuiven hoor.'

Herman denkt dat een of andere Joego het gedaan heeft. 'Misschien eentje die hier net was. Wilde even stoer doen voor de baas. Maar Tonny was voor niemand bang. Hij schold die Joego's ook gewoon uit. Ik snap eerlijk gezegd nog steeds niet dat hij ze binnengelaten heeft.'

Dat Martin verantwoordelijk zou zijn voor de moord vindt Herman onwaarschijnlijk. 'Mijn vrouw kende Martin ook goed en heeft hem weleens bij zijn revers gepakt en het hem op de man af gevraagd, terwijl ze diep in zijn ogen keek. "Zeg het me eerlijk Martin: heb je Tonny gedaan?"

"Nee, echt niet lieverd, echt niet. Ik zweer het op mijn kinderen," zei hij.'

In de nacht van 20 op 21 maart gaat Martin nog langs bij de Princess, bij Tina. 'Hij kwam 's avonds bij me aan en zei: "Tinus, er is iets gebeurd. Mag ik binnenkomen? Er is iets gebeurd... Godverredomme." Hij was helemaal over de rooie, helemaal overstuur. Hij zag er heel slecht uit, verfomfaaid en hij was heel bang.

Martin was niet meer zichzelf. Hij was gespannen. Paniekerig. Hij was echt niet goed, ziek bijna. Hij kwam maar even langs die avond, hij bleef niet lang. Hij kwam voor mijn gevoel alleen even bij mij om op adem te komen. Ik denk dat er ook niet veel tijd tussen heeft gezeten.'

Later hoort Tina dat die nacht Tonny Hijzelendoorn is doodgeschoten. 'Ik hoefde het niet eens te horen van Martin... Ik wist het gewoon door zijn reactie.'

Op heroïne rust een vloek, vinden sommige drugshandelaren. De vloek van nr. 4 lijkt uitgekomen.

De politie ontdekt vingerafdrukken op twee glazen in het huis van Hijzelendoorn. Die komen overeen met de vingerafdrukken van Martin Hoogland en Steve Brown, een man met wie Hoogland op dat moment veel omgaat. De twee worden een maand na de moord opgepakt als verdachten. En dan gaat het snel.

Brown legt een verklaring af waarin hij Hoogland beschuldigt van de moord op Hijzelendoorn en kan uitleggen waarom zijn vingerafdrukken op dat glas zitten. Hij krijgt op 20 maart het vermoeden dat Tonny Hijzelendoorn aan de beurt is bij Martin Hoogland. Steve heeft nog een schuld bij Tonny openstaan en kan die op dat moment niet voldoen, maar hij wil Tonny wel waarschuwen voor het naderende onheil. Die dag om vijf uur neemt hij een beslissing en belt Tonny: 'Ik moet je spreken, het is belangrijk.'

Tonny, met wie hij drie maanden lang uit schaamte geen contact heeft opgenomen, reageert volgens Brown in zijn boek *Drugsbaron in spijkerbroek* spontaan. 'Kom maar langs. Je hoeft je voor mij om die paar rotcenten niet te verstoppen, klootzak.'

Brown zou vervolgens een kleine twee uur bij Tonny Hijzelendoorn in Wilnis zijn blijven hangen. Hij waarschuwt Tonny: 'Als de Joegoslaven en Martin in het spel zitten, neem ze dan in godsnaam serieus.' Waarmee hij ondubbelzinnig naar Martin Hoogland wijst als verantwoordelijke voor de dood van Tonny Hijzelendoorn.

Daarnaast vertelt Brown de politie dat hij Hoogland kan koppelen aan de moord op Bruinsma. Daar heeft de politie wel oren naar. Het maakt Brown tot een cruciale getuige, want zijn verhaal is precies wat de politie nodig heeft om een veroordeling tegen Martin rond te krijgen.

Ingrid en Serge

Zeg maar nee, dan krijg je er twee. Na de moord op Klaas Bruinsma krijgt Martin nu ook de moord op Tonny Hijzelendoorn op zijn bordje. Een gewoon mens zou ervan in de stress schieten, maar Martin blijft rustig. Hij ziet de zaken met vertrouwen tegemoet. Het lijkt of niets hem raakt. Maar toch...

Er is één nieuwtje dat hem wel aangrijpt. Ingrid vertelt het hem als Martin in het huis van bewaring zit in afwachting van het proces. Ja, ze heeft een nieuwe vriend, een Joego met de naam Serge Miranovic, maar dat is het niet. Dat vindt Martin juist wel leuk voor haar. Ingrid: 'Hij vroeg aan me hoe hij eruitzag en was benieuwd of hij hem kende. Toen liet ik hem twee foto's zien. Hij kende hem niet. "Is hij goed voor je?" vroeg hij. "Wat denk jíj dan? Anders komen ze er bij mij niet in hoor!" zei ik.'

Ingrid zegt dat Serge Miranovic heel veel heeft gedaan voor Martin. 'Kleding, schoenen, geld storten. Ze hebben elkaar nooit gezien, maar ze hebben eigenlijk heel veel aan elkaar gehad.'

Martin hielp Serge vanuit de gevangenis weleens met iets of iemand. Jeoffrey: 'Dan hoorde mijn vader dat Serge ergens mee zat. Hij zei dan dat Serge die en die moest contacteren om iets te regelen bijvoorbeeld. Mijn vader kende natuurlijk ook iedereen.'

Nee, het bericht van de nieuwe liefde van Ingrid vindt hij niet erg. Martin gunt Ingrid de liefde en daarnaast schijnt die Miranovic ook wel een zware jongen te zijn. Misschien heeft hij er zelf later ook nog wat aan?

Het is een ander bericht dat hem vloert. Dat gaat over zijn zoon Jeoffrey. Hij dreigt te ontsporen. Ingrid vertelt dat hij vanaf 1993 naar een internaat moet. Bij dat woord zakt Martin door de grond. Hij hoort haar nog zeggen dat het een mooi internaat is, dat het per jaar vijfduizend gulden kost en dat het nodig is omdat hij dreigt te ontsporen, en dat ze dat niet moeten willen... en dat zij niet meer de rust heeft om voor hem te zorgen... en... en...

De getuigenis

Steve Brown en Martin Hoogland zijn beide verdachten van de moord op Tonny Hijzelendoorn. Op 28 april 1992, zeven dagen na zijn arrestatie, legt Brown een verklaring af, die hij pas een dag voor zijn vrijlating wil ondertekenen. Daar gaat justitie in mee. Die verklaring luidt als volgt: 'Het gaat over de moord op Klaas Bruinsma. Tussen de vier en de vijf weken voor de moord op Tonny Hijzelendoorn in de nacht van 20 op 21 maart 1992 was ik op visite met Martin Hoogland en nog iemand bij een persoon wiens naam ik niet wens te noemen. Martin Hoogland vertelde daar toen voor de eerste keer dat hij Klaas Bruinsma had doodgeschoten bij het Hilton Hotel te Amsterdam. Hij vertelde mij hoe hij het gedaan had. Martin vertelde mij dat hij samen met Lange Frans, twee of drie bodyguards en meneer X uit het Hilton Hotel naar discotheek Juliana's liep.'

Het is opvallend dat deze zin van Brown verschilt van die van de andere getuigen. Die vertellen namelijk dat Bruinsma als eerste in de taxi zat. Ook de bodyguards worden voor het eerst genoemd. Terug naar de verklaring van Brown: 'Ter hoogte van de kruising nabij de taxistandplaats heeft Lange Frans tegen Martin Hoogland gezegd: "Als jij direct thuiskomt, dan vind jij je vrouw en je kind met een doorgesneden keel in bed", of woorden van gelijke strekking. Hierop vertelde Martin Hoogland mij dat hij onmiddellijk zijn pistool dan wel een revolver van een groot kaliber trok en tegelijkertijd tegen de aanwezige bodyguards van Lange Frans zei: "Moeten jullie ook wat?" of woorden van gelijke strekking. Hierop renden die bodyguards onmiddellijk weg en schoot Martin Hoogland van korte afstand een- of tweemaal Lange Frans direct door het hart. Lange Frans werd hierdoor twee tot vier meter naar achter geslagen. Hij viel ruggelings op de grond. Martin vertelde mij dat niet alleen, maar deed het ook voor.

Vervolgens liep Martin op Lange Frans toe. Hij stapte over Lange Frans heen en deed mij voor hoe hij hem nog een keer door het hoofd schoot. Hij zei mij: "Ik ging met mijn beide benen over hem heen staan en ik schoot hem nog eenmaal door het hoofd", of woorden van gelijke strekking.' Volgens het autopsierapport is er drie keer op Bruinsma's hoofd geschoten. Hier stelt Brown dat Hoogland heeft gezegd dat hij maar één keer heeft geschoten. Terug naar Brown: 'Ik zei hierop nog tegen Martin: "Is dat niet een beetje overdreven, want hij was toch al dood. Na zo'n schot op korte afstand?" Hierop hoorde ik Martin tegen mij zeggen: "Ja, je hebt gelijk." Martin had vervolgens tegen meneer X gezegd: "Tot morgen", waarop beiden lekker naar huis gingen.'

Steve Brown ondertekent zijn verklaring.

Door de verklaring van Brown kan de politie Hoogland eindelijk aanpakken voor de moord op Klaas Bruinsma, ook al zijn er verschillende punten waarop de verklaring van Brown afwijkt van die van de andere getuigen.

Op 28 juli, midden in de zomer, begint het warmste half jaar uit het leven van Martin Hoogland. Hij zit al meer dan drie maanden in voorarrest als de eerste pro-formazitting in de zaak rond de moord op Tonny Hijzelendoorn begint. Een pro-formazitting is geen inhoudelijke zitting waar ingegaan wordt op de schuldvraag. Het is meer een zitting om te kijken hoe het onderzoek vordert en of de verdachte wellicht op vrije voeten gesteld kan worden. Hij mag dan buiten de gevangenis het begin van zijn proces afwachten. Dat is bij Martin Hoogland zeker niet het geval, omdat hij van twee moorden beschuldigd wordt. Bovendien: nog geen twee maanden later, op 21 september, zal de inhoudelijke zaak over de moord op Klaas Bruinsma beginnen.

Wat opvalt tijdens de behandeling van de zaak-Bruinsma is dat Martin helemaal niets verklaart. Hij beroept zich voortdurend op zijn zwijgrecht en laat vooral zijn advocaat Boone aan het woord. 'Martin zei altijd tegen mij: "Als jij het niet weet, dan weet ik het ook niet,"' zegt Boone nu. 'Hij was zeer wantrouwend en dacht dat alles wat hij zei tegen hem gebruikt zou worden.' Tegen journalist Ton van Dijk zegt Martin dat hij geen druppel drinkt van de koffie of thee die de agenten hem aanbieden. 'Voor je het weet gooien ze er een pil in. Het enige wat ik van hen wil is een blikje fris uit de automaat, dicht! Ja, ik ken die trucs.'

Op 12 oktober krijgt Hoogland te horen dat hij voor de doodslag van

Bruinsma acht jaar de cel in moet. In de media staat geschreven dat Hoogland het vonnis met een glimlach om zijn mond aanhoort. Jan Boone kondigt direct aan dat hij in hoger beroep gaat.

Drie dagen na die uitspraak in de zaak-Bruinsma is op 15 oktober de eerste inhoudelijke zitting rond de moord op Tonny Hijzelendoorn. Boone pleit alsof zijn leven ervan afhangt. Hij vraagt bij de rechtbank een reconstructie aan van een gebeurtenis op een kruispunt, op de dag dat Tonny wordt gedood. Een anonieme getuige, toevallig een politieman, zou Martin hebben herkend op een kruispunt in Wilnis, om elf uur 's avonds. De getuige wilde anoniem blijven omdat in het verleden al was gebleken dat mensen werden bedreigd door Martin en zijn vrienden. De agent zou Hoogland hebben herkend uit hoofde van zijn functie, maar volgens Boone kon je daar op dat uur onmogelijk iemand van die afstand herkennen. Hij wilde dat aantonen met een reconstructie. Dat vond de officier van justitie niet nodig omdat hij bang was dat dit zou leiden tot het bekend worden van de getuige. Bovendien was de situatie op het kruispunt veranderd. Boone vond die verandering wel meevallen. Tot grote woede van de advocaat van Hoogland en van Hoogland zelf gaat de rechter niet mee in het verzoek tot een reconstructie. Martin wil de officier van justitie aanvliegen en moet op het moment van de beslissing in bedwang worden gehouden door de parketpolitie.

Op 3 december hoort Hoogland twaalf jaar tegen zich eisen vanwege de moord op Hijzelendoorn. Veertien dagen later, op 17 december, luidt het vonnis: twaalf jaar. Bij elkaar moet Hoogland dus twintig jaar de cel in voor beide moorden.

Ook in deze zaak gaat hij in hoger beroep.

Het hoger beroep in de zaak-Bruinsma wordt in de lente van 1993 een waar mediacircus. Een getuige moet op zitting getuigen. Dus moet Brown getuigen tegen Hoogland. Het probleem is alleen dat justitie Steve Brown nergens kan vinden. Als het RTL-misdaadprogramma *Ooggetuige* op 31 maart 1993 een uitgebreid interview met de Amsterdammer uitzendt, staat justitie aardig in haar hemd. Hoe kan het dat een journalistiek programma een belangrijke getuige in een strafproces weet te vinden en justitie niet?

Voor een getuigenverklaring op zitting eist Brown een vrijgeleide van justitie. Hij zit in Florida en wil wel komen getuigen, maar alleen met de verzekering dat hij ook weer terug mag naar de Verenigde Staten. Die garantie krijgt hij, tot hoon van Jan Boone, die vindt dat het Openbaar Ministerie zijn oren laat hangen naar de, in Boones ogen, onbetrouwbare Brown.

Op 12 mei is Steve Brown de best beveiligde man van Nederland wanneer hij in de rechtszaal met Martin Hoogland tegenover zich zijn getuigenis aflegt. Tijdens de zitting doet hij er nog een schepje bovenop: hij zegt dat Martin Hoogland een huurmoordenaar is met zeker twintig moorden op zijn geweten. Hoogland zou na de moord op Hijzelendoorn hebben gedreigd Brown ook binnen twee maanden te vermoorden. Dat is omdat Brown Tonny wilde waarschuwen voor Hoogland. Brown had gedacht dat het zo'n vaart niet zou lopen: 'Ik dacht niet dat hij hem [Hijzelendoorn] aankon. Volgens mij kon een muis geen olifant doden.'

Maar later op de avond van de moord op Hijzelendoorn zou Martin Hoogland Brown hebben gebeld met de mededeling dat hij Tonny had doodgeschoten. Steve Brown: 'Martin zei: "Je hebt hem gewaarschuwd, want toen het bloed uit zijn nek over mijn kleren spoot, zei hij nog: 'Steve had toch gelijk...' Nu moet jij ook dood."'

Hoogland krijgt tijdens die zitting de gelegenheid Brown vragen te stellen, maar hij heeft de getuige die hem het zwaarst belast niets te vragen. 'Die man is doodziek,' stelt hij koeltjes vast. 'Je krijgt toch alleen maar leugenachtige antwoorden.'

Daar denkt het gerechtshof anders over. Op donderdag 17 juni 1993 hoort Hoogland dat hij mede door Browns getuigenis in totaal twintig jaar de cel in moet. Tien jaar voor doodslag op Klaas Bruinsma en tien jaar voor de moord op Tonny Hijzelendoorn.

Het Parool schrijft de volgende dag: 'Het Amsterdamse gerechtshof heeft gisteren de 36-jarige Martin H., voormalig rechercheur bij de Amsterdamse politie, veroordeeld tot twee keer tien jaar gevangenisstraf wegens doodslag op de Nederlandse maffiabaas Klaas Bruinsma, in Amsterdam, en drugshandelaar Tonny Hijzelendoorn, in Wilnis. (...) Na het voorlezen van het arrest door de president keek H. gisteren omhoog naar de publieke tribune, waar onder anderen zijn vriendin zat, en schudde zijn hoofd. Daarna stond hij op en gaf zijn advocaat een hand. "Wat een mafketels," zei hij toen hij uit de zaal werd weggeleid.'

Overigens gaan Hoogland en Boone nog in cassatie bij de Hoge Raad, maar dat wordt op 15 november 1994 verworpen. Hoogland is dan onherroepelijk veroordeeld.

4

Van de bajes naar de kist

Ruzies en conflicten 2

Begin jaren negentig groeit het aantal gewelddadige liquidaties in het openbaar, niet zelden uitgevoerd met een automatisch wapen, een unicum in Nederland op dat moment. Veel van dat soort liquidaties worden aan Joegoslaven toegeschreven. De politie vindt een bestelbus die door Joegoslaven volledig is ingericht om ontvoeringen te plegen met handboeien, tape en kogelvrije vesten.

De Amsterdamse onderwereld is een slangenkuil. Aan de lopende band worden er gelegenheidsformaties gevormd tegen een gemeenschappelijke vijand, en als die eenmaal is verslagen, duurt het niet heel lang voordat de overwinnaars elkaar weer opvreten. Voor het overzicht willen buitenstaanders graag luisteren naar simpele verhalen over kampen, over groepen en bendes, maar in het echt is het allemaal veel ondoorgrondelijker, veel minder zwart-wit, veel grijzer, mistiger.

'Martin Hoogland is de perfecte belichaming van die ondoorgrondelijke onderwereld. Hij is geen zwart of wit persoon. Hij is niet van "Ik ben met jou en tegen jou", maar hij is van alles een beetje.' Aan het woord is Martin Hillegers, de Amsterdamse beroepscrimineel en zoon van Ruud Hillegers. 'Wat ik dus zo bijzonder vind: hij was goed met Sam Klepper en John Mieremet, én met Sreten Jocic. Dat is natuurlijk heel raar. Want Sam en John wilden die Jocic wat aandoen en andersom ook. Dat waren de grootste vijanden. Dan is het gek dat je er iemand tussendoor hebt lopen die ogenschijnlijk met beide kampen wat heeft. Hoogland is voor mij daarmee eigenlijk een soort zwaan-kleef-aan. Een met alle winden meewaaier. Hij is niet voor je, maar ook niet tegen je. Je weet eigenlijk niet wat je precies aan hem hebt.'

Martin Hoogland beaamt deze zienswijze van Hillegers min of meer in een van zijn verklaringen voor het gerechtshof, tijdens zijn hoger beroep op 4 juni 1993. Hij zegt dan tegen de rechters, als die vragen hoe zijn situatie in de onderwereld precies was: 'Ik zat in die wereld een beetje op mijzelf.'

Het was inderdaad Martins sterke punt: een tussenpersoon zijn, een onderhandelaar. Juist in de jaren negentig zijn er wat processen aan de gang in de Nederlandse onderwereld waarvoor een onderhandelaar nodig is, maar Martin zit binnen de muren.

Aan de grimmigheid die in de onderwereld om zich heen grijpt, is voor een belangrijk deel het duo Sam Klepper en John Mieremet debet. Zij regeren met harde hand. Ze nemen steeds meer streken over van keiharde rippers. Ze bedreigen, liegen en bedonderen iedereen die ze een strobreed in de weg legt. Een bekend verhaal is dat van Theo Heuft, de baas van Yab Yum, die door Klepper en Mieremet wordt bedreigd en afgeperst. Ook Gerald, de man met wie Ingrid in de jaren negentig een relatie heeft, moet eraan geloven.

In gesprekken met diverse bronnen uit de onderwereld komt het beeld naar voren dat van de twee vooral John Mieremet geïnteresseerd is in geld verdienen. 'Die schele zat de hele dag alleen maar geld te tellen. Als hij niet iets aan je kon verdienen, vond hij je niet interessant,' aldus Martin Hillegers.

Sam Klepper wordt algemeen gezien als de man die is begonnen met schieten. Hij is in de ogen van velen de meest gewelddadige van de twee. Hij heeft ook een grote fascinatie voor wapentuig. Klepper is altijd bezig zijn gewelddadige reputatie te versterken. Het is ook niet voor niets dat hij degene is die aan het eind van de jaren negentig vaak rondhangt in het clubhuis van de Hells Angels op de Wenckebachweg in Amsterdam.

Maar zoals iedereen weet en vaak herhaalt in gesprekken: je kunt nog zo groot en nog zo sterk zijn, op een gegeven moment kom je de verkeerde tegen. Op 10 oktober 2000 wordt Sam Klepper doodgeschoten bij het winkelcentrum Gelderlandplein. De bodyguard van Klepper heeft een tv in zijn handen en kan daardoor onmogelijk schieten als zijn baas wordt aangevallen. Als het de lijfwacht toch lukt te vuren, is dat zo enorm uit de richting van de schutter, dat niemand zijn intenties om het doelwit te raken serieus heeft genomen.

Het ligt uiteraard zeer voor de hand om Sreten Jocic van deze moord te verdenken. In de eerste plaats natuurlijk om de dood van zijn allerbeste vriend Duja te wreken die tien jaar daarvoor is doodgeschoten. Maar er speelt nog iets anders: Klepper en Mieremet hebben in de tweede helft van de jaren negentig een vriend van Jocic geript. Deze vriend heet Magdi Barsoum, de eigenaar van shoarmazaak Delilah in de Warmoesstraat, dezelfde zaak waar de jonge agent Martin Hoogland altijd een broodje haalde. Barsoum handelt niet alleen in broodjes, maar ook in drugs. Op dat traject komt hij rond 1996 in contact met Klepper en Mieremet. Die willen wel wat zwarte Afghaanse hasj van hem kopen. Er ontstaat alleen een probleem als Barsoum ze een partij hoge kwaliteit hasj levert, terwijl een partij van mindere kwaliteit was afgesproken. Voorgesteld wordt om het prijsverschil bij te leggen, maar daar denken Klepper en Mieremet niet aan.

Mink Kok zegt: 'Sam en John hadden als motto: "Als je niet oplet, dan heb je pech gehad" en "Foutje bedankt!" weet je wel? Als je bestolen bent dan is het je eigen schuld. Had je maar beter op moeten letten. Maar als je zakendoet op die manier moet je wel zakendoen met mensen die je hebben kunt. Je komt daar normaal niet mee weg natuurlijk.'

Het akkefietje komt pas echt onder stroom te staan als Sreten Jocic het voor zijn vriend Magdi Barsoum gaat opnemen. Als blijkt dat Klepper en Mieremet volharden in hun weigering het prijsverschil bij te leggen, is Jocic het zat. Hij legt hun een boete van maar liefst elf miljoen gulden op. Geen haar op het hoofd van Klepper die eraan denkt dit bedrag te betalen, maar als hij op 10 oktober 2000 wordt doodgeschoten, voelt zijn partner in crime John Mieremet zich ongemakkelijk worden. Misschien is hij wel de volgende? Die gedachte wordt ook gevoed door talloze processen-verbaal die in die tijd door Jan van Looijen worden geschreven en continu naar één man wijzen als de kwade genius in dit verhaal: Sreten Jocic.

Mieremet besluit eieren voor zijn geld te kiezen en wil zijn leven afkopen bij Jocic. Hij gaat naar Magdi Barsoum om een oplossing te zoeken en hij gaat ook naar Martin Hoogland in de gevangenis. Hoogland kan misschien ook iets voor hem betekenen richting Jocic. Jeoffrey zegt dat zijn vader rond die tijd een ton krijgt van Mieremet. 'Als vooruitbetaling. Als mijn pa maar kon zorgen dat die dreiging werd weggenomen.'

Wat John Mieremet op dat moment niet wist of kon vermoeden, was dat er nog een derde partij bij het akkefietje betrokken was.

Een leven in de bajes

Johan 'De Hakkelaar' Verhoek, Koos Reuvers, Piet Schneider, Sam Klepper en Johnny Mieremet. Het zijn niet zomaar wat namen die een rol spelen in het gevangenisleven van Hoogland. Dit is de crime royalty van Nederland. Al deze mensen hebben in meer of mindere mate bijgedragen aan het welzijn van Martin Hoogland toen hij in de gevangenis zat. Goede buurtvrienden Sam Klepper en John Mieremet hebben voor een deel zijn advocaatkosten betaald. De Haagse Piet Schneider is ook geen kleine jongen. Hij draait al sinds de periode van Klaas Bruinsma mee in de onderwereld, zat in de hasj en de xtc, en kent iedereen. Er wordt over Piet gesproken als de Haagse Godfather en in menig onderzoek komt zijn naam voor. Momenteel staat hij terecht in de megazaak Taxus, voor grootschalige handel in drugs, waaronder cocaïne. Van Johan Verhoek, Koos Reuvers en Piet Schneider wordt gezegd dat ze elke maand spreekwoordelijk met de pet rondgingen voor Martin. Ze zorgden ervoor dat er regelmatig iets bijgeschreven werd op zijn gevangenisrekening. Zo ontbrak het hem aan niets tijdens zijn lange detentieperiode. Daarnaast kreeg Mandy Heeremans, zijn laatste echte vriendin buiten de bajes, ook elke maand een bedrag toegeschoven. Zij moest nu in haar eentje voor haar zoon Nicky Duja Hoogland zorgen. Door af en toe een extraatje te ontvangen, werd het voor haar iets makkelijker om rond te komen. Die geldbewegingen van bijvoorbeeld Verhoek en Reuvers richting Martin en zijn jonge vriendin Mandy zijn goed te verklaren. In de eerste plaats omdat Martin Hoogland hun namen nooit heeft genoemd in zijn politieverklaringen over de moord op Klaas Bruinsma. Daar scoor je punten mee in de onderwereld. Volgens een aantal mensen die ik heb gesproken, zou Verhoek ook een geldbedrag voor Hoogland hebben gereserveerd als hij uit de gevangenis zou komen. Sommigen praten over een bedrag van een miljoen gulden. Zelf noemt Johan die verhalen allemaal roddel en achterklap. Hoe het ook zij: Johan en Martin Hoogland kenden elkaar al vanaf eind jaren zeventig en volgens meerdere bronnen heeft Hoogland weleens een klusje voor Johan gedaan.

Als je met mensen over Martin in de gevangenis praat, beginnen ze altijd over de gouden Rolex die hij op een gegeven moment draagt. In de tijd dat Martin in de gevangenis zit, is het helemaal niet gewoon dat gedetineerden dit soort luxe en opzichtige klokjes dragen. Daarin is hij uniek, en de Rolex zelf is ook uniek: het is een limited edition met een afbeelding van Mickey Mouse op de wijzerplaat. Iemand die met Martin vast heeft gezeten zegt dat hij de Rolex van Piet Schneider had gekregen. In andere publicaties wordt het klokje beschreven als een gift van Jocic. Jeoffrey zegt dat zijn vader het ding van Koos Reuvers heeft gekregen, de compagnon van Johan Verhoek. 'Ik weet zeker dat mijn vader dat klokkie van Koos heeft gekregen. Hij heeft nog tegen mijn vader gezegd dat hij die Rolex niet moest dragen omdat de nieges erop zat. Iemand die hem al eens had gedragen was doodgeschoten.'

De nieges zit op de heroïnehandel en op de Rolex, maar Martin heeft geen enkele boodschap aan dat soort luchtfietserij. Hij draagt het ding met trots.

Van 1993 tot 1995 mogen Jeoffrey en Martin elkaar niet zien. Dat heeft te maken met een diefstal door Jeoffrey als hij op het internationale internaat in Baarn zit. 'Daar zaten allemaal rijke jochies, uit alle windstreken van de wereld, maar niemand had veel contact met zijn ouders. Alleen ik werd elke week gebeld door mijn pa. Dan ging het weer door die eetzaal: "Telephone for Jeoffrey! Your father is calling!" Dat was hartstikke leuk.'

Op een gegeven moment steelt Jeoffrey een fiets. 'Ja, en het ergste: ik werd gepakt. Mocht ik dus niet meer naar mijn vader toe omdat ik in aanraking was geweest met de politie. Mijn vader helemaal over de zeik tegen mij: "Godverdomme, waarom doe je dat nou?" Toen heeft hij nog zijn advocaat Boone ingeschakeld om voor elkaar te krijgen dat ik toch bij hem op bezoek mocht.'

Bij elkaar duurt dat twee jaar. Van zijn dertiende tot zijn vijftiende heeft Jeoffrey alleen maar telefonisch contact met zijn pa. 'Toen ik hem weer zag, schrok ik me kapot. Hij was ineens grijs geworden. Ik vond dat zo erg.'

Martin Hillegers heeft Hoogland buiten de gevangenis gekend, maar ook erbinnen. Hij is een boef van de oude stempel en mijdt de pers als de pest. De eerste minuten dat ik tegenover hem zit en hem gewoon vragen stel, is hij zichtbaar niet op zijn gemak. De zin: 'Dat jij hier zit en met mij praat is niet normaal hoor!' spreekt hij meerdere keren uit tijdens ons gesprek.

'Ik zat met hem samen in Maastricht in de jaren negentig. Hij zei toen tegen mij, als grap, dat we samen de macht konden overnemen. We moesten volgens hem alleen wel effe een lijstje afwerken. "Wie zet jij erop?" vroeg hij toen aan me. Ik zei toen gewoon voor de grap: "Doe Sam en John er maar op." Zij beleefden toen, in die jaren negentig, hun glorietijd. Als je de grootste wilt worden moest je over hen heen. Binnen een paar dagen kreeg ik een briefkaart van Sam en John: *Hee Hilly, it's lonely at the top. We komen ff bij je langs. Groet, Sam en John.* Godverdomme, dacht ik toen. Dus ik ging naar Martin toen: "Vuile teringlijer, jij hebt dat doorgegeven..."

"N-n-nee nee, ik heb nik nik niks gezegd."

Ik zei dat het niet anders kon. Ik had al tijden geen contact meer met die gasten gehad. "Jij vraagt me naar die lijst, ik noem hun namen en een paar dagen later krijg ik die kaart!"

Maar goed, hij bleef ontkennen. Dus Sam komt die week erop langs. Ik was ondertussen van Maastricht overgeplaatst naar de Marwei in Leeuwarden. Sam komt binnen, kijkt me zo aan en zegt: "Zo Hilly, ik zal maar effe met de deur in huis vallen. We hebben gehoord dat je de macht over wilt nemen? Is dat zo...? Heb je trek in ons? Vertel eens...?" Toen wist ik het zeker natuurlijk.'

Martin Hillegers kent iedereen in het wereldje. Hoe ziet hij de reputatie van Martin Hoogland als huurmoordenaar? 'Huurmoordenaar, ja, daar stond hij wel om bekend. Die Steve Brown had gezegd dat hij er twintig had gedaan. Welke twintig dan? Martin zei wel ooit tegen mij een keer dat het ook best lastig was, iemand omleggen. "Het lukt niet altijd op de dag dat het gepland is," zei hij tegen me. Dan vertelde hij dat hij stond te wachten op het goede moment, maar dat kwam maar niet. "Dan sta je daar toch een beetje voor lul de hele dag," zei hij. Maar ja, misschien is het wel grootspraak, ik weet het niet.'

Na de millenniumwisseling zit Martin in Alphen aan den Rijn. Daar komt hij in contact met iemand die ik maar even René Verlaat noem, een gedetineerde die oorspronkelijk uit Alphen aan den Rijn komt. René: 'Ik kende daardoor eigenlijk best veel bewaarders in die bajes. Ik had veel macht. Zo heb ik bijvoorbeeld via die bewaarders geregeld dat Martin zijn hasj en wiet kreeg en dat hij die niet hoefde te delen met andere gedetineerden. Via de directeur heb ik het zelfs voor elkaar gekregen dat hij mocht roken in zijn cel. Hij blowde ongelooflijk veel in die tijd.'

In retrospectief is de argumentatie van René om Martin te laten blowen wat macaber: 'Ik zei tegen die directeur dat als hij eruit zou komen, hij afgeknald zou worden. "Laat hem nog genieten, die paar jaar dat hij hier zit. Laat hem zijn blowtje roken, blijft-ie rustig, heb je nergens last van," had ik gezegd. We kregen ook drank binnen. En ik zorgde ook voor een dekbed voor hem. Allemaal privileges voor Martin Hoogland, ja.'

Hij was wel iemand die kon nadenken, volgens René. 'Martin praatte nooit zomaar, dacht altijd wel goed na voordat hij zijn mond opendeed. En hij had ook wel aanzien. Hij was toch maar de man die Klaas Bruinsma had doodgeschoten. Hij deed ook geen moeite dat te ontkennen. In die tijd was dat best bijzonder. Nu kijkt niemand meer op van een liquidatie van een kopstuk, maar toen was dat echt wel iets. Dat maakte Martin ook wel sterk in de bajes.'

René vond hem een relaxte man, maar hij vindt ook dat hij hem niet goed genoeg kende om hem echt te doorgronden. Hij vond hem wat teruggetrokken. 'Hij ging vooral met Piet Schneider om toen die vast zat voor xtc-handel. Door Piet kende ik Martin weer. We zaten samen in de Gedetineerdencommissie, de GeDeCo, van Alphen. Zo konden we een aantal keer per maand bij elkaar komen en afspreken om koffie te drinken. Je had wat privileges als GeDeCo-lid, allemaal gelul natuurlijk, maar binnen de muren is het wel wat. Kijk, van de bajesbevolking is natuurlijk tachtig procent zo dom als een varken, dus als je een beetje kunt nadenken en dingen kunt regelen omdat je wat geld hebt, zoals een ijsje op een warme dag, word je al snel naar voren geschoven. En we hebben ook wel een paar dingen voor elkaar gekregen hoor. Zo hebben we eens een barbecue en een vader-kinddag georganiseerd.' Dat hij daar zo zijn best voor doet, zal ook te maken hebben met zijn eigen situatie: met Estrella, die nog vaak langskomt. Met de vrouw die hem in Den Haag opving, krijgt Martin in 2001 zijn derde kind, een dochter met dezelfde naam als haar moeder, Estrella. Met haar broer Raymond reist Estrella nog regelmatig met haar dochter naar Martins moeder Hanny om zo een beetje contact te houden.

Volgens René probeerde Martin echt het maximale eruit te halen tijdens die GeDeCo-vergaderingen. 'Eerst ga je met z'n drieën vergaderen en een plan maken en daarna komen het afdelingshoofd en de directeur van de unit om de plannen aan te horen. Dan ga je kijken wat mogelijk is en wat niet. Samen met Piet had Martin dan het hoogste woord. Zij waren wel echt gelijk aan elkaar.'

René vertelt dat Martin Hoogland er in de cel niet goed uitzag. Hij deed niet aan sport, slofte wat door de gangen en volgens hem gebruikte hij nog steeds af en toe coke. 'Vooral in die tijd kon je aan van alles komen in de bajes. Er waren toen meer drugs binnen de muren dan daarbuiten.'

Heel veel gedetineerden vertellen grote verhalen over wat ze allemaal buiten bezitten. Een boot, een dikke auto, dit en dat... René kent alle verhalen: 'Dan zei ik: "Man, je hebt gaten in je schoenen. Je kunt niet eens nieuwe schoenen kopen." Martin was helemaal niet zo van dat opscheppen. Ik heb zelfs nog schoenen voor hem geregeld. Ik liep altijd op mooie sneakers. Toen ik nog buiten was, had ik daar een handeltje in opgezet. Tachtig procent was namaak, maar dan lieten we er een serienummer in borduren en dan leek het heel wat. Er waren modellen bij die we inkochten voor twee tientjes en die weggingen voor honderden euro's! Nu kan dat niet meer met internet, maar toen was dat top.'

Op een dag komt Hoogland naar hem toe: '"Je hebt altijd zulke mooie schoenen. Kan je er niet een paar voor mij regelen?" Toen heb ik aan mijn vrouw gevraagd of die contact op wilde nemen met zijn vrouw of vriendin, en die hebben samen een ontmoeting geregeld. Zij heeft toen die schoenen meegenomen voor hem,' zegt René.

Overigens is het opvallend dat Martin op zeker moment een plukje haar in zijn nek laat hij groeien waardoor er een staartje ontstaat. Veel Joego's lopen er in die tijd ook zo bij. Jeoffrey denkt dat zijn vader het doet als aandenken aan Duja. Hij laat ook een octopus in zijn nek tatoeëren. In de jaren negentig begint het grote proces tegen de Octopus-bende, met aan het hoofd Johan Verhoek, De Hakkelaar. Vindt Martin het gewoon een vrolijk beestje om in zijn nek te hebben of laat hij duidelijk zien aan welke kant hij staat? Hij laat zich er niet over uit tijdens gesprekken met mensen die bij hem op bezoek komen, maar volgens Jeoffrey is het overduidelijk een knipoog naar Johan.

Martin was een eenling in de gevangenis, maar wel eentje die met rust gelaten wordt. René: 'Ja, dat viel me wel op. Hij was tenslotte ook agent geweest en de gevangenisbevolking heeft het natuurlijk niet zo op agenten.' Ook hij vindt Martin, als hij op hem terugkijkt, echt een persoon die overal tussenin zit: geen agent, maar ook niet een echte crimineel. 'Hij was als enige Nederlander de man bij de Joego's, dat is ook weer zo raar. Martin had van alles wat.'

René denkt dat Martin zijn tijd in de gevangenis alleen maar overleefde omdat hij op een of andere manier waardevol was. 'Anders is het afgelopen.'

Dat hij na die lange straf toch is afgeschoten, zegt hem dat iemand toch iets te vrezen had. 'Anders ga je dat risico niet nemen om er een schutter op af te sturen.'

René zegt overigens dat Hoogland niet in de EBI heeft gezeten. Hij zat in de TEBI (Tijdelijk Extra Beveiligde Inrichting), de oude EBI. 'De EBI is nieuwbouw, fris, je hebt een ruimere cel, een eigen douche. In de TEBI zit je in een vochtige ruimte, het stinkt, je mag maar twee keer per week douchen. Het is het donkere, koude en vochtige gebouw dat nog uit de Tweede Wereldoorlog dateert. Helemaal niks.'

Martin hield ook een vogel in zijn cel. Een parkietje dat hij had gekregen van Wim, een medegedetineerde. De vogel had al een naam toen Martin hem kreeg: Perry. René zegt dat Martin de vogel al had in Alphen en dat die is meeverhuisd naar Lelystad, waar Martin na Alphen heen ging. 'En daar is die vogel gevlogen. Ik denk dat een bewaarder expres de kooi open heeft gezet, ja. Martin dacht dat ook trouwens. Die was razend.'

Een onverdraagzaam leven

Jeoffrey zit van zijn dertiende tot zijn zestiende in een internaat. 'Mijn vader vond het verschrikkelijk, maar ik heb het heerlijk gehad.' Het internationale internaat waar de jonge Hoogland op zit is ook geen armoedige oplossing met die vijfduizend gulden schoolgeld. 'Dat betaalde Serge Miranovic allemaal, de man met wie mijn moeder toen was. Ik ging regelmatig met hem en mijn broer Jordi, de zoon van Serge en mijn moeder, erop uit. Mijn pa was natuurlijk wel een beetje jaloers dat ik nu buiten liep met Serge, maar hij kreeg al snel enorm veel respect voor hem. Hij hoorde dat Serge goed voor me zorgde en mij hielp en steunde met school en zo. Daar is mijn vader heel dankbaar voor geweest.'

Andersom heeft Serge Miranovic ook veel respect voor Martin Hoogland, zo weet Jeoffrey. 'Serge heeft me vaak genoeg laten blijken dat het heel bijzonder is geweest wat mijn vader heeft klaargespeeld. Om zo hoog in de top van de Joego-maffia door te dringen als Nederlander, als buitenlander zeg maar, dat is daarna niemand meer gelukt.'

Hoewel Martin en Serge elkaar nooit hebben gezien, hebben ze toch veel aan elkaar gehad. Sowieso omdat Miranovic de opvoeding van Jeoffrey op zich nam. Martin zag dat Serge een goede uitwerking had op Jeoffrey. Serge wist hem een beetje in toom te houden. Zo ving Martin op dat Jeoffrey op zijn zestiende een Rolex van Serge kreeg omdat hij naar zijn moeder luisterde en zich goed gedroeg. Daarnaast hoorde Martin van Ingrid dat Serge 20.000 gulden aan haar had gegeven voor Martin. Met dat geld is een doktersverklaring gekocht waarmee Hoogland kon aantonen dat zijn verblijf in de TEBI hem niet in de koude kleren was gaan zitten. Met die doktersverklaring in de hand heeft hij het samen met Boone voor elkaar gekregen om zes maanden strafkorting te krijgen.

Martin schrijft veel naar zijn zoon. Van kattenbelletjes als 'Opa is het weekend jarig, vergeet je niet te bellen?' tot hele brieven. Hij zit dan wel in de gevangenis maar is nog steeds behoorlijk directief ten aanzien van zijn zoon. Zo zegt hij vaak tegen Jeoffrey wat hij hem moet opsturen: 'Dan zei hij weer dat hij kaarten wilde hebben met Pamela Anderson om te versturen. Ik geloof dat ik in de loop van de tijd wel duizenden Pamela Anderson-kaarten aan hem heb gegeven. Dat vond hij een heerlijke vrouw.'

Hij schrijft niet alleen veel naar Jeoffrey. Ook anderen krijgen regelmatig een kaartje. Martin schreef ook naar Tina, van de Princess. Twee brieven ontving ze van hem.

> Den Haag, 21 september 1998
> Lieve Tina,
> Vandaag jouw brief van de tweede september ontvangen. Dus dat noemen ze 'par avion'! Niet te geloven zeg. Ja, mooi hè, dat ik jou opgespoord heb. Echt door een toevalligheid kwam ik erachter. Ik was van Maastricht weer teruggebracht in Vught en vandaar naar Almere-Lelystad en nu zit ik hier. Hier zit ik niet zo slecht. Ik praat niet zoveel met die Jos. Hij en zijn vrouw hebben nu een baby van acht maanden. Ik vind haar oud en dik geworden.

Tina: 'Martin heeft het hier over Margarethe, een Braziliaanse vrouw die onder die naam bij mij werkte in de Princess. Die was er met Jos vandoor gegaan, een klant in de Princess die Martin ook weer kende.'

> Jos zei dat je in Guatemala zat, dus hij had me op een verkeerd spoor gezet, terwijl het voor hem een kleine moeite was geweest het juiste adres te achterhalen, als je begrijpt wat ik bedoel.

Tina: 'Martin was overgebracht naar de gevangenis De Haven. Daar had hij Jos ontmoet, uit de Princess, die hem had verteld dat ik in Guatemala in de gevangenis zat. Maar dat klopte niet en Martin is toen bij zijn moeder gaan vragen naar het adres. Via via zijn ze erachter gekomen waar ik zat.'

> Ik zal iemand even Buitenlandse Zaken laten bellen voor het banknummer van het consulaat daar bij jou en dan laat ik iedere maand wat dollars op je bankrekening bijschrijven, dan heb je wat geld tot je beschikking voor scheerschuim en mesjes om de schaamluis tegen te gaan (grapje).

Tina: 'Ja, dat heeft hij ook echt gedaan, hè? Daaraan kun je dus zien dat het eigenlijk een ontzettend lieve jongen is. Hij zit zelf vast en geeft mij geld terwijl hij dat ook heel goed zelf kan gebruiken. Als je door en door een klootzak bent, wat boeit het jou dan dat de manager van de Princess vastzit in Panama? Ik zag hem natuurlijk wel vaak, soms vijf keer per week, maar het is niet zo dat we privé met elkaar omgingen. Misschien stelde hij mijn gezelschap op prijs en laat hij dat zo zien; door de moeite te nemen mijn gegevens te achterhalen en mij te schrijven en ook nog geld op te sturen. Ik kreeg ook wel van anderen geld toegestuurd, maar dit was wel heel welkom natuurlijk. Het bajesleven daar is namelijk best duur hoor. En dan die grap op het eind. Martin ten voeten uit.'

> Gaat jouw moeder nog steeds met Lien? Rudi had die Lien laatst gesproken. Ik had van de week Lange Hans aan de lijn. Hij is weer terug uit Afrika. Tijdelijk, zegt-ie. Ik ben trouwens op acht september 42 geworden. Jij bent lekker ouder dan ik (smiley).

Tina: 'Ja, hij wist dus ook wanneer ik jarig was. Martin was iemand die veel met cijfers had. Lien, de vrouwelijke partner van mijn moeder, had vijf cafés in Amsterdam en dat waren echte bruine kroegen. Lien is nog van de echte, ouderwetse Amsterdamse horeca en komt nog uit de tijd van types als Frits van de Wereld en Henk de Vries van The Bulldog. Iedereen was continu aan het helen en handelen. Veel spullen van de vrachtwagen gevallen, dat werk. Lange Hans werkte eerst veel in café Heuvel en stond later aan de bar bij de Stadioncorner, dat moet je zien als een soort kaartclub. Een gezellige vent met een groot gevoel voor humor. Martin kon ook goed met Hans.'

> Krijg je trouwens wel vaker post of valt 't tegen? Ik moet nog drie jaar zitten en dan ben ik ervanaf. Met ingang van januari 1999 gaat er trouwens hier een nieuwe wet in werking. Als je de helft hebt gezeten kom je in aanmerking voor voorwaardelijke invrijheidstelling. Over drie jaar heb ik er tien jaar opzitten. Lijkt me wel genoeg, hè? Dus er bestaat voor jou een goede kans dat je snel vrij bent. Dat zou mooi zijn. Dan kun je meteen bij me op bezoek komen. Heb je je huis nog?

Tina: 'Hij bedoelt mijn huis in de Henri Polaklaan. Dat hij dat nog wist, dat verbaast me echt. Waar hij het heeft over een nieuwe wet, denk ik dat hij het Verdrag van Straatsburg bedoelt waardoor ik dus inderdaad eerder vrij ben gekomen. Je ziet hieraan dat hij goed op de hoogte is van wetten en zo. En ja, ik ben dus echt bij hem op bezoek gegaan, hè? Met zijn favoriete meisje bij ons: Carmen.'

> Ik ben ook weleens daar bij jou geweest. Niet in de lik, maar wel in de stad. Dat was begin 1990 toen die Amerikanen er nog waren. Er mocht toen alleen overdag gevlogen worden. Wat ik me nog goed herinner was dat vieze drinkwater. Zat vol met chloor of zoiets. En al die winkeltjes op het vliegveld waren dichtgetimmerd want die waren allemaal van de generaal. En in de hoek zat zo'n soort snackkarretje waar je een broodje kon eten. En alles smaakte naar dat vieze water. De koffie, de thee, alles. En als ze een stempel in je paspoort zetten dan zetten ze ook hun handtekening erbij. Een paraafje door die stempel heen. Op dat vliegveld is een soort pier met hele grote ramen zodat je de vliegtuigen kan zien. Vanuit de lucht kun je de stad zien, aan een baai, met allemaal witte flats. Dat is zo'n beetje alles wat ik me kan herinneren. Ik was blij dat ik weer weg was daar. Ik was op doorreis naar Barranquilla.

Tina: 'Martin geeft hier zo'n prachtige en precieze beschrijving van hoe het daar is. Met heel veel gevoel voor detail. Hij beschrijft de winkeltjes op het vliegveld Tocumen in Panama-Stad. De generaal over wie hij het heeft is Noriega die in januari 1990 werd verdreven door de Amerikanen. Ja, en wat Martin gaat doen in Barranquilla lijkt me wel duidelijk toch? Dat is Colombia.'

> Ik zit nu naar CNN te kijken. Clinton is aan de Grand Jury aan het uitleggen hoe of die Monica Lewinsky hem gepijpt heeft. Dat is nu 'live' op de tv. Wat een wereld, hè? Oh ja, kan ik je weekbladen sturen? Mag dat? Dan stuur ik je wat *Panorama*'s en zo. Laat me dat even weten.

Tina: 'Wat-ie zegt over Lewinsky is typisch Martin. Die vond dat natuurlijk prachtig. En ik vind het zo ongelooflijk aardig dat hij die *Panorama*'s wil opsturen. Heeft hij ook echt gedaan, hè? Het is bijna ridderlijk.'

> Nog even over die dollars. Ik maak dat dus over op de rekening van het consulaat onder vermelding van jouw naam en paspoortnummer, oké? En dan maar hopen dat ze het doen (die poen aan jou geven, bedoel ik).
> Die Carmen is zwanger, hoorde ik. Heb je contact met haar? Je kon wel lachen met haar vroeger, hè? Ze was overal voor in. Mooi, hè?

Tina: 'Grappig, hè? Dat hij ook van alles op de hoogte is. Het is ook net een oud wijf.'

> Heel Amsterdam zit nu aan de viagrapillen. Weet je wat dat is? Ik spring van de hak op de tak, maar ook ik schrijf zoals ik praat.
> Schrijf me snel terug en blijf gewoon sterk. Er is helemaal niks aan de hand en voordat je het weet ben je weer terug in Amsterdam. Wat een romantiek, hè, zo'n onverdraagzaam leven.

Tina: 'We trekken naar de zelfkant van het leven, dat is wat ik hieruit proef.'

> Toch heeft 't wel iets, vind je ook niet? Nu komt 't mooiste: toen ik nog bezoek achter glas had, had ik allemaal vriendinnetjes. Nu heb ik gewoon bezoek en de 'vriendinnetjes' zijn allemaal gelukkig getrouwd nu. Wat een humor, hè?
> Liefs en xxx-jes.

Twee maanden na deze brief stuurt Martin Tina nog een brief. Tina heeft ondertussen al een brief geschreven op 22 oktober. Die is op 28 november 1998 aangekomen bij Martin. Hij schrijft nog diezelfde dag terug:

> 28 november 1998, Den Haag
> Lieve Tina,
> Ik heb jouw brief van 22 oktober vandaag pas gehad. Er zat een Nederlandse postzegel op met een stempel van Amsterdam. Had je die brief via je moeder gestuurd zeker. Vijf weken onderweg geweest, die brief.
> Even over die Nico. Ik ken hem, hij was vroeger een vriend van Addy. Ik heb net gebeld met Addy en Nico die woont dus in Spanje tegenwoordig. Dus dan weet je dat ook weer.

Tina: 'Ik had nog geld te goed van Nico, de broer van een vriendin van mij. Addy is de vriend van Dorus Kwarten, een van de beste vrienden van Martin Hoogland. Addy en Dorus waren weer contacten van Johan Verhoek. Volgens mij heeft Martin trouwens nog iemand langs gestuurd bij die Nico voor mij. Ik meen dat het Jeoffrey was, zijn zoon.'

Jeoffrey: 'Ja dat klopt, dat was ik helemaal vergeten. Die Nico was niet thuis toen. Die zat volgens mij in Spanje.'

Die woning van hem op de Nassaukade is volgens mij vlak om de hoek van de Eerste Hugo de Grootstraat. Klopt dat? Ja, hè, want ik ben daar weleens geweest vroeger.
Ik persoonlijk mocht die Nico niet zo erg, maar ja, dat is niet zo verwonderlijk, want ik mag bijna niemand.

Tina: 'Zo zie je toch dat het niet een allemansvriend is. Hij weet wel zo'n beetje iedereen te vriend te houden, maar hij was zelf altijd wel heel kritisch op wie hij toeliet. Nico kwam van buiten Amsterdam, was een beetje artistiek en had gestudeerd. Hij kreeg in Amsterdam aardig voet aan de grond in de hasjhandel. Hij stond niet zo in de spotlights en was wat verstandiger en meer onderlegd. Nico was geen jongen van de gestampte pot en plat Amsterdams, maar dus ook niet het type voor Martin.'

Mijn moeder had gisteren je brief gehad. Vond ze heel leuk. Vooral over dat hondje vond ze leuk. Zoals je ziet heb ik er nu drie zegels van 80 cent op gedaan. Goed, hè?

Tina: 'Die moeder schreef mij. Dat was zo aardig. Ik kende zijn moeder helemaal niet. Heel mooie brieven schreef ze. En ik schreef haar ook terug natuurlijk. Ik had geschreven dat ik vijf honden en twaalf katten in de gevangenis had. Zijn moeder houdt ook van dieren. Nu denk ik dus dat Martin heel erg op zijn moeder leek. Zij hoefde mij geen brieven te schrijven, maar dat deed ze wel. Net zoals Martin mij geen brieven hoefde te schrijven of geld hoefde te sturen, maar dat hij dat toch deed.'

Wat de consul tegen jou zei klopt. Wij hadden een e-mail gestuurd naar de ambassadeur in Bogota. Goed, hè? We hadden (of eigenlijk ik heb) 250 gulden op het banknummer van Buitenlandse Zaken overgemaakt onder vermelding van jouw naam en paspoortnummer. Dat was voldoende, zeiden ze.
Heb je 't nou nog niet? Ik heb geen reçu. Heb je de boeken al? Ik had 't reçu van het postkantoor tussen een boek gedaan, had je dat gezien? Wat duurt dat allemaal lang, hè? Niet te geloven.
Guus van de Panne is dood of had ik dat al geschreven? Ik weet 't niet meer. Hij was 160 kilo of zoiets.
Ik ga lekker vroeg slapen vanavond. Ik ben moe en geil. Heb jij dat ook weleens? Je spreekt zeker ook al goed Spaans, hè? Lekker schelden in 't Spaans. Culo [kont] vind ik een van de mooiste woorden, xxx-jes, Martin.

Tina: 'Mooi, hè? Dat was Martin dus.'

In de eerste brief schrijft Martin aan Tina: 'Het is wat, hè? Zo'n onverdraagzaam leven.' Het is opmerkelijk dat Martin juist deze woorden kiest, dat hij zijn leven zo omschrijft. Het zijn namelijk precies dezelfde woorden die in het gedicht van Slauerhoff staan, de favoriete dichter van Klaas Bruinsma. Het gedicht wordt in een rouwadvertentie gebruikt door zijn vrouw Lan Ching. De rouwadvertentie bestond alleen uit de vetgedrukte naam 'KLAAS' en daarbij het gedicht 'In Memoriam Mijzelve' van J. Slauerhoff, de Nederlandse dichter die in 1936 overleed.

De laatste zinnen van dit gedicht luiden:

Ik deins niet voor de grens,
Nam afscheid van geen mensch,
Toch heb ik nog een wensch,
Dat men mij na zal geven:
'Het goede deed hij slecht,
Beleed het kwaad oprecht,
Hij stierf in het gevecht,
Hij leidde recht en slecht,
Een onverdraagzaam leven.'

Tina: 'Dit is inderdaad wel heel apart, ja. Misschien heeft hij die overlijdensberichten ook wel allemaal gelezen en dat hij dat zinnetje heeft onthouden omdat hij het ook zo van toepassing vindt op zijn eigen leven. Het leven aan de zelfkant.'

Hoogland maakt vaker toespelingen op de dood van Bruinsma. Enerzijds met het raadseltje 'Het ligt op de grond en het stinkt. Klaas Bruinsma natuurlijk!' Anderzijds door precies de woorden uit het gedicht te gebruiken om zijn eigen leven te kenschetsen. Misschien is dat ook niet gek. Klaas en Martin zijn natuurlijk voor eeuwig aan elkaar gelinkt. Klaas is officieel doodgeschoten door Martin. Martin is voor altijd de veroordeelde moordenaar van Bruinsma.

Van Dobben in de bajes

Martin zit binnen en buiten gebeurt het allemaal. Dat frustreert hem soms enorm. Buiten heeft ondertussen iedereen een mobiele telefoon. Daardoor kan hij veel directer contact hebben met zoon Jeoffrey. Na zijn periode in het internaat woont Jeoffrey bij Dorus Kwarten. Kwarten zit dan in zijn periode van zwaar drugsgebruik en Jeoffrey gaat daarin mee. Als Martin na een paar keer bellen Jeoffrey nog steeds niet aan de lijn heeft gekregen, spreekt hij kwaad de voicemail in: 'Zit je godverdomme weer te snuiven? Blijf toch van die rotzooi af jongen!'

Jeoffrey: 'Ja, hij had natuurlijk wel gelijk, het is ook troep. Maar van alle mensen is hij toch wel de laatste die daar iets over te zeggen zou hebben. En dat had hij ook echt wel door hoor. Als hij me eenmaal aan de lijn had, werd hij helemaal rustig. Dan vertelde ik hem wie er allemaal in de kroeg zaten, als ik in 't Biggetje was of bij de Stadioncorner en wat we aan het doen waren, en dan baalde hij dat hij er niet bij was.'

Als het weer mag, gaat Jeoffrey regelmatig bij zijn vader op bezoek ('Ik ben in elke gevangenis geweest in Nederland'), maar ook Martins ouders komen om de week langs. Piet Klijn en Thea de ene week, Henk Hoogland en moeder Hanny de andere. Vanaf 2003 komt Hanny alleen op bezoek; in dat jaar overleed Henk Hoogland. Piet Klijn overlijdt in 2007.

Martin belde een keer vanuit de EBI naar de Princess. Kreeg hij natuurlijk Tina aan de lijn. 'Hij zei meteen: "Kom een keer langs, gezellig!" Ik zei: "Jezus Mart, het is in Vught. Dat is helemaal aan het andere eind van de wereld." Maar na een tijdje dacht ik: Ach, wat kan mij het eigenlijk schelen. Ik doe het gewoon. Met bus, trein en bus zijn Carmen en ik toen helemaal opgetut van Amsterdam naar Vught gereden. We wilden dat hij een beetje kon opscheppen in de gevangenis dat er twee lekkere wijven voor hem waren gekomen. Vond-ie geweldig natuurlijk!'

Ze mochten helaas niet met z'n tweeën tegelijk. 'We moesten om de beurt. Ja, waar hebben we het over gehad? Ik weet het niet. We hebben eigenlijk gewoon vreselijk zitten lachen. Ik vond hem wel wat dikker geworden. Als mensen stoppen met coke worden ze meteen dikker.'

Jeoffrey herinnert zich de bezoeken als wisselend. 'Er waren weleens bezoeken dat mijn vader alleen maar in zijn eigen wereld leek te verkeren. Dan bleef hij maar zeggen wie er allemaal weg moesten: "Die moet weg. Die moet weg. En die ook. En die." Steve Brown natuurlijk. Hij was woedend op Steve. Hij wist alles van hem. Wat hij verdiende, waar hij pinde, waar hij woonde... Al die informatie had hij gekregen van zijn vroegere collega's. Ik werd er weleens bang van als mijn vader zo zat te praten. Dacht alleen maar: lekker dan, kom ik daarvoor? Maar ik moet ook eerlijk zeggen: er waren momenten dat we zo verschrikkelijk hebben gelachen. Dan had hij van tevoren gebeld en vroeg hij of ik broodjes van de Amsterdamse broodjeszaak Van Dobben mee wilde nemen. Of een hamburger van McDonald's. Die moest ik dan naar binnen smokkelen. Dat was in Scheveningen. Een hele bestellijst. Tijdens het bezoek gaf ik die broodjes dan stiekem aan mijn vader. Op aanwijzingen van hem zat ik dan op een bepaalde manier aan die tafel met mijn rug naar die bewakers toe zodat ze het niet zagen. Zei hij: "Ja, geef het nu maar." En dan gaf ik hem dat broodje. Dan ging hij gebukt aan tafel zitten en at hij het zo op. Die bewakers hadden niks door. We hebben ook weleens zo stiekem briefjes aan elkaar gegeven.'

Hij belde soms ook als hij ziek was. 'Ja, dat was toen hij in Maastricht zat. Toen belde hij me op en vroeg of ik kwam. "Kom effe een uurtje naar me toe. Ik voel me niet zo lekker." Ben ik vanuit Amsterdam alleen gegaan met de trein. Twee uur heen en twee uur terug. Mijn hele dag naar de klote, maar ja...'

Tegen zijn eigen moeder zegt Martin dat hij onschuldig vastzit. Zijn moeder vindt dat maar moeilijk te verteren. Martin praat erover alsof hij in een soort complot is beland, zoals bij de moord op John F. Kennedy. Volgens de autoriteiten is Lee Harvey Oswald voor diens dood verantwoordelijk, maar in de loop van de tijd duiken steeds meer verhalen op dat Oswald erin geluisd zou zijn. Martin zou dat verhaal graag op zijn eigen situatie willen betrekken.

Die uitleg raakt overduidelijk een snaar bij moeder Hanny, want de volgende afspraak neemt ze voor haar zoon een gouden munt van John F. Kennedy aan een kettinkje mee. Martin draagt het ding met trots.

Tussenpersoon forever

In het gevangenisleven van Martin Hoogland komen altijd de verhalen terug van twee briefjes die hij zou hebben geschreven en die in zijn cel zouden zijn gevonden of die op een bepaalde manier zouden zijn onderschept. De briefjes hebben een bijna mythische status gekregen. Geen van de mensen die ik voor dit boek heb gesproken heeft de briefjes ooit gezien. Niemand weet eigenlijk precies hoe het zit. Ook de mensen bij het Openbaar Ministerie krijgen het niet voor elkaar die briefjes boven water te krijgen.

Eén briefje zou een aantal namen bevatten, het andere zou een soort cryptische omschrijving zijn van de situatie in de onderwereld op dat moment. Om te beginnen met die laatste: Martin Hoogland zou die tekst hebben geschreven voor Jocic, die op dat moment in de EBI in Vught zit. Het is in de eerste jaren van het nieuwe millennium, de tijd dat John Mieremet zich opgejaagd voelt vanwege de liquidatie van Sam Klepper. Mieremet probeert via allerlei wegen Sreten Jocic te bereiken. Dat lijkt vruchteloos, mede omdat er eind februari 2002 een mislukte aanslag op het leven van Mieremet plaatsvindt. Maar door de plek van die aanslag, namelijk de voordeur van een advocatenkantoor, én het feit dat een paar dagen later Magdi Barsoum wordt vermoord, begint er toch iets te knagen bij Mieremet. Magdi was toch een vriend van Jocic? Waarom moest hij dood? Het wordt Mieremet langzaam duidelijk dat iemand een spelletje met hem speelt. En Hoogland legt dat vast op dat briefje waarvan de tekst luidt: 'Wat ik begrijp is dat die Fat Fuck van Serajewo dubbel spel speelt tegen Glasses en Vastgoedkidnapper ook. Zij spelen een vies spelletje. En Glasses weet alles.'

Hoogland legt met het briefje uit dat hij ervan overtuigd is dat de Joegoslavische tegenstander van Jocic, Paja dus, die hier de Fat Fuck van Serajewo wordt genoemd, en Holleeder, de vastgoedkidnapper, een spelletje spelen met de brildragende Johnny Mieremet, Glasses. Hij schrijft dat zij een vies spelletje spelen en dat ze Mieremet daarmee voor de gek houden. Ook meldt hij dat Mieremet dit zelf inmiddels doorheeft. Waarschijnlijk heeft Martin zijn zienswijze al met Mieremet gedeeld en is dit briefje na dat gesprek geschreven.

Eén ding is in ieder geval duidelijk: Hoogland is nog steeds een kei in het analyseren en op waarde schatten van informatie, zelfs als hij in de gevangenis zit. Hoogland is een soort 'spin in het web' van de Amsterdamse misdaad. Hij is overal van op de hoogte.

Maar omdat John Mieremet hem benadert om te bemiddelen richting Jocic en dit briefje vervolgens naar buiten is gekomen – volgens één bron door een corrupte bewaarder – wordt Martin Hoogland in een onderwereldconflict getrokken dat zijn weerga niet kent.

Mieremet zit in een slangenkuil. Hij heeft namelijk niet alleen een conflict met Jocic, maar ook met een al eerder genoemde derde partij: (een deel van) het criminele powertrio Willem Holleeder, Dino Soerel en Stanley Hillis. Dit drietal geeft na 2000 het ritme in de Amsterdamse onderwereld aan. Zij zijn de mannen die nu verantwoordelijk worden gehouden en veroordeeld zijn voor heel veel liquidaties die tussen 2000 tot 2006 zijn gepleegd. Stanley Hillis is niet veroordeeld omdat hij in 2011 is doodgeschoten, maar zowel Holleeder als Soerel zitten allebei een levenslange gevangenisstraf uit. Alleen bij Holleeder loopt het hoger beroep nog. De verwachting is dat tegen eind 2021 een uitspraak volgt.

De liquidaties in de jaren 2000-2006 hebben bijna allemaal met geld te maken. Dat geld is door meerdere criminelen ondergebracht bij de Amsterdamse vastgoedman Willem Endstra, die het belegt in panden, projecten en havens. Endstra is eerst een goed contact van Holleeder, maar als dat verslechtert en Endstra's positie in de zakenwereld wankelt, ziet Mieremet het al voor zich: 'Straks ben ik al mijn geld kwijt!' Hij zet Endstra onder druk om te betalen, maar het probleem is alleen dat hij zo de toorn van de andere criminelen over zich afroept. Zij hebben ook bij Endstra belegd en zijn bang dat Mieremet met hun geld aan de haal gaat.

Ze bedenken een list. Die list houdt in dat ze Mieremet wijsmaken dat hij zijn leven kan afkopen door die boete van elf miljoen gulden bij Jocic te betalen. Onder anderen Stanley Hillis zou dat wel even gaan regelen met de Joego-baas. Mieremet betaalt, maar dat geld komt natuurlijk nooit bij Jocic terecht. Dat geld verdwijnt in de zakken van Hillis en de andere vijanden van Mieremet. Mieremet krijgt het langzamerhand door en deelt dat met Hoogland, die op dat briefje schrijft dat er een 'vies spelletje' wordt gespeeld met Glasses. Dat briefje wordt onderschept en naar buiten gebracht. Nu weten de vijanden van Mieremet dat Hoogland ook van alles op de hoogte is. Die wetenschap zou in bepaalde kringen weleens dodelijk kunnen zijn.

Het tweede briefje dat aan Martin Hoogland wordt gelinkt, is eigenlijk een soort lijst met namen. Het is niet bekend wanneer het is geschreven. In *Opsporing verzocht* van 14 februari 2005, een jaar na de moord op Hoogland, laat de politie een lijst met (bij)namen en omschrijvingen van mensen zien die volgens het programma iets te maken zouden kunnen hebben met de dood van Martin Hoogland. We lopen even door dat lijstje heen: 'De man met de rode Ferrari F40' staat genoemd, evenals 'Kleine Turk of Kleine Ali'. Bij navraag in het milieu zegt die Ferrari-man niemand iets. Bij Kleine Ali noemt iedereen meteen Ali Akgün, de beroepscrimineel die in 2014 is doodgeschoten. Deze Akgün is door de politie nooit officieel met de moord op Hoogland in verband gebracht. Daaronder staat de bijnaam 'Puntje'. Zo wordt Ruben ten Have genoemd, een man uit de coterie van Stanley Hillis die veel omging met Jan Femer. Onder Puntje staat 'Ouwe', dat is de bijnaam van Stanley Hillis. Daaronder staat 'Pukkel', dat is volgens verschillende bronnen de bijnaam van beroepscrimineel Frank Iesberts. Hij is in 2013 doodgeschoten. Daaronder staat Pukkie, de bijnaam van beroepscrimineel Lucas Boom. Deze man is in 2015 in een Zaanse woonwijk onder de ogen van tientallen basisschoolleerlingen geliquideerd. Hij heeft zaken gedaan met Willem Holleeder. Als laatste wordt 'Pjotr' genoemd. Dat is de bijnaam van Peter R., de man die in die tijd bekendstond als de klusjesman of bodyguard van Stanley Hillis. In 2015 is er een moordaanslag gepleegd op deze Pjotr, die hij ternauwernood wist te overleven. Pjotr is ook een goede vriend van Lucas Boom, of Pukkie. Zowel Boom als Frank Iesberts, oftewel Pukkel, kwamen uit de Amsterdamse buurt De Pijp. Boom, Ten Have, Iesberts en Pjotr zijn nooit officieel verdacht van de moord op Hoogland.

Rond dezelfde tijd van de uitzending van *Opsporing verzocht* komt via de Centrale Inlichtingeneenheden naar buiten dat Johnny Mieremet in 2004 tien miljoen euro aan Hoogland zou hebben geboden om Holleeder, Hillis en Soerel uit de weg te ruimen. Volgens die CIE-informatie had Hoogland die klus willen uitbesteden aan Jocic.

'Dat laatste klopt niet,' zegt Martin Hillegers. 'Hoogland en de Delftse crimineel Marco Eijk gingen samen dit lijstje afwerken dat ze van Mieremet hadden gekregen. Dat heb ik te horen gekregen vanuit het milieu. Zodra Hoogland vrij was gingen ze gas geven. Tenminste, dat was het plan. Ik geloof dat er wel acht tot tien namen op stonden. Mieremet zou hiervoor vijf miljoen euro hebben gegeven aan Marco en Martin.'

De CIE spreekt van tien miljoen, Martin Hillegers van vijf miljoen. Hoe zeker is Hillegers van dit verhaal?

'Heel zeker. Dit is het verhaal dat je altijd hoort in het milieu als het over Martins dood gaat: Mieremet kwam met een lijstje naar Hoogland en Eijk, maar dat lijstje kwam ook terecht bij Hillis. En die was net even sneller,' aldus Martin.

Achttien dagen na de moord op Martin Hoogland wordt op 5 april 2004 Marco Eijk vlak bij zijn woning in België doodgeschoten.

In de uitzending van *Opsporing verzocht* over de liquidatie van Hoogland zegt een agente dat Martin om iets voor 16.00 uur met een medegedetineerde naar de stad wilde fietsen. Ze moeten daarbij een drukke weg oversteken. De andere gedetineerde gaat eerst, Martin wacht. Hij steekt over en springt aan de overkant op zijn fiets. Hij vindt zijn trappers, wil aanzetten en wordt dan twee keer van achter in zijn rug geschoten. Martin valt, de schutter loopt op hem af en schiet hem van dichtbij nog een kogel in zijn lijf. 'Martin had geen schijn van kans,' zegt de agente.

Hij was bijna vrij, maar de politie vond aanwijzingen dat hij nog steeds actief was in het milieu. Wat die aanwijzingen waren wordt niet gezegd in de uitzending. Wel zegt de agente dat Hoogland nog steeds contacten had met Servische criminelen en dat de moord misschien daarmee samenhangt.

Naar aanleiding van verklaringen van mensen die de schutter in de getoonde beelden hebben herkend en een tip van een informant uit het milieu houdt de politie eind 2006 de Amsterdamse crimineel Boneka Belserang aan voor de moord op Hoogland. Belserang liep op het moment van de liquidatie van Hoogland met een enkelband onder elektronisch toezicht van justitie. Het saillante is dat juist in de uren rond de moord Belserang van de radar was verdwenen. Hij zit enkele maanden vast, maar komt vrij wegens gebrek aan bewijs. Justitie heeft Belserang nog een schadevergoeding moeten betalen omdat hij die maanden onterecht vast had gezeten. In 2009 wordt deze Belserang zelf geliquideerd.

Dat Hoogland zich zelfs in de gevangenis niet altijd veilig voelt, komt naar voren tijdens de dodelijke aanslag op Heineken-ontvoerder Cor van Hout in januari 2003. *Nieuwe Revu* heeft een interview vanuit de gevangenis in Lelystad met Martin Kok, een van de vrienden van Cor van Hout. In het stuk zegt

Kok dat het nieuws van de aanslag op Cor van Hout als een bom is ingeslagen in de gevangenis. Kok zegt ook in dat interview dat Hoogland vaak naast hem staat te bellen om op de hoogte gehouden te worden van het laatste misdaadnieuws buiten. Als Martin hoort dat dit stukje in *Revu* terechtkomt, en dat erbij staat dat het interview is gedaan vanuit de gevangenis in Lelystad, is hij not amused. Dat lezen we als in *Nieuwe Revu* een artikel verschijnt na de dood van Martin Hoogland. Ook in dat artikel wordt Martin Kok geciteerd. 'Toen Hoogland dat stukje van mij in *Nieuwe Revu* las, was hij boos. Niemand mocht weten dat hij in Lelystad zat. Uit wraak heeft hij aan een bewaker verteld dat ik van plan was te ontsnappen. Ik kreeg zeventien dagen isolatie en daarna werd ik overgeplaatst. Allemaal dankzij die Hoogland.'

De relatie tussen Martin Kok en Martin Hoogland in de gevangenis van Lelystad is niet altijd slecht geweest: 'We gingen samen eten maken, samen luchten, vaak met Joego's erbij; als er een Joegoslaaf binnenkwam, ging hij daarmee om.'

Binnen de gevangenismuren staat Hoogland behoorlijk hoog in de pikorde. Kok zegt dat Hoogland binnen de muren ook nooit de moord op Bruinsma heeft ontkend. 'Natuurlijk niet, ontkennen is voor de rechtszaal, in de gevangenis wist iedereen het. Hij vond het fantastisch dat hij die naam had. Maar hij had niet veel contacten, alleen met mij een beetje, en een paar losse jongens. Een beetje ouwehoeren, meer niet. Hij zat de hele dag met zijn Play Station te spelen. Dat komt misschien door zijn verblijf in de EBI in Vught, daar heeft hij zes jaar gezeten en dat doet wel wat met je. Hij heeft daar later ook acht maanden strafkorting voor gekregen. Ik heb die papieren gezien: hij had te lang in de EBI gezeten.'

Datzelfde verhaal vertelt ook zijn advocaat Jan Boone. Hij bevestigt dat Martin problemen had na zijn tijd in de EBI. 'Iedereen die in de EBI zat, ging vreemd functioneren. Concentratieverlies, slecht zien... Op een gegeven moment kon Martin niet met meer dan één man tegelijk praten. Je moet het zo zien: Martin kon eigenlijk de buitenwereld niet meer aan na de EBI.'

In het interview dat na de dood van Martin in de *Nieuwe Revu* verschijnt, staat dat Martin Kok meteen wist dat Hoogland was overgeplaatst naar Hoorn. 'De tamtam werkt snel. Uit de overplaatsingen blijkt wel dat Hoogland bang was. Hij kwam al veel eerder in aanmerking voor een half open kamp, maar dat wilde hij helemaal niet, dat vond hij te gevaarlijk. Hij had liever in Lelystad willen blijven volgens mij.'

'Ik heb het niet zo op agenten, maar je kon aan hem helemaal niet merken dat hij vroeger bij de politie had gezeten,' zegt Hilversummer George van

Dijk in hetzelfde artikel als waarin Martin Kok figureert. Van Dijk is een telg uit de beruchte familie uit het Gooi en heeft bijna de helft van zijn leven in de gevangenis gezeten. Zo liep hij af en toe Martin Hoogland tegen het lijf. Na de moord op Bruinsma had Van Dijk in de media gezegd dat hij het jammer vond dat Klaas Bruinsma was vermoord door zo'n 'rotte peer'. George: 'Kwam ik Martin tegen, zegt hij in dat plat Amsterdams: "Hé, luister es, idioot, noem jij mijn een rotte peer?" Ik zeg: "Martin, laten we het houden op gebrek aan kennis. Als je er anders over denkt, moet je het maar laten weten." Vanaf die dag zijn we goed geweest met elkaar. We hebben samen lang in de EBI gezeten in Maastricht. Wel op verschillende afdelingen. Tijdens het luchten in de kooi zie je elkaar. Er zit dan één rij tralies tussen, dan kun je wel met elkaar praten. Hij was niet zo bemoeiallerig, een beetje op zijn eigen. Heel rustig ook, als je hem niet zou kennen, zou je nooit denken: dat is nou die Martin Hoogland waar je altijd zoveel over hoort. Hij was een stille man, hij observeerde. Als hij met iemand omging, mocht hij hem ook, zo was hij. Ik heb wel vaker gezegd: een beetje moordenaar hoeft ook geen nare vent te zijn, het zijn de situaties waarin je verzeild raakt.'

Spanning binnen muren

Aan de ene kant is er de relaxte Martin met parkietje Perry op zijn cel. De Martin die goed onderhouden wordt door zijn medegedetineerden en invloedrijke mensen buiten. Deze Martin kent weinig ellende en lijkt zijn straf gewoon uit te zitten. Aan de andere kant is er de Martin die zelfs binnen de muren nog tussen twee kampen zit: het Joego-kamp en de Amsterdamse groep van Bruinsma. Martin Hoogland is veroordeeld voor de moord op een van de grootste maffiabazen die Nederland ooit heeft gekend. Een daad die natuurlijk niet onbestraft kan blijven. Hidr Korkmaz, kroongetuige in de moordzaak rond Willem Endstra, zou hebben gehoord dat er informatie was doorgegeven vanuit de Penitentiaire Inrichting in Hoorn, waar Hoogland zat. Korkmaz zegt dat die informatie over het verlof van Hoogland ging, wanneer hij naar buiten zou gaan. 'Iemand binnen luisterde Martin af terwijl hij aan het bellen was.'

Een maand voor zijn vrijlating is Martin Hoogland een weekend buiten. Hij kijkt de voetbalwedstrijd Ajax-PSV bij Ruud Hillegers. 'Dat was op 8 februari 2004,' zegt Martin Hillegers. 'Toen zat hij bij mijn vader. Dat was een van zijn eerdere verlofdagen. Ik belde toen naar mijn vader, want ik zat nog vast in Zuyder Bos en toen kreeg ik Martin Hoogland aan de lijn. Dat was de laatste keer dat ik 'm sprak. Hij zou naar Spanje gaan, maar beloofde daarna samen met mijn vader bij me op bezoek te komen. Ajax won trouwens met 2-1.'

Op maandag 8 maart 2004 verkast Martin Hoogland van Lelystad naar Hoorn, naar het open kamp. In een open kamp moet een gedetineerde eerst drie weken binnen blijven: vloer aanvegen, douches schoonmaken, klusjes opknappen. Daarna kan hij 'buiten' een baantje krijgen. In die periode van drie weken mag hij elke dag van vier tot zes uur en in de weekends naar buiten; op zondagavond moet hij zich weer melden.

In de gevangenis worden grapjes gemaakt over de liquidatie van Hoogland. Gedetineerden willen niet bij hem achter op de fiets, dat vinden ze veel te gevaarlijk. Een week voor hij wordt doodgeschoten, heeft Martin nog een afspraak gemaakt met John Mieremet. Die zou hem op de dag dat hij vrijgelaten zou worden in een gepantserde Volkswagen Passat komen ophalen. Het maakt het allemaal des te raadselachtiger waarom Hoogland op 18 maart 2004 met een gevangenismaat onbeschermd op de fiets stapt en richting het centrum gaat.

Anderen zagen blijkbaar meer gevaar dan Hoogland zelf.

Er hangt altijd een zekere dreiging om Martin heen. Hij weet dat hij gevaar loopt. 'Als ze vandaag niet komen, komen ze morgen wel,' zegt hij meerdere malen tegen zijn gevangenisgenoten. Die spreken vaak zonder terughoudendheid over Martin alsof hij nog maar even te leven heeft. Zijn dood lijkt lang van tevoren aangekondigd. Zelfs justitie weet dat er gevaar dreigt. Rond 2000 komt er informatie bij hen binnen dat Martin absoluut niet samen met een bepaalde crimineel op één afdeling moet zitten.

Laten we deze crimineel voor het gemak Bert Koning noemen. Bert zit op dat moment al langere tijd binnen de muren van de gevangenis in Lelystad omdat hij is gelinkt aan een schietpartij eind jaren negentig. Bert zit zijn straf heel rustig uit. 'Eigenlijk gaat alles heel relaxed,' zegt Bert zelf. Tot hij op een gegeven moment merkt dat zijn cel niet opengaat voor de lunch van twaalf uur. 'Ik wist niet waarom, er werd niets gezegd, maar ik werd uiteindelijk een half uur vastgehouden in mijn cel. Toen kwam om half één een grote groep van het IBT, het Intern Bijstand Team, mijn cel binnen om me op te halen. Ik moest twee weken naar de isoleercel zonder dat mij werd uitgelegd wat er aan de hand was.'

Bert denkt dan nog dat een medegedetineerde heeft zitten ouwehoeren dat hij wil vluchten of zo om een wit voetje bij de directie te halen. Dat gebeurt wel vaker, maar dan zou hij dit wel te horen krijgen. Nu hoort hij niets.

Bert ondergaat gelaten de twee weken in de 'iso' en wordt daarna tot zijn verbazing niet terug naar zijn cel gebracht, maar moet zijn spullen inpakken. Hij moet op transport naar een andere gevangenis. 'Ik werd naar Almere overgebracht. Na drie maanden Almere werd ik weer naar een andere gevangenis gebracht en dat ging zo maar door. Ik ben in Maastricht geweest, in Middelburg... Ik heb zo'n beetje alle gevangenissen in heel Nederland gezien, maar ik wist nog steeds niet waarom dit was. Niemand vertelde mij iets.'

Tot Bert terechtkomt in de zogenoemde Blue Band-gevangenis in Arnhem. Daar loopt hij Martin Reuvers tegen het lijf, de broer van Koos Reuvers. Martin Reuvers en Bert Koning kennen elkaar en raken in gesprek. 'Wat voor problemen heb jij nou eigenlijk met Martin Hoogland?' vraagt Martin Reuvers op een gegeven moment. Bert kijkt verbaasd. 'Ik problemen met Martin Hoogland? Ik ken die kerel amper.'

'Nou het gaat hier in de rondte dat het moord en doodslag zou worden als jullie bij elkaar zouden zitten,' zegt Martin Reuvers tegen Bert.

Bert is verbijsterd. Hij is een crimineel die zich ook ophoudt in het Amsterdamse milieu, dus hij weet wel wie Martin Hoogland is. 'Ik heb hem ook weleens gezien bij die kroeg, 't Biggetje. Zat-ie daar met van die speknekken van Joegoslaven om hem heen, maar ik heb nog nooit ruzie of een meningsverschil met die Hoogland gehad, dus ik begreep er niets van.'

Het kwartje begon te vallen toen Martin een paar jaar later, in 2004, werd doodgeschoten. 'Ik heb redenen om aan te nemen dat mensen het gerucht dat ik ruzie zou hebben met Martin Hoogland de wereld in hebben geholpen, zodat ze een zondebok zouden kunnen aanwijzen als hij doodgeschoten zou worden. Dat is in ieder geval mijn stellige overtuiging.'

Bert Koning is erachter gekomen wie dat gerucht over de ruzie tussen hem en Martin Hoogland heeft verspreid: de Bosnische Maruf 'Paja' M., de vijand van Sreten Jocic en de man die aansluiting vond bij de Bruinsma-groep. Bert zegt dat hij in het verleden ook een tijdje met Paja is opgetrokken. 'Ik ben op een gegeven moment uit die groep gegaan waar Paja ook in zat. Toen is Paja boos op mij geworden en heeft hij zich aangesloten bij Stanley Hillis. Ze dachten dat ik een ideale zondebok was om de schuld in de schoenen te schuiven van de liquidatie van Martin Hoogland. Dit hebben zij al jaren voor die liquidatie zo opgezet. Zo sloegen ze twee vliegen in één klap: ze waren van Hoogland af en tegelijk van mij omdat ik de schuld zou krijgen. Ik zat tenslotte al voor een schietpartij. Met deze zaak erbij zou ik wel even vast blijven zitten.'

Bert noemt Koos en Martin Reuvers op dat moment de enige mensen die hij kon vertrouwen. 'En uitgerekend Martin Reuvers komt naar me toe met die vraag of ik een hekel heb aan die Hoogland!' Hij pauzeert even. 'Ja, en dan weet je nu ook wel vanuit welke hoek de aanslag op Martin Hoogland moet zijn gekomen, hè?'

Het einde

In het weekend voor zijn dood, het weekend van 13 en 14 maart, bezoekt Hoogland een voetbalwedstrijd van zijn jongste zoon Nick Duja, die voetbalt bij AFC in Amsterdam. Misdaadjournalist Bas van Hout is daarbij. Vanaf 1994, toen Van Hout bezig was met zijn boek *De jacht op de erven Bruinsma*, had hij honderden keren telefonisch contact gehad met Hoogland en hem vele malen bezocht in verschillende gevangenissen. Bas: 'Dit was voor het eerst buiten de gevangenis, dat vond ik wel bijzonder. Wat me erg opviel, was dat ik wel anderhalve minuut naast hem heb gestaan zonder dat hij het in de gaten had. Hij was helemaal niet alert, dat verbaasde me nogal. Hij moest er erg aan wennen om weer buiten te zijn en voelde zich niet op zijn gemak. Ik hoorde toen ook dat Martin Hoogland niet van elke gelegenheid gebruikmaakte om naar buiten te gaan, dan bleef hij liever binnen.'

Bas denkt dat loslippigheid Hoogland de das heeft omgedaan. 'Hij had een dodenlijst. In de kantine van AFC vertelde hij me daar doodleuk over. Hij wilde die dodenlijst met Mieremet bespreken. Dat heeft hij tegen meer mensen verteld volgens mij. Ik denk dat die indiscretie hem de kop heeft gekost.'

Advocaat Jan Boone zocht Martin drie dagen voor zijn dood nog op in Hoorn. Zomaar, zegt Boone nu: 'Dat doe ik niet met al mijn cliënten hoor, maar hij was een kerel met wie ik heel goed overweg kon. Een intelligente, buitengewoon aardige vent met wie ik zelfs een goed gesprek kon voeren. Dat is met veel van die lui helemaal niet zo makkelijk. Hij was toen min of meer onderweg naar een normaal bestaan. De laatste keer dat ik hem sprak hebben we lekker een kopje thee gedronken en wat gezellig lopen ouwehoeren. Hij zat in een half open kamp. Een tussenhuis heet dat.'

Een paar dagen later was hij doodgeschoten. Boone: 'Ik schrok daar erg van. Het was de eerste keer dat ik dacht... Laat ik het zo zeggen: toen Martin vermoord werd, begon ik te vermoeden dat er iemand was die meer wist dan ik. Ik kan gewoon geen reden verzinnen waarom Martin dood moest. Je moet als opdrachtgever namelijk een goede reden hebben. Je kunt tenslotte ook gepakt worden.'

Hoogland voelde zich nogal in de steek gelaten op het einde van zijn leven, aldus Boone. 'Ja, zijn vriendin ging er met iemand anders vandoor. Maar ja, wat wil je ook? Die Martin ging voor twintig jaar achter de tralies.' Boone heeft het hier over Mandy Heeremans die achterbleef met hun zoontje Nicky Duja Hoogland.

Jeoffrey zegt dat ze vrij snel met een ander werd gezien. 'Dat is toen doorgegeven aan mijn vader en die heeft iemand op die vent afgestuurd. Dat hij met zijn poten van haar af moest blijven. Maar dat was aan het begin. Later heeft mijn vader dat losgelaten.'

Iemand die Martin in ieder geval tot het laatst bleef opzoeken, is Ingrid. Zij heeft hem ook nog in die laatste periode gezien. 'De laatste dag dat ik hem zag, was een paar dagen voor zijn dood. Was-ie bij mij in de zonnestudio. Hij stond te bellen voor de deur. Mijn dochter wist niet wie het was en die zegt: "Ma, er staat nou echt een leuke man voor je voor de deur." Dus ik kijk en zeg: "Weet je wie dat is? Dat is nou Jeoffrey z'n vader." Toen Martin naar binnen kwam, keken ze allemaal zo naar hem, alsof er een god binnenkwam. Ja, die Martin was echt een knappe vent.'

Het was ook daar in de Bilderdijkstraat dat Jeoffrey zijn vader voor het laatst zag. Zijn broertje Jordi, op dat moment 10 jaar, belde Jeoffrey dat zijn vader er was. Jeoffrey ging meteen naar de zonnestudio. Hij droeg een wapen bij zich. Martin wilde even kijken naar dat wapen. Hij keek ernaar en zei: 'Hé, grappig, met zo'n zelfde wapen heb ik iemand eens vijf keer in zijn kont geschoten.'

De kleine Jordi liep ook de hele tijd rond in de zaak van Ingrid. Martin vond hem een leuk joch en gaf hem vijftig euro. Dat zag Ingrid en die wilde meteen dat geld incasseren om het onder haar kinderen te verdelen, maar Jordi had dat al door en verstopte het toen.

Helaas voor hem niet goed genoeg, want ze vond het toch. Ingrid zei tegen Martin dat haar dochter en hun zoon Jeoffrey ook geld moesten krijgen.

'Nee, dat vind ik niet,' zei Martin. En terwijl hij naar Jordi wees: 'Hij is zielig, want zijn vader zit vast.' Op dat moment zat Serge Miranovic inderdaad in de cel. Hij werd veroordeeld voor de handel in drugs en zat vanaf 2003 een gevangenisstraf van vier jaar uit.

Martin ging tijdens zijn bezoek naar het toilet en daar kwam hij Jordi weer tegen. 'Heeft ze dat geld nou van je afgepakt?'

'Ja...'

'Ja, ik weet het man. Dat deed ze bij mij ook altijd,' lachte hij.

Toen Martin wegging, zei hij iedereen gedag en liep hij naar buiten, naar zijn auto. Hij had het portier al geopend toen hij nog een keer in de richting van de zonnestudio keek. Hij en Jeoffrey keken elkaar recht in de ogen. Toen liep Martin terug en omhelsden de twee mannen elkaar op straat. Daarna ging hij weer terug naar zijn wagen, startte hem en reed weg. Jeoffrey keek hem na. 'Dat was de laatste keer dat ik mijn vader in levenden lijve zag. Ik zal je eerlijk zeggen: ik had een heel raar voorgevoel. Het leek voor mij op dat moment net of ik hem weg zag glippen. Uit mijn leven, uit het leven. Heel raar.'

Hoogland had in Hoorn een mobiel in zijn cel en Ingrid belde regelmatig. Gedurende hun leven zijn ze altijd met elkaar verbonden gebleven. Ingrid en Martin zijn twee mensen uit één blok klei. Zowel Martin als Ingrid heeft drie kinderen bij drie verschillende partners. Martin bij Ingrid, Mandy en Estrella. Ingrid bij Martin, de man die we George noemden en Serge Miranovic. Er is wel één verschil: bij Martin leven al die moeders nog. Bij Ingrid zijn alle vaders dood. In 2004 wordt haar eerste man Martin Hoogland doodgeschoten. Haar tweede man Serge Miranovic wordt in 2006 doodgeschoten. Willem Holleeder, Maruf 'Paja' M. en Milos 'Bato' P. worden nog een tijdje verdacht van deze moord, maar het leidt uiteindelijk niet tot een of meerdere veroordelingen. Beide moorden zijn dus nog altijd onopgelost. Ook George, de vader van de dochter van Ingrid, sterft. In 2012 is hij onder verdachte omstandigheden komen te overlijden. Er zijn mensen die zeggen dat dit ook een moord is geweest.

Ingrid: 'Na al die moorden en ellende had ik het wel even gehad. Op begrafenissen werd me gevraagd of ik een abonnement had.'

Bas van Hout sprak Martin Hoogland vlak voor zijn dood nog. 'De avond ervoor en in de ochtend zelfs twee keer. Het was tenslotte een half open inrichting en Martin was een feestje aan het bouwen. Gaf hij terwijl ik met hem sprak de telefoon door aan een van de dames die daar op dat moment bij hem zaten.'

Op de laatste dag van zijn leven belde hij ook nog even met Ingrid. 'Ik denk omdat hij wist dat ik altijd achter hem stond. Ik mocht me ook nooit bemoeien met die zaken waarvoor hij werd veroordeeld. Misschien wel omdat er niets te winnen was en hij me daarvoor wilde behoeden. Ik ben altijd goed voor 'm geweest. Waarom? Omdat Martin een goede jongen was met een gouden hart. Hij was heel lief en werd gebruikt door anderen omdat hij politiekennis had.'

'Ik schrok heel erg van die foto. Zag ik dat nou goed? Lag Martin Hoogland, de man die door mij bij de politie ging werken, de man die door mij in een Ford Capri ging rijden, nu dood op het asfalt met een fiets in zijn buurt?' Richard vindt dat detail nog steeds ongelooflijk. 'Dat Martin is doodgeschoten op een fiets is Martin-onwaardig.'

Op de dag dat Martin Hoogland werd doodgeschoten, had hij een uur of twee daarvoor zijn zoon aan de lijn. 'Hij zei zo ineens, vanuit het niets: "Ik hou van je." Ik schrok er een beetje van en zei volgens mij iets terug van: "Ja, dat is goed man." Daarna hingen we op.'

Nog geen twee uur later was Martin doodgeschoten. Had zijn pa misschien een voorgevoel? Jeoffrey denkt van wel. 'Hij wist volgens mij dat er iets zat aan te komen, ja. Dit kan toch bijna geen toeval zijn? Mijn vader had nog nooit gezegd dat hij van me hield.'

Nawoord

Toen ik aan dit boek begon, wilde ik meer weten over Martin Hoogland, de man die is veroordeeld voor de moord op de eerste Nederlandse maffiabaas Klaas Bruinsma. Over Bruinsma zijn talloze boeken verschenen, er zijn een speelfilm en een documentaire over hem gemaakt. Vreemd genoeg heeft Martin Hoogland veel minder in de schijnwerpers gestaan, terwijl zijn leven op z'n zachtst gezegd opmerkelijk te noemen is. Ja, er zijn verhalen, en veel geruchten en aannames, maar wat is er allemaal van waar?

Uit alle gesprekken die ik voor dit boek heb gevoerd, komt Martin naar voren als een vrolijk en aardig persoon. Maar in die opgewekte kerel zat een jongen verstopt die zijn hele leven op zoek was naar iemand tegen wie hij kon opkijken. Na Piet Schutte en Tonny Hijzelendoorn vond hij in Ljubinko 'Duja' Becirovic zijn ultieme vaderfiguur. Maar Duja werd doodgeschoten. De dood van Duja was het moment waarop Martin volledig begon te ontsporen. Er was niemand meer die echt tot hem door wist te dringen en hem de juiste kant op kon dirigeren. Misschien *liet* hij zich ook niet meer sturen. Misschien was hij wel te ver heen om goede raad te accepteren.

In een onbewaakt moment heeft hij nog wel gesproken over zijn twijfels en angsten, tegen een volslagen vreemde nog wel. Het laat zien dat Martin geen kille gangster was die niet nadacht over de gevolgen van zijn daden. Misschien had hij wel met alles willen stoppen, als dat had gekund. Maar probeer maar eens uit de onderwereld te stappen...

Ik ben niet alleen meer te weten gekomen over Martin Hoogland, maar heb ook zijn directe familie beter leren kennen. Het is mij duidelijk geworden dat zij hebben geworsteld met onzekerheid en schaamte. Bij sommigen is de schaamte zo groot, dat zij het nog steeds moeilijk vinden om over 'hun Martin' te praten, wat ik begrijpelijk vind. Veel familieleden stonden lang negatief tegenover dit boek, sommige doen dat nog steeds. Ze zijn bang dat het verhaal van Martin op hen terugslaat; dat zij op een of andere manier een rol hebben gespeeld in zijn ontsporing. Het is vooral fout gegaan toen hij als jonge kerel in aanraking kwam met corrupte agenten in een corrupte omgeving. Zij introduceerden hem in de wereld van het makkelijke geld. In dezelfde periode hoorde hij het ware verhaal over zijn biologische vader. Het is niet moeilijk voor te stellen dat dit bij de jonge en ontvankelijke Martin Hoogland tot grote verwarring heeft geleid.

Dertig jaar zijn verstreken sinds de moord op Klaas Bruinsma die leidde tot de eerste grote strafzaak in Nederland rond een onderwereldmoord van dit kaliber. Er was een verdachte, maar geen wapen – geen 'smoking gun' –, in de media werd voor het eerst uitgebreid verslag gedaan van een liquidatie in de onderwereld, en er was een getuige die beschermd moest worden tegen veronderstelde represailles uit het criminele milieu.

Het is opvallend hoeveel overeenkomsten er zijn met de grote misdaadzaken in Nederland anno nu. Nog steeds is er sprake van corruptie binnen het politieapparaat, een spook dat maar moeilijk te verjagen is. Nog steeds worstelt het justitieapparaat met de betrouwbaarheid van getuigen uit het criminele milieu. Het werken met dit soort getuigen lijkt vooralsnog de enige manier voor de opsporingsdiensten om liquidaties in de onderwereld op te lossen.

Ik ben ervan overtuigd dat ex-agent Martin Hoogland precies wist wat hij wel en niet moest doen om niet gepakt te worden. Hij kende de trucjes van zijn voormalige collega's en speelde daarop in. Langzamerhand werden de opsporingsdiensten helemaal tureluurs van hem. Daarom was de politie zo blij dat ze Martin eindelijk konden arresteren in de zaak-Bruinsma. Maar dat leidde weer tot een uitermate rommelig onderzoek dat bijna tot gevolg had dat Martin helemaal niet meer vervolgd mocht worden voor de dood van Bruinsma.

Ik heb veel respect voor Jeoffrey gekregen. Hij heeft mij veel over zijn vader kunnen vertellen, en zocht onvermoeibaar naar familiefoto's. Jeoffrey heeft ook voor mij deuren geopend naar sleutelfiguren met belangrijke informatie. Die inspanningen werden door sommige familieleden niet altijd gewaardeerd. Die hadden de hele geschiedenis liever niet opgerakeld zien worden, en wilden met rust gelaten worden. Maar Jeoffrey wilde wél meer over zijn vader te weten komen.

De wereld van de misdaad wordt weleens geromantiseerd, maar in dit verhaal heeft een moeder haar enige zoon verloren en hebben drie opgroeiende kinderen geen vader meer. Sinds de dood van zijn vader worstelt Jeoffrey met een groot trauma, dat in het verleden tot keuzes leidde waardoor hij tot vier keer toe in de gevangenis is beland. Hij wil dit achter zich laten en een nieuwe toekomst tegemoet gaan. Het werken aan het boek zette hem aan tot zelfonderzoek. 'Ik kan er alleen maar mee winnen,' zegt hij er zelf over, en dat is ook precies hoe ik het zie. Jeoffrey probeert niet in de valkuilen van zijn vader te trappen, en wil het lot in eigen handen nemen. Hij hoopt zo de cirkel te doorbreken.